Prisoners, Lovers and Spies
The Story of Invisible Ink from
Herodotus to al-Qaeda

Copyright © 2014 by Kristie Macrakis

This edition arranged with C. Fletcher & Company, LLC.
Through Andrew Nurnberg Associates International Limited

囚徒、情人与间谍

古今隐形墨水的故事

［美］克里斯蒂·马克拉奇斯 著

张哲 师小涵 译

生活·讀書·新知 三联书店

Simplified Chinese Copyright © 2016 by SDX Joint Publishing Company.
All Rights Reserved.
本作品中文简体版权由生活·读书·新知三联书店所有。
未经许可,不得翻印。

图书在版编目(CIP)数据

囚徒、情人与间谍:古今隐形墨水的故事/(美)马克拉奇斯著;张哲,师小涵译. —北京:生活·读书·新知三联书店,2016.7 (2019.1 重印)
(新知文库)
ISBN 978-7-108-05622-1

Ⅰ.①囚… Ⅱ.①马… ②张… ③师… Ⅲ.①社会发展史-世界-通俗读物 Ⅳ.①K109

中国版本图书馆 CIP 数据核字(2016)第 020586 号

责任编辑	王振峰
装帧设计	陆智昌 薛 宇
责任校对	唐晓宁
责任印制	董 欢
出版发行	生活·讀書·新知 三联书店
	(北京市东城区美术馆东街 22 号 100010)
网 址	www.sdxjpc.com
经 销	01-2016-2318
经 销	新华书店
印 刷	三河市天润建兴印务有限公司
版 次	2016 年 7 月北京第 1 版
	2019 年 1 月北京第 3 次印刷
开 本	635 毫米×965 毫米 1/16 印张 21
字 数	230 千字 图 32 幅
印 数	13,001-18,000 册
定 价	38.00 元

(印装查询:01064002715;邮购查询:01084010542)

新知文库

出版说明

在今天三联书店的前身——生活书店、读书出版社和新知书店的出版史上,介绍新知识和新观念的图书曾占有很大比重。熟悉三联的读者也都会记得,20世纪80年代后期,我们曾以"新知文库"的名义,出版过一批译介西方现代人文社会科学知识的图书。今年是生活·读书·新知三联书店恢复独立建制20周年,我们再次推出"新知文库",正是为了接续这一传统。

近半个世纪以来,无论在自然科学方面,还是在人文社会科学方面,知识都在以前所未有的速度更新。涉及自然环境、社会文化等领域的新发现、新探索和新成果层出不穷,并以同样前所未有的深度和广度影响人类的社会和生活。了解这种知识成果的内容,思考其与我们生活的关系,固然是明了社会变迁趋势的必需，但更为重要的，乃是通过知识演进的背景和过程，领悟和体会隐藏其中的理性精神和科学规律。

"新知文库"拟选编一些介绍人文社会科学和自然科学新知识及其如何被发现和传播的图书，陆续出版。希望读者能在愉悦的阅读中获取新知，开阔视野，启迪思维，激发好奇心和想象力。

生活·读书·新知三联书店
2006年3月

献给
戴维·卡恩

目录

Contents

1	序
7	第一章　爱情与战争的艺术
25	第二章　阴谋与探究
49	第三章　坦白秘密
71	第四章　看不见的风景
85	第五章　革命的墨水
105	第六章　魔　术
125	第七章　秘密墨水之战
151	第八章　美国加入秘密墨水战争
169	第九章　看得见的纳粹
189	第十章　微缩影像的奥秘
209	第十一章　隐身的间谍捕手
233	第十二章　"冷战"险境
259	第十三章　隐藏在限制级图片里

269　尾　声
275　附　录　玩转厨房化学实验
285　致　谢

288　注　释
324　主要来源
326　图片来源

序

Preface

    本书源自我对一种极度隐秘的隐形墨水的配方和用法的发现。对我而言，它的重要性不言而喻。此前，在人类的间谍史中，从没有任何政府的间谍机构公开过一种机密的隐形书写的配方或用法。

    那是2006年的夏天，在柏林，为了我之前关于东德情报机构——也就是大名鼎鼎的史塔西（Stasi）的一本书，我一次又一次地提交申请，要求查阅史塔西档案中关于秘密书写的材料。我得到了大批极为详尽的文件，它们大多是关于如何在一页纸上进行秘密书写，或者是如何发现他们不共戴天的敌人们——也就是美国中央情报局（CIA）或者西德情报机构（BND）进行的秘密书写。但如何制造一种有效的隐形墨水及其使用方法并没有从汗牛充栋的史塔西文件中浮现出来。这无疑让人感到沮丧而失望，我几乎准备放弃了。

就在这个夏日里的一天，档案管理员递给我一叠藏在一大堆废弃文档之下的很薄的文件。打开之后，我吃惊到连嘴巴也合不上了。在我眼前的是一份盖着"最高机密"印章的文件，上面还写着一个公式。如同偷了糖果的小孩，我的心脏剧烈跳动，我的脸涨红了。我开始苏醒，焕发出生气。简略浏览一下便足够确认它的重要性。我的思维开始飞驰而去，已经开始想象着寻找化学家去复制这个反应系统。我开始偷偷地抄写下其中主要的两页纸的内容，因为我不确信档案管理员发现了这份文件的内容之后是否会允许我复印。抄写之后，我又重新阅读了一遍，确保重要的内容印入脑海之中。那时，我完全不知道草酸铈（cerium oxalate）是可用于隐形书写的稀土金属化合物，但我很快就对它和文件中其他的化学物质熟悉了起来。

尽管我认为档案管理员可能弄错了，我还是装作若无其事地把这份文件跟其他几份文件放在一起要求复印。令我吃惊的是，当天我准备离开房间之前，工作人员递给了我一份文件拷贝！我从木制台阶上以一步两阶的速度飞跃而下，空荡荡的大厅内，我能听见自己脚步声的巨大回响。（也许那是别人的脚步？）当终于从那栋建筑中抽身而出，我转头回望，没有人追我，我逃出来了！我终于得到了我在寻找的东西。

当我把在这里得到的信息跟此前得到的一些模糊但令人印象深刻的CIA的方法对比之后，它的重要性更加突出。要知道，CIA甚至拒绝解密"一战"中隐形书写的配方和用法，别说更加现代的。当然，这是因为荒唐的间谍政策。

过了一段时间，我返回美国，在我的大学里找到了几个化学家，询问他们是否有兴趣来复制隐形书写的配方和用法。我的邻居瑞安·斯威德（Ryan Sweeder）博士热情地同意了。他和几个学生一起在实验室的准备间里成功地复制了这种秘密配方,并且发表出来。此后这个实验室被记者们称为"间谍实验室"[1]。

在此之前我曾想过,关于隐藏或隐形的秘密书写的主题,还有哪些是被人们记载过的?答案是:几乎没有。当书架被密码学和研究编码、解码的书籍压得嘎吱作响时,它的姐妹学科——隐形书写、隐形墨水或者秘密书写的技艺,却极少被记录。后来我决定给"间谍与技术史"课程的学生们讲解和证明隐形书写的历史。我在图书馆中随意漫步,找到了大量密码学和保密学的书籍,但没有一本是关于隐形墨水的历史,只是在戴维·卡恩(David Kahn)和西蒙·辛格(Simon Singh)的标准密码学书籍中散落着的一些相关文献。虽然我也能用这些零散的文献编纂成一篇简短的历史,我还是把讲课的大块时间花在一些基本的简单例证上,比如小孩拿柠檬汁书写然后加热的故事就很经典。那时,我从没有预想到在历史的故纸堆里深挖后,能找到如此丰富的故事。

我的好奇心被这段隐藏的历史所带来的挑战彻底激发出来。后来当我完成了《秘密的诱惑》(*Seduced by Secrets*)后,在戴维·卡恩的鼓励之下,我才决定去发掘这段诱人但难以开发的历史。本书源自那个夏天的柏林之旅的发现,源自不断研究的好奇心,源自记载的需求。它就是我希望在书架上发现的那本书!

隐形墨水有多重要?在回答这个问题时,我得到了一系列事实的辅助:英国、美国和德国最近解密或公布了自两次世界大战和"冷战"以来关于间谍和隐形墨水的新材料。

《囚徒、情人与间谍》是一部档案,它记录了一种特殊的、无形的秘密通信。它讲述关于秘密书写的生活与时代——从古希腊直到当下,涉及社会、政治、科学和文化等多种语境。本书纵贯历史，由古希腊历史学家希罗多德（Herodotus）笔下的木板覆蜡保密法，一直写到基地组织利用色情电影的数字文件来隐藏信息。其间有国际阴谋，有生与死的搏斗，有爱情与战争，也有魔术与奇迹。在创造和使用秘密通信技术的关键转折点上，这些人的故事见证着秘密通信数千年来的演化过程。间谍们沦为囚徒或者死去，阴谋被揭露，战争失败，这些可能源于错误的或被拦截的秘密通信；而成功的隐藏书写形式可以帮助拯救生命、赢得战争和保护隐私，而且至少有一次，它甚至改写了历史课程的书写。

作为兄长的密码学是关于暗码与编码的研究，与之不同，隐形秘密书写并不在一种线性的、进步的模式中进行，而是在起始与匹配中发展。当作为科学分支的密码学在文艺复兴时期被纳入政府的密码室之时，远远落后的隐形秘密书写依然蹒跚而行，直到20世纪前期才步入科学成熟期。一个世纪后，在计算机数字图像隐藏技术的帮助下，它终于赶上甚至超越了密码学。

在先进的科学、自觉自愿的科学家、变幻无常的政治语境和参与者丰富的个人经历的推动下，密码学很早就经历了完美风暴，而隐形秘密书写要等到第一次世界大战才有类似的要素相互作用，推动其加速发展。

然而，这并不意味着隐形秘密书写无用。事实上，在早些时期，隐形本身使得秘密书写的效率和复杂性无关紧要。有时，最简单的就是最好的。人们常常觉得怎样隐藏比如何书写更重要。密码学使用暗码时，它等于已经对外宣布自己隐藏了秘密，而隐形书写则可以保守秘密，除非有人怀疑消息是用隐形墨水写的，否则就不会遭到细致地审查。

隐形墨水的戏剧性绝大多数时候是展现于国际阴谋的舞台之上，长期以来它也在魔术和流行科学的世界中占据一席之地。千百年来，人们为隐形墨水魔术般的颜色变幻而着迷，但很少有人知道这种魔力与启蒙时期的科学成就之间的关联。

对于那些执着于术语学与定义标准的读者，我得稍微解释一下书中的这些词语，像是"隐形墨水"（invisible ink）、"秘密墨水"（secret ink）、"秘密书写"（secret writing）、"隐形秘密书写"（invisible secret writing）和"隐写术"（steganography）。（作者在行文中亦交替使用这些名词——译注）我在本书的书名中使用了"隐形墨水"，因为人们会立即明白它是关于一种隐形书写的物质，但我的故事是关于更广义的秘密通信和隐蔽书写（hidden writing），它包含拦截、隐形墨水、微粒照片、数字隐写术。"隐写术"是一个听起来很学术的名词，包含着隐蔽书写的所有方法。它不是恐龙，尽管这个词与"剑龙"（stegosaurus）在英语中有共同的词根。希腊语中 steganos 的意思是"覆盖"或"遮蔽"。剑龙以尖刺般的凸出物覆盖它的身体，如同武士铠甲，而隐写术则是某种遮蔽之下的书写方式。隐写术也是一种计算机科学的技术课题，但我的书不是一本关于现代隐写术的技术专著，也并不聚焦于 21 世纪。

尽管诞生于 20 世纪的情报机构使用"秘密书写"或"SW"（前者的英文缩写——译注）来指代"隐形墨水"这种听起来孩子气的词语，我却没有在书名中使用它，因为密码学作为研究编码与暗码的学科，常常被人们用"秘密书写"来指称，描述本书主题的合适词语应当是"隐形秘密书写"。

《囚徒、情人与间谍》一书是按照年代排序的，但读者完全可以按照自己的兴趣沉浸于某一时期。如果你对美国革命感兴趣，那么你可以去了解华盛顿如何在隐显墨水的帮助下赢得独立战争。书中也写到了德国间谍的传奇故事，他们在一颗牙齿或是浸透的手帕中隐藏隐形墨水，没想到竟被英国人地毯式的邮件拦截所破获。

秘密通信在历史中的渐进发展和影响是本书的主题，但千百年来的历史叙述也在更宽广的语境之下被联系起来。战争、政治阴谋、社会、科学革新和普及，以及间谍官僚机构，甚至是性别差异，都在动荡的年代中建构着这些故事。最后要说明，这本书是选择性的而并非百科全书式的。那些想要了解这段历史的全部剧情的读者，你们可以查阅注释、档案来源和谷歌图书（Google Books），去探寻更多。

第一章

爱情与战争的艺术

The Art of Love and War

《爱的艺术》是一本以"引诱"为主题的生动的小册子。在这本书中,古罗马古典主义诗人奥维德(Ovid,公元前43～公元18)为读者描述了一位非常现代的情人。在古代国际大都市罗马,他在铺满鹅卵石的小道上漫游,找寻勾搭情人的完美地标,同时四处分享他的建议——那些建议完全可以被情感专栏"亲爱的艾比"或是现代女性杂志回收使用。

这位情人可是都市范儿的。追逐猎物时,他身着华美长袍在宏伟拱门的门廊下、在露天剧场中来回游荡,在马车比赛的竞技场中鼓掌欢呼,在公共澡堂中无所事事。奥维德笔下的罗马无比富足,充盈着生命力和自信心,以及从被征服的世界带回来的战利品。奥维德蔑视他的前辈们,他声称罗马已经拥有文化和雅致,包括鲜衣华服(但随意的时髦款式最佳)

和化妆品（千万别用太多，否则你的脸上会结块）。

这些令人悸动而又下流的诗歌写作于两千多年前那个新千年的开端，它们为男人们提供了如何发现、俘获一个姑娘的建议。奥维德是根据一手经验来写作的。他富裕的父亲为他在罗马的教育提供资金，让他学习修辞学，期待他能成为一名政客。完成学业后，奥维德周游了雅典、小亚细亚和西西里。回到罗马，他在政府中获得了一个不起眼的官职。但奥维德很快感到厌倦，他甩手不干，开始以写诗为生。尽管不像那些政治家和古罗马神话人物的雕塑那么对称而英俊，但他有长长的鼻子和丰满性感的嘴唇，而且善良友好，足以用他的魅力吸引女人。奥维德是独具风格的两性战争的调停者，他还教授女人们勾引的艺术以及如何利用爱神维纳斯，他甚至鼓励她们去实践诱骗之术用以通奸。

对于那些被父母严加看管的年轻女子，奥维德教她们如何把写有小秘密的纸条放入小包，藏在女朋友的小腿处，揣在怀里，或是塞进脚底和鞋子之间。如果这些都失败了，他建议可以在信使朋友的背上直接写字。不过，奥维德警告女性朋友们，不要选择漂亮的女伴当送信人，因为男性求婚者可能会被漂亮的信使所吸引。如果有女士想要完全绕开信使，奥维德则建议她用亚麻籽油在羊皮纸上书写信息。

但奥维德给出的最吸引人的方法，要数用新鲜牛奶作为隐形书写（invisible writing）的原料进行秘密通信。几个世纪以来，如下一段话被认为是提及古老形式的秘密墨水的最早记录：

> 用新鲜牛奶书写，这封信是安全的，足以逃避人们的目光。用煤的灰烬触碰它，你便可以阅读。[1]

尽管在性自由方面，罗马帝国足以与20世纪晚期的美国媲美，奥维德那些猥亵的诗作还是惹得奥古斯都大帝将他从家乡放逐。在奥古斯都对奥维德的道德审视中，他的婚姻经历也实在无法为自己加分：奥维德结了三次婚，并且在后两次婚姻期间还有一个情妇。[2] 还有迹象表明，在奥古斯都的孙女茱莉娅的一桩风流韵事中，奥维德可能是共犯。在黑海岸边的希腊化的闭塞海港多米（Tomi，今罗马尼亚城市康斯坦察），奥维德在放逐中度过了人生最后的十年时光，写作了《懊悔与悲恸》（*Sorrows and Laments*）[3]，并在其中恳求还乡。

自书写存在以来，情人们就有秘密通信的需求。他们使用大量的密码和秘密书写对外部世界隐藏他们的情书和约会地点。对于嘲弄的恐惧，或是被发现的担忧，使得情人们在交流时充满创造性和隐蔽性。秘密通信是爱情游戏的一部分，被禁锢的爱情更加浪漫。

但情人们并非唯一想要秘密表达思想的人群。为了秘密地交流，有人将秘密织入挂毯，有人则把故事讲给一个苹果，然后把它埋在泥土当中。奥索尼厄斯（Ausonius）是一位比奥维德晚几个世纪（约生活在公元310～395）的诗人，信仰基督教，以拉丁文写作，曾经用密码写作猥亵的诗作，使用牛奶在纸上隐藏那些写给老朋友的秘密。他看似知晓无数用以"隐藏和开启秘密消息"的密码，但其中的绝大多数，他并没有透露。奥索尼厄斯的密码之一是使用希腊字母隐喻性爱体位。[4]

在古罗马，除了牛奶，还有一种乳状的物质被用于隐形书写。罗马的博物学者老普林尼（Pliny the Elder）在他宏大的世界百科全书《自然史》（写于公元77年）中提及了大戟植物（tithy malus）的类似用途。他记载了通奸者用大戟植物的汁液写信，当撒上灰时，写下的内容就显影了。大戟原本是一种草药，也被称为"山羊的生菜"。他开启了不同种类的大戟植物的讨论，却未能将研究持续下去——他在公元79年的维苏威火山爆发中丧生。[5]

战争的艺术

当罗马人沉浸在爱情艺术中时，希腊人和波斯人在几个世纪前已经在战争中率先使用了隐蔽书写和隐形书写。他们在波希战争（公元前499～公元前449，即公元前5世纪古希腊城邦与不断扩张的波斯帝国之间的一系列战争中），不断磨炼他们保密信息的技能。

波希战争中有一个头皮刺青的故事，非常引人注目。希斯提亚埃乌斯（Histiaios）是一名住在位于苏萨城（Susa）的波斯宫廷的希腊人，他需要跟自己忠诚的女婿阿里斯塔格拉斯（Aristagoras）通信。苏萨城是为陆地所包围的波斯首都，而阿里斯塔格拉斯所在的米莱特斯城（Miletus）是爱奥尼亚希腊人居住的海滨城市，并且已经被波斯人征服。希斯提亚埃乌斯想要请阿里斯塔格拉斯领导一场起义，但两地间相隔崇山峻岭和戈壁沙漠，道路险阻且充满间谍与守卫。为了确保这个煽动性的消息不走漏风声，他招募了一名忠诚且不识字的奴隶，剃光了他的头发。希斯提亚埃乌斯在他的头皮上用刺青写了一条消息，并且等他的头发重新长出来。他骗这名奴隶说，这样做是为了治疗他糟糕的视力。当阿里斯塔格拉斯见到这名奴隶信使后，把他的头发剃光，看到了这条重要信息："希斯提亚埃乌斯致阿里斯塔格拉斯：让爱奥尼亚起义。"这名奴隶的头发变长需要几周时间，此外步行到海边至少需要三个月时间，但这条缺乏时效性的消息最终还是生效了：起义成功了。[6]

现代读者对这种传递消息所花费的时间和方法的特殊性一定感到困惑，其实早在17世纪，约翰·威尔金斯（John Wilkins）在他的《墨丘利神：神秘又迅捷的使者》（*Mercury; or, the Secret and Swift*

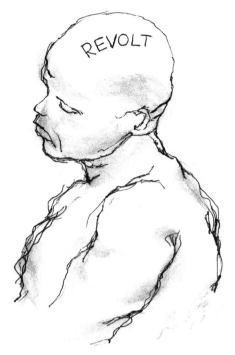

图 1：乔伊·施罗德（Joy Schroeder）所描绘的在波希战争中希斯提亚埃乌斯为阿里斯塔格拉斯传送"剃头消息"的故事

Messenger）一书中评价说："由于缺乏技术，古代人使用奇怪的欺骗谋略。"[7]

  动物的尸体也常常被用来传递消息。当米堤亚（Medes）的国王阿斯提阿格斯（Astyages）发现他的亲戚哈尔帕格（Harpagos）并没有执行他的命令去谋杀他的外孙和继承人居鲁士（Cyrus）后，这位国王残忍地杀死并肢解了哈尔帕格的儿子，甚至还将其烹饪成食物。为了更好地羞辱和伤害哈尔帕格，阿斯提阿格斯在晚餐时偷偷地将这种食物盛在银盘里拿给他吃，饭后才揭示了菜单的真实内容。[8] 由于路上四处都是守卫，哈尔帕格切开了一只野兔的肚子，把秘密消息藏

第一章　爱情与战争的艺术

图 2：萨拉米海战

在里面传送给他的朋友——波斯国王居鲁士。

哈尔帕格将一幅卷轴放进野兔的肚子——那里面藏着强烈要求反叛米堤亚国王的消息。他缝合好切口，把野兔放进一张捕猎网交给一名可信的仆人。之后信使乔装成一位猎人，来到波斯面见居鲁士，在没有外人在场时切开了野兔的肚子。居鲁士阅读卷轴。从这个秘密消息开始，居鲁士开创了当时世界上最伟大的帝国。[9] 看来，古人似乎并不在意死兔到达目的地时散发的恶臭。

类似的鼓动叛乱的秘密消息的故事在历史中俯拾皆是，但来自古希腊的一条警告偷袭的消息却改变了历史的进程。

在波斯的斯巴达流亡者狄马拉图斯（Demaratus）发现波斯国王薛西斯（Xerxes）正在集结庞大军队准备入侵希腊。于是，狄马拉图斯想出了一种利用木板覆蜡来隐藏信息的办法。与在蜡层书写的传统方法不同,他把蜡层刮掉,在木板上刻下警告信息。然后他在木板上融化蜡烛,再把刻字遮盖起来。当看似空白的木板被送至斯巴达城邦时,国王的女儿最终猜到了其中的秘密,把蜡层刮掉,看到了隐藏的信息。[10]

有了预先的警告,希腊城邦联盟得以做好战争准备。希腊海军并没有足够的船只与波斯战舰在宽阔的海面上战斗,于是他们将波斯人引入港湾。当地中海的海面仍然闪烁着蓝色光芒之时,港湾中突然挤满了希腊人的三列桨战舰,同时在天空汹涌的烟雾中,战士们纷纷向敌人投掷长矛。[11] 希腊人赢得了萨拉米海战,薛西斯狼狈逃回波斯,有生之年再未试图进攻希腊。

几乎可以说,是隐藏在蜡衣木板上的一条信息保卫了西方文明的火焰。

苏拉的猪膀胱

古代世界的战火原本主要在希腊与波斯之间展开。在公元前的一个世纪中,罗马帝国开始与任何对其达成帝国目标存有抵抗之心者挑起战火。"毒王"米特里达梯(Mithradates)是罗马最致命的敌人之一。他统治着本都(Pontus),这是黑海边的一个小王国,在今天土耳其的东北部。西方世界如此仇视他,以至于不断夸大他的面部特征——宽阔的鼻子和肥厚残忍的唇,来强调他暴虐的特性。米特里达梯被公认为是一个军事天才,同时擅长用毒,这使他可以轻松击垮敌人,挫败暗杀企图,摆脱对手的纠缠。他想象中的东方帝国应当超越罗马。他的第一步是消灭居住在安纳托利亚(Anatolia,今土耳其地区)和爱琴海岛屿等罗马最新征服的领土上的罗马公民。公元前88

年的春天,他策划了一个阴谋,煽动数十个城市的首领"去杀死罗马的每一个男人、女人和孩子"。[12]

关于这个阴谋,米特里达梯如何做到对罗马人保密仍旧是一个历史之谜,毕竟有如此之多的本地首领知晓此事。毫无疑问,他与同谋者之间对屠杀计划进行了秘密沟通。到了指定的那一天,这些城市的本地人聚拢起来,杀死了城里所有的罗马人和意大利人。至少有8万名意大利居民在安纳托利亚和爱琴海诸岛被杀,有人认为遇害者多达15万人。为了报复米特里达梯的血腥屠杀,元老院派出了罗马最著名的将领卢修斯·科尼利厄斯·苏拉将军(Lucius Cornelius Sulla)前去与他开战。

如果说米特里达梯的行为可怕,那么苏拉的外表和性格就是令人惊悚。他出生在一个贫穷的贵族家庭,但找到了一名庇护人资助他的政治事业和贪婪的权力欲望。作为一名军事领导人,他战功赫赫,兼具狐狸的狡猾和狮子的勇敢。他的外表寻常——金色的头发、闪光的蓝色眼睛,但他的皮肤非常白皙,在变老的时候满是疤痕和红色斑点。人们开玩笑说苏拉的脸看起来像一张比萨饼,"带着紫红色的桑葚酱、撒着白色面粉"。他的肤色、傲慢的性格与犀利的目光使他变得令人无比胆寒。[13]

苏拉报复米特里达梯屠杀的第一步是占领希腊。在攻占雅典堡垒式的港口城市比雷埃夫斯(Piraeus)的战斗中,苏拉征集了成千上万的骡子用来运输他的攻城车和攻城梯。为了建造攻城车,苏拉下令将周围所有的橄榄林砍伐十分之一。也不知什么原因,比雷埃夫斯城中的两个人决定背叛米特里达梯,并偷偷将其计划告知苏拉。他们将秘密信息雕刻在铅球上,用投石器从城堡内向外发射。这些球被逐渐收集起来,苏拉的好奇心也慢慢增加。拿起一个球来看,他读到了重要的信息:米特里达梯的步兵将进攻他的工兵,同时骑兵将冲击他的军队。有了这条示警信息的帮助，在敌人攻击之前，苏拉就得以伏击并杀死他们。[14]

围城之战还在继续，米特里达梯阵营中的叛徒也持续从城墙内射出更多的球。这次的信息透露出，深夜时将有船只秘密运送小麦到达雅典。苏拉对运粮船只进行伏击，很快，城内开始出现饥荒。

米特里达梯的军队足以使苏拉的军队相形见绌——他的军队集合了来自不同地域的蛮族战士，人数多达12万，而苏拉的军队只有3万人左右。但苏拉有更多的间谍。公元前4世纪，埃涅阿斯·塔克提库斯（Aeneas Tacticus）将军——一说是塔克提申（Tactician）将军——撰写了一本专门讲述守城战争的书，通过阅读此书苏拉学会了如何与间谍秘密沟通。苏拉尤其喜欢将一头猪的膀胱充气，使它看起来像一个现代足球（它有时被称为猪皮），再用墨水和胶水的混合物在上面书写。当字迹风干后，猪膀胱就被放气，并且强行塞入一个玻璃酒瓶内。酒瓶会被灌满油，再用木塞塞紧。当收信人拿到瓶子后，他会倒出油并取出膀胱，使其充气，再阅读信息。随后，间谍会用同样的方式回信。[15]

通过类似的秘密方式，苏拉的间谍告知他，米特里达梯的军队已经转移到东南部并且在山岩中扎营。苏拉的间谍知道一条秘密小径，通往米特里达梯营队的上方，苏拉的军队据此前往，推落大量的巨石逼迫敌方迁往山下的平地。奇袭成功了，苏拉的军队一举杀死了数千名敌军，奠定了在希腊的胜利。[16]

战术家

苏拉并不是唯一一个从埃涅阿斯·塔克提库斯的书中获益的将

军。埃涅阿斯功绩卓著却极其低调，他写作了第一本在围城战中如何防守的手册。作为一名大胆的雇佣兵，埃涅阿斯喜爱旅游，并且阅读了大量书籍。《如何在围城战中生存》（*How to Survive under Siege*）在古代各时期被广泛学习，甚至直到现在依然是战争艺术的经典作品。除了讨论防守责任、信号、城门守卫、侦察兵和检查人员，埃涅阿斯着重分析了内部反间谍的问题。他的著作影响力如此之大，甚至他的秘密书写方法之一在两千多年后的 20 世纪仍然被人使用：送信人在书或报纸的前三行对选择的字母轻轻打点；收信人重新排列组合被选择的字母，对信息进行解码。[17]

除了在猪膀胱上书写，古代的信使还有多种方式，比如在树叶上写下秘密信息，再贴到腿上；女人戴着假耳环，上面缠绕着薄薄的刻了字的铅页；一个叛徒将写着叛变信息的莎草纸缝在他护胸甲的兜盖上；还有一个人将一页莎草纸缝在了他的马缰上。[18] 当人工信使不便操作时，间谍甚至把信息藏在狗的项圈里。

此前，希腊和罗马的战士们的确是在运用"隐蔽书写"，而非"隐形墨水"。但在波希战争期间使用木板刻下的秘密信息中，埃涅阿斯提及作为书写媒介的墨水时，对它的使用方法进行了修正与扩展。狄马拉图斯将信息刻在木头上，但埃涅阿斯建议他使用质量最好的墨水，将信息写在黄杨木的木板上，待它晾干后再刷白，于是字母就完全隐形了。这种用来刷白的材料是石膏的一种，希腊人常用来刷白他们的房子或白色船只，是一种容易去除的黏土型物质。当木板到达后，收信人将其置入水中，洗去白色物质，信息就显现出来了。[19]

给墨水加入足够的瘿粉

几个世纪以来，孩子们已经使用柠檬汁作为一种简单的隐形书写方式，并学会利用加热来解密。考虑到柠檬在地中海气候中被普遍种植，在烹饪中人们也热衷于使用柠檬，我们也许可以推想秘密通信的初级形式应当已经被超越，产生了更复杂精致的方法。但我从未发现任何线索或书证可以表明人们在古典时期使用柠檬汁进行隐形书写。很显然，没有人碰巧把一张浸染了柠檬汁的莎草纸在篝火旁挥舞一下，发现柠檬神奇的特质。

尽管埃涅阿斯最早推介了一系列隐形书写的技术，但他从未解释使用的是何种墨水，也未说明有关反应试剂的知识概念。反应试剂是指一种液体可以使得原本隐形的文字显影。在历史的这一刻，我们不得不等待一个世纪，直到公元前280～前220年，拜占庭的菲罗（Philo of Byzantium）的作品在亚历山大市风行起来。作为一个杰出的希腊工程师，菲罗与埃涅阿斯一样对围攻战感兴趣，但他的热情在于石弩或投石器这样的攻城机械。就如何使用隐形书写并把谈判者送入一座被包围的城池之中，菲罗也提供了建议：

> 将瘿结（gallnut）捣碎溶解于水中，在一顶新帽子或是人的皮肤上写信。当字迹风干时，它们就会隐形。然后用浸透硫酸盐的海绵擦拭隐形的文字，它们又将呈现出来。[20]

这是一种使用反应试剂的复杂隐形墨水配方，以上建议确实是第一次确凿的记载。对于现代读者而言，瘿结实在是一种异域的物质，但在古代的东方世界，它们非常常见。所谓瘿结不是真正的果实，只是在橡树上生长出的类似果实的肿块，它们由寄生虫或黄蜂等昆虫在枝干上产卵而形成。大部分这种肿块或树瘤产生的液体是单宁酸或鞣酸，这是一种棕褐色或黄色的物质，往往被用于制革、染色或是制作止血剂。

数千年来，瘿结是制作大多数常用的书写用黑墨水的主要原料，它们也被用来染发。瘿结在波斯、美索不达米亚、叙利亚和小亚细亚都很常见，但产于阿勒颇（Aleppo，叙利亚城市）的阿勒颇瘿结很少见，因而叙利亚得以因这种高质量的墨水闻名上千年。将瘿结、硫酸亚铁（早期的一种金属盐，也就是绿矾或是绿色的硫酸盐）、阿拉伯树胶以及水混合，就能生产出一种不褪色的、墨水式的黑色物质。[21]

铁－瘿墨水过去是西方文明中最重要的墨水。巴赫用它谱曲，凡·高用它画画，数不胜数的作家——从李奥纳多到莎士比亚都用它来写作。硫酸亚铁是一种如同加勒比海一般的蓝绿色的结晶体，所以"绿硫酸盐"是一个很恰当的名字；在莎士比亚的浪漫喜剧《第十二夜》中，托比·贝尔奇爵士挑战安德鲁爵士时询问是否有"足够的瘿粉在墨水中"，这意味着他要求大胆地行动，不仅仅是大胆地在纸上写字。[22]

人们很快发现，使用以瘿结和硫酸亚铁制成的墨水时，只用一种成分来书写的消息是看不见的，但只要在上面涂刷第二种成分，字迹立即就变成黑色，就像最早把两种成分混合在一起做成墨水写出的字一模一样。菲罗在公元前3世纪就描述了如此复杂的隐形墨水配方，这令人叹为观止，因为它简直是个谜。要知道，他没有记录那些最初级、原始的步骤，比如柠檬汁之类的，这些有机物（包括柠檬汁、牛奶、尿液、唾液）制成的隐形墨水都能够通过加热来显影。与之不同的是，瘿结需要一种特殊的显影剂（或者说，一种试剂反应物）才能显影。古希腊人真的在数千年前就已经发展出了最复杂的、需要反应试剂的秘密书写技术吗？还是后来的评论者在书写上述引语时在篇章中自行添加了那些化学特性？无论如何，之后的章节中我们可以发现，瘿结和硫酸亚铁在美国革命中扮演了一个重要而神秘的角色。

从直肠隐藏到东方的尿液墨水

当古希腊人用木板刻下信息并把它们浸入蜡中时,中国人却把秘密信息写在丝绸或纸上,卷起来放进一个球中,并用蜡封起来。然后,帝王或是将军会把这个蜡球交给一位信使,让他吞下或是塞入他的直肠中。比起木板,一副肠胃或者直肠是更好的隐藏之处,但想取回信息却是比在古希腊或者古罗马要更难过的事。[23]

秘密墨水的信息在中国也被认为非常神奇。与古希腊一样,古代中国人也尽量使用一切能在身边的环境中发现的材料来准备。他们使用明矾(硫酸铝钾)——一种在止血笔、染料或是超市里卖的酸渍香料中使用的白色物质。将一张由明矾书写的隐形字迹纸条浸入水中,字迹就会显现出来。掌握明矾矿产的中国人早在公元980年以前就已经在使用明矾了,并且使用瘿来一起制作隐形墨水。12世纪,一位姓王(音译)的军事人员的儿子四处散播秦桧的谣言。在南宋,秦桧曾是中国政府的高级官员。这位姓王的军事人员很快被革职、流放。在流放过程中,他的儿子遇见了一位魔术师,展示了如何在纸上写下隐形文字,之后放入水中浸泡又能使得文字显影。儿子正巧心中憋闷,对这种神奇墨水生出了好奇之心。他在一张纸上写下四个隐形的大字:"秦桧当诛。"魔术师看到后准备将其告官,后来接受了相当可观的贿赂才保持沉默。[24]

那些在早期秘密书写的历史中寻找柠檬故事的人最终会发现伊斯兰世界对科学的贡献,这并不是小孩子的简单技术。希腊人曾把波斯人视为野蛮而原始的人类,但到8世纪时,伊斯兰文明的光彩已经超越希腊。波斯帝国经过扩展,已经囊括从地中海南部到中东地区的广阔土地。伴随领土扩张的是文化与科学的繁盛。伊斯兰统治者(哈里发)在巴格达开办了"智慧宫"——一所包括翻译学校、图书馆和研究中心的综合机构,并且开始将全世界的知识翻译介绍给阿拉伯世界。阿拉伯的学者们绝不仅仅是复制者,他们做出了极富价值的贡献,尤其是在数学和化学领域。随着代数学和统计学的创造,"密码学在阿拉伯人之中诞生了"[25]。

这个新的伊斯兰国家通过《古兰经》来传播阿拉伯语,发展出了强有力的官僚机构,雇用秘书、税务官和行政事务管理者。[26] 秘书(secretary)变成了秘密(secret)的同义词。在这个世界,间谍不是秘密的携带者,秘书才被认为是最重要的政府官员和被委以重任的、需要用信件交流国家秘密的人员。在这个世界,保护敏感的国家机密是隐藏信息的一种驱动力:阿拉伯人成为密码学的先驱者,他们用统计学和字母频率创造了密码分析,并且已介入秘密书写的领域。

阿拉伯人也要为东西方之间的秘书所进行的秘密通信解码。卡勒卡尚迪(Qalqashandi,1355~1418)是一位在开罗朝廷内的秘书,写作了一本专门给秘书用的手册——《密码分析法》(*Subh al-Asha*)。这本完成于1412年的手册提供了已有密码使用方法的概括综述。在信使传递一份加密的信息之前,他用某种隐形材料在纸上书写。信使与收信人对于如何使信息显影有着大致一致的意见,他们或被告知应将某种物质刷在信息之上,或是把信息放在火焰上方。除了使用新鲜牛奶书写这种广为人知的方法(收信人加卤砂),阿拉伯人还开始使用洋葱,将其粉碎并放入水中加热就能得到一种隐形书写的物质,这很像中国人所使用的明矾和水的方法。与拜占庭人菲罗的方法相反,阿拉伯人使用硫酸铜作为隐形书写的材料,然后将橡树瘿粉碎后制成溶液涂刷上去。到13世纪时,他们也使用野生无花果作为隐形书写材料,其汁液类似牛奶状,当被加热时它就会变成红色。[27]

但在阿拉伯世界,一项了不起的隐形书写通过秘密地使用一种包含柠檬的秘方而实现了。这种配方需要用橄榄油油炸同等分量的黑色柠檬（干柠檬）和药西瓜的根（苦苹果或黄瓜——一种强力泻药），然后把混合物捣碎，将蛋黄的糊状物与其充分混合，确保可以在任何想要书写的物品上使用。经过很长时间，在写字的地方会长出毛来（显然不仅是脑袋上才会长毛）。这时，写下的字就可以被阅读了。如同希腊的情报员，15 世纪的阿拉伯信使需要花费相当长的时间带着信抵达目的地，而且他们还需要穿越烈日之下的干旱沙漠。[28] 无论这种配方成功与否，阿拉伯人似乎是世界上最早使用柠檬来书写隐秘信息的人。

在地中海阳光的召唤下，阿拉伯人使用柠檬作为隐蔽书写的物质不足为奇，因为那时柠檬树和纸张在阿拉伯世界都已经存在。虽然没有人准确知晓柠檬树从何处起源，但毫无疑问，它应该是来自热带和亚热带的东南亚地区。当印度和中国拥有野生的矮柠檬树时，阿拉伯人已经培育出柠檬树并且将其带到了西地中海地区，尤其是伊比利亚半岛和意大利。使用柠檬汁作为隐形墨水的材料，这在 16 世纪的意大利非常流行，此时柠檬树已经在当地被种植一个世纪了。[29]

在中世纪前期，柠檬在地中海地区不同文明和文化中迁徙、扩散，与之相伴的是神秘主义和魔术的崛起。这种令人眩晕的组合激发了隐形墨水的使用。今天当我们想到神秘主义，会联想到通灵板（Ouija Boards）和降神会，但这个词最早被用作"秘密"或"隐藏"之意，后来表示"隐藏的智慧"。隐形书写有时会被称为秘密书写。这些炼金术式的艺术的实践者加入了点金术和魔术行列，他们利用秘密书写来隐藏他们的知识，并以此骗过那些普通人窥探的眼睛。

到 13 世纪时，秘密书写已经开始在修道院中使用，艺术家们也拿它来保护他们的秘密交易。这些秘密被编纂并合订在一部手稿中，称为"秘密之书"。每个人都想知道秘密,所以印刷机出现后,这本书成为畅销书,这点不足为奇。在中世纪早期,这些书卷中的记载描述了失传的玄奥智慧、被封禁的知识以及工匠的秘密。到文艺复兴时期,"秘密之书"则改为记载各种配方和技术,比如如何制造染料、颜料或墨水,金属冶炼流程,祖传秘方甚至厨艺配方。它们变得更像现代社会中的烹饪书籍或是操作手册,而不是那些揭开大自然秘密的书籍。[30]

围绕秘密书写有很多严肃话题,但中世纪时,人们已开始注意到它的魔术特性,他们甚至玩起了室内游戏。一份使用尘土和尿液的隐形书写配方中,"尿"这个词的字母被调换并掩盖了:"使用'尿'在你的手上写字,当它干了之后,什么也不会显现出来。"当尘土或是灰烬被撒到看不见的"尿"字上时,它就会显现。如果你想跟你的朋友要个花样,用尿在你自己的手上写个"不"字,让它晾干。当你四处开玩笑"想知道某人是否是处女"时,你把灰尘撒在手上,并在上面画个十字,趁你的朋友不注意时,把灰尘擦掉,那个"不"字就出现了。中世纪的魔术师总结称:"很多围观者会把这当成是一种神奇的魔法……它是由十字架引发的。"[31]

在罗马帝国覆灭之后和早期文艺复兴之前的中世纪,各种有机物(比如尿液、柠檬汁、无花果和洋葱)开始被广泛用于制作隐形墨水。但上述那些开玩笑的人可能不知道,尿液被加热后也会显影(当然他不会想把自己的手加热)。直到文艺复兴时期,通过印刷术和知识传播,那些隐藏在修道院、学者研究和工匠作坊之内的关于秘密书写的技术才被大众所知。

恐惧才是发明之母。隐形墨水缘于古代关于爱情和战争的艺术:从信使走过山区中尘土飞扬、间谍遍布的道路传递消息到阻止战争突袭，从城堡包围战到罗马的长廊，在数千年的历史中，此类需求被不可思议地长久保留下来。几个世纪以来，在战争时期，隐形墨水从冬眠中醒来；在和平时期，魔术师和情人利用它耍花样骗人或是交换情书。这些古代的印记对于现代世界来说也许显得原始，但它们背后所体现出的原则和人性已经为摩登时代设立了标准。

第二章

阴谋与探究

对于詹巴蒂斯塔·德拉·波尔塔（Giambattista della Porta）而言，人生中最可怕的事莫过于罗马宗教裁判所的审讯，尽管他从未谈论此事。德拉·波尔塔的人生充满神秘色彩，他是文艺复兴时期意大利最伟大的科学家之一，也是对于自然界的奇迹充满青春热情的博学之士。[1] 他还是第一位出版书籍讲述密码学和隐形墨水的人，尽管他认为隐形书写应该被"忠实地隐藏"并保留给"伟人"和"王侯"，但他还是忍不住说："我要把它发表出来。"[2]

德拉·波尔塔是那不勒斯的名门望族之后，但他的个人生活却并不为人所知。人们只知道他敬仰自己的两位哥哥，以及有一名神秘的女子——可能是他的妻子——为他生了一个女儿，这个女儿又生下了两个儿子。德拉·波尔

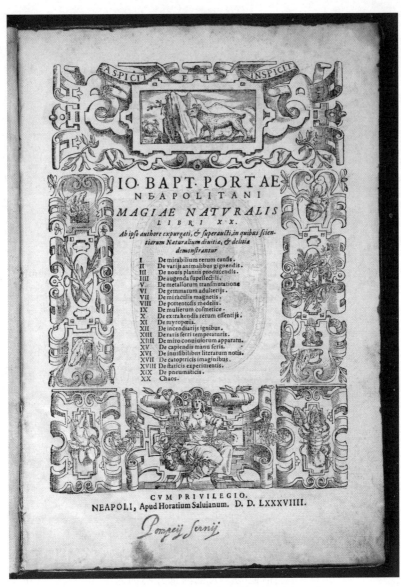

图3: 詹巴蒂斯塔·德拉·波尔塔的《自然的魔力》一书扉页

塔和他的两个哥哥都接受私人教育，从未取得过大学学位。等到他们10岁时，就被推荐做了侍臣，用拉丁文和意大利文写作。作为一个性格阳光的人，他对大自然奇观无尽的热情满满地渗透在作品之中。他的写作范围跨越了数学、光学、炼金术、占星术、相面术、记忆学、农学和密码学，这还只是就他最重要的一部分作品而言。以文艺复兴时期特有的语感，他还写作了十七部值得关注的戏剧，以丰富当地的文化生活。

德拉·波尔塔也是一名术士，他对自然界秘密的洞察力令人惊叹。有时他甚至看起来像一位魔术师，但他相貌平平，谢顶且前额倾斜，长着一个长长的鹰钩鼻。他有着深色的头发、打理得很好的胡子和一双明亮而幽默的眼睛。他穿黑色的披肩、伊丽莎白时代典型的褶皱领外套，通常还戴一顶黑色的帽子。在他的跨国畅销书《自然的魔力》(*Natural Magic*) 的德文版中有一幅装饰画，画中的他拿着巫师的魔杖，戴着魔术师的帽子。

德拉·波尔塔的生活和工作跨越了16世纪文艺复兴时期的核心时段，与自然科学的繁盛同期，也赶上了罗马宗教审判所的建立。《自然的魔力》于1558年出版，共计四册，这不仅是一部大众科学的著作，也呈现了"自然科学的丰富与愉悦"：从对怪物诞生的好奇，到普林尼式的对动植物甚至家务事的描述，饱含着对世界的惊叹。1589年时，这套丛书的第二版进行了多达十六册的巨量扩充，波尔塔在其中加进了一章，描述了对隐形书写的惊叹与喜悦之情，这也是该领域出版过的最完整的综述之一。

隐形书写和密码学激起了德拉·波尔塔对"保密"的热爱。他百科全书式的著作《密码学》(*De furtivis literarum eotis*, 1563) 虽只用拉丁文发表，但影响深远。这是该领域在历史上出版的第一本著作，被所有历史学和密码学者高度评价，这为他赢得了"文艺复兴中最杰出

图4：德拉·波尔塔装扮成一名魔术师

的密码专家"的称号——以上依据的是戴维·卡恩的记载。³ 尽管他以对密码学的贡献而闻名，包括对连字替换式密码（一对字母的替换）的贡献，但隐形书写使他更加着迷。尽管他没有对隐形书写的艺术做出任何原创性的贡献，但他记述了那些在当时就已经存在的方法。

如同文艺复兴时期的其他人文学者，德拉·波尔塔亦认为他所处的时代比古代世界更加复杂。尽管古人已经开始使用遮蔽型、隐藏型

28　　　　　　　　　　　囚徒、情人与间谍

的书写方式，他认为"我们的时代已经精巧地设计出比前人更好的隐形书写方法"。

隐形书写是有优势的，因为收信人必须事先已知有这样一封信，否则"观看者就注意不到"这封信。隐形书写比单独使用密码更有效，除非一名潜在的拦截者事先知道要去检测这条秘密信息，否则可能永远没有人会去怀疑有这样一条信息存在。德拉·波尔塔认为隐形书写，尤其当它结合了某种密码时，可以提供"重大历史事件中需要的极其重要的隐蔽性"，"这时隐形的优势就极其明显"。[4]

大约1560年，也就是德拉·波尔塔出版他的前两本书的时候，他在自己家中招待了一群科学家，他们在一起做实验并讨论着世界的各种奇观。他们自称奥提厄斯（Otiosi），意思是"闲暇之人"。这群人很快就组成了世界上最早的科学社团——奥秘学院（Accademia dei Secreti）。想要被该学院录取，此人必须"发现了一些对于医药或机械技术有用的自然的秘密"。[5]

这些学院实验和讨论的丰硕果实很快被整合进入了《自然的魔力》的第二版。德拉·波尔塔说道："从来没有想过在我自己的房间里，一个学院的充满好奇的人们……愉快地花费自己的钱财，帮助我来编纂和扩充这卷书。"这些年来，他还进行了包括意大利、西班牙和法国在内的欧洲壮游，探访学者，参观图书馆，收集信息。他很多关于隐形书写的知识和例子都来自他的旅行见闻和学院成员。他甚至还给了西班牙国王菲利普二世一本他的密码书。[6]

但这个学院没能持续很久。德拉·波尔塔很快被那不勒斯的宗教法庭谴责，并且被罗马宗教法庭传唤，要求解释关于巫术的报告。不仅是他的学院让人感到可疑，德拉·波尔塔也被公开称为"术士"，还被指控涉嫌巫术。[7]

他的家人和朋友为了挽救他的声誉而试图掩饰，但德拉·波尔塔与宗教法庭的争吵带来了更严重的后果。谣言四起，人们传言说波尔塔能言善辩，他甚至因展示那些关于自然的秘密而获得了奖励。但实际上，1574～1580年，波尔塔至少被宗教法庭传唤了两次，他的书也被要求在出版之前预先审查。第一次传唤的结果是，他被迫解散了学院。在1580年被带至那不勒斯宗教法庭之前，他已因写作关于自然的奇观和秘密而备受指责。[8] 尽管如此，他最终被教皇无罪赦免，只是被禁止参与非法艺术活动，后来他加入了耶稣会并在表面上遵守规则。

德拉·波尔塔从来没有遇到过乔尔丹诺·布鲁诺（Giordana Bruno）或是托马斯·坎帕内拉（Thomas Campanella）那样的恐怖经历；他没有在火刑柱上被烧死或是入狱二十七年。如果要说有什么改变，那么应该是与宗教法庭的相遇使得德拉·波尔塔和他的圈子更加严守秘密——他们采用密码和隐形墨水通信。

尽管德拉·波尔塔认为隐形书写应该被"忠实地隐藏"并保留给"伟人"和"王侯"，但他是第一个将简洁而丰富的隐形书写秘方发布给公众的人。他发布的内容包括用加热的方式可使柠檬汁与洋葱汁显影，胶质物质与明矾类物质可以加水和瘿结制成隐形墨水，等等。其中最夺人眼球的配方当属诱捕榛睡鼠后萃取它们的汁液，这种汁液在夜里会发出一种如"燃烧般的色彩"[9]。

到德拉·波尔塔的时代，使用柠檬汁或其他果汁来隐藏秘密信息已经为人所知，人们也知道这种隐形书写可以"通过火来显影"。虽然柠檬汁作为隐形书写的物质在公元600年左右就在阿拉伯世界出现了，但在16世纪以前并没有在欧洲被广泛使用。直到1558年同时期的人才发现"很多人都在使用可以通过以火加热的方式来阅读的柠檬汁和洋葱汁"[10]。

很多日常的物质都可以通过蘸水或研磨的粉尘来显影：古罗马人

熟练使用大戟树的树汁在人体和纸上进行隐形书写，阿拉伯人发明了用无花果的树汁当成隐形书写的物质。这些黏性或胶性的物质都可以通过粉尘或煤的灰烬来处理。在德拉·波尔塔的时代，汁液之外的物质开始被普通人使用，其中最为突出的是瘿结。

令德拉·波尔塔迅速走红的著作《自然的魔力》曾提及如何偷运浸满隐形墨水的鸡蛋，他声称鸡蛋"不会被教皇的宗教法庭拦截"。他简直为鸡蛋着迷，声称"在鸡蛋上写下字母特别安全，因为在承担欺骗的使命时鸡蛋从不会失败"。当然，现在秘密外流，鸡蛋已经不再可能担当"欺骗的使命"了！[11]

德拉·波尔塔推荐使用明矾和醋作为隐形物质在鸡蛋上写字，数百年来这种秘密的鸡蛋实验代代相传。据推测，法国的农民曾经在第一次世界大战期间使用过。1965年，《纽约时报》报道称，农业部鼓励孩子们用明矾和醋在鸡蛋上写下秘密信息，并用这种方法鼓励孩子们吃下更多的鸡蛋。[12] 直到2012年，"秘密书写的鸡蛋"还时常在互联网上被人们描绘。我和杰森·莱（Jason Lye）——一名色彩化学专家，曾经在eHow网站（http://www.ehow.com）上提问，为什么我们的实验不成功，但没有得到回复。我和我的学生多次尝试这个实验，生鸡蛋、熟鸡蛋都尝试过，以求验证传说中的方法，但从来没有成功！真是很难相信这个配方已经被人们流传了几乎五百年之久却不具有可操作性。

德拉·波尔塔建议在鸡蛋上写字的原因是觉得宗教裁判所不会认为它可疑，但现实中，不是只有那些与国家有冲突的人才有兴趣来使用隐形墨水。在意大利，现代外交的崛起引发了对编码信息的实际需求，新涌现的城邦国家的办公室需要一套秘密的代码。在充满阴谋诡计的氛围中，新的密码开始激增。

国家本身也对获取新的隐形墨水配方有兴趣。早在1525年，十人委员会——共和国的秘密统治机构和司法机构,向威尼斯人马尔科·拉斐尔(Marco Raphael)支付了110达科特币购买新的隐形墨水配方。[13] 拉斐尔是一个改信基督教的犹太人,也是一名杰出的密码秘书,而110达科特币相当于他一年的薪水。用拉斐尔的隐形墨水书写的字母可以在火上加热,通过蘸水或烧尽的纸、树皮或金属物质来显影。16世纪晚些时候,这些配方被德拉·波尔塔回忆并描述了下来。1531年,他来到伦敦并受到亨利八世的喜爱,因为他支持他离婚。很有可能在那时,他把秘密的隐形墨水带到了英国。[14]

在拉斐尔售出他的隐形墨水配方几年之后,一本名为《奥秘》(Secreti)的小册子出版了(很有可能是在1530年)。小册子用黑色的纸张印刷,可以被放入水中或者通过火烤来查看。作者凡里尼(G. B. Verini)是一名诗人、数学家和书法家,自称"书写教授"。这本书的第一页印着阿拉伯风格的大写字母A和B,在第一页对面是一个空白的椭圆形装饰,顶端是说明,请读者把纸张在清水中浸泡,以阅读一系列的诗篇。字母一直持续下去,每两个字母一组。每页都有一个椭圆形装饰,一系列诗篇,以及另一种隐蔽书写的秘方。这些配方需要的物件包括:柠檬汁、木炭、解码镜像书写的镜子以及骨头。尽管凡里尼没有被囊括入研究秘密的传统教授的行列,他绝对算得上是个中翘楚。在威尼斯集市的书报摊上,可以看到他的书和其他有关各种秘密的书籍被一起叫卖。[15]

伊丽莎白的间谍

德拉·波尔塔的著作《自然的魔力》和《密码学》在英国和欧洲大陆被广泛传阅。弗朗西斯·沃尔辛厄姆(Francis Walsingham, 1530?~1590)爵士曾经游历欧洲,也有可能曾经在公共浴室与德

图5：弗朗西斯·沃尔辛厄姆爵士肖像，约翰·德·克里茨，约创作于1585年

拉·波尔塔相遇。但几乎可以确定的是，他学习了波尔塔的前辈莱昂·巴蒂斯塔·阿尔贝蒂（Leon Battista Alberti）和吉罗拉莫·卡丹（Girolamo Cardan）的作品。沃尔辛厄姆的父亲是伦敦一名声望卓著的律师，他曾经在剑桥大学国王学院学习，但作为一名新教教徒，在信仰天主教的玛丽一世女王登基后，他感到不得不离开英国了。他逃往意大利的帕多瓦，在大学里学习法律（1555~1556）。那时帕多瓦是世界上最美丽动人的城市之一。在逃亡期间，他吸收了大量意大利文艺复兴时期的文化和政治信息。那些鼎鼎有名的大人物，像是伽利略、维萨里和哥白尼都曾在大学里教书，达·芬奇和马基雅维利的精神还在影响着这里的文化。作为一名流亡欧洲大陆的新教教徒，沃尔辛厄姆还曾经在瑞典和法国斯特拉斯堡（Strasbourg）短暂居住，终于在1558年，伊丽莎白一世成为女王后，他才返回英国。[16]

沃尔辛厄姆带回了阿尔贝蒂关于密码学的手稿《卡丹格子》（*Cardan Grill*）——一本密码转换手册，里面有关于意大利语情报方法的深刻见解。[17]伊丽莎白女王从她的首席顾问和国务大臣威廉·塞西尔（William Cecil）爵士，也就是后来的伯利（Burghley）勋爵那里听说了他。伯利勋爵曾掌管情报工作，并将沃尔辛厄姆招至麾下。由于塞西尔在政府中事务繁忙，逐渐就将机密工作全权委任给沃尔辛厄姆。在短暂履职英国驻法大使后，沃尔辛厄姆在1573年接替塞西尔成为国务大臣，直到1590年去世为止一直在此职位上。

沃尔辛厄姆擅长保守秘密。他善于倾听、观察，在突袭他的猎物前默不作声。他很快成为伊丽莎白女王的间谍首脑，这也是该职位在世界上最早的记载之一。在色彩斑斓的伊丽莎白文艺复兴时代，充满了天鹅绒紫色、加纳利黄色和节庆红色的服饰中，沃尔辛厄姆却通常身着黑色衣服，鬼鬼祟祟，如同魔鬼一般。由于他暗色的面孔，尖尖的下巴和黑色的头发、胡须，女王把他称为摩尔人。他白色的伊丽莎白式的衣领更加凸显了他暗色的皮肤。尽管伊丽莎白时代并不存在正式的现代间谍机构，沃尔辛厄姆依旧被认为是现代间谍之父。但他只是在演一场独角戏，他甚至自己出钱进行间谍活动，去世时债务缠身。[18]

在著名的肖像画师艾萨克·奥利弗（Isaac Oliver）的画作中，伊丽莎白女王对间谍工作的兴趣和欣赏甚至都反映在了她美轮美奂的着装中。她手持一道神圣的彩虹，袖子中藏有一条宝珠冠蛇，象征着智慧与力量。但这件华服同时被无数的耳朵和眼睛覆盖，象征着国家在情报收集方面的效能。沃尔辛厄姆在国内外的间谍就是她的耳朵和眼睛。这个比喻精妙而经久不衰。历史中，情报工作立志追求发展出千里眼、顺风耳一般全方位监视监听的间谍。

报告称，沃尔辛厄姆有一支由53名间谍组成的部队散布在欧洲大陆，大部分在法国和西班牙的城市中，也有一些在佛兰德

图6：伊丽莎白一世（1533～1603）肖像，
艾萨克·奥利弗（约1565～1617）作

（Flanders）和荷兰。[19] 这群间谍身份迥异，包括商人、旅行者、外国流亡人士、密码学家、出狱的囚犯、作家（甚至可能包括剧作家克里斯托弗·马洛 [Christopher Marlowe]），还有叛离天主教改信新教的投机派教徒。

他招募特工和线人主要是为了应对伊丽莎白时期英国面临的两种威胁。首先，作为清教徒的沃尔辛厄姆集中精力应对国内安全和收集情报，并挫败天主教徒的阴谋：暗杀伊丽莎白或是登陆入侵信奉新教的英国。此后，他转向收集海外情报，着力阻止西班牙无敌舰队对不列颠群岛的海上入侵，但他的主要工作仍然是保证伊丽莎白的人身安全。

沃尔辛厄姆最为人称道的成就是破获了苏格兰女王玛丽一世连同

她的支持者试图推翻伊丽莎白女王的阴谋。伊丽莎白担心玛丽篡夺英国王位并建立天主教统治,于是将玛丽软禁起来。玛丽在各式各样的城堡和庄园中被囚禁了十九年之久。作为皇室囚徒,玛丽仍然享有侍从陪伴的待遇,包括洗衣女工、女仆、厨师、马车夫,甚至还有一名密码秘书。在她早年的囚禁岁月中,她可以离开城堡来到乡下跟人们谈话,甚至给穷人分发救济品,但后来伊丽莎白切断了玛丽与外界的联络。[20] 很快,玛丽也不能与她在欧洲大陆和苏格兰的朋友、支持者进行通信了。

早些时候,看守她的是什鲁斯伯利伯爵(Earl of Shrewsbury),玛丽与外部世界的通信还相当便利。她用密码和隐形墨水写信,然后把信件藏在酒瓶、拖鞋或者镜子里。但沃尔辛厄姆侦破了她一个又一个谋杀伊丽莎白的阴谋,之后一点点收紧了她的通信渠道。1570年,一名信奉天主教的威尼斯银行家罗伯特·里多尔菲(Roberto Ridolfi)密谋刺杀女王,允许玛丽与外界朋友通信的危险愈加醒目。所有她的通信都会被要求交给什鲁斯伯利伯爵,然后伯爵将这些内容交给沃尔辛厄姆和他的首席密码翻译官托马斯·菲利普斯(Thomas Phelippes)。但这仍然不能阻止玛丽创造其他通信网络。

1574年,一个18岁的苏格兰男孩在苏格兰被捕,他坦白承认他在为玛丽担任信使。什鲁斯伯利的孩子们有个家庭教师名叫亚历山大·汉密尔顿(Alexander Hamilton),他与一名伦敦书商有成捆的信件往来,然后这些信件被交给这个苏格兰男孩。合谋者都被带到了伦敦塔,但伊丽莎白女王并不想对此案深究,最终不了了之。[21]

玛丽的合谋者听到了这个惊险的消息后纷纷逃散,其中很多人逃往巴黎。她的支持者中有位名叫托马斯·摩根(Thomas Morgan)的人,此前是什鲁斯伯利家的仆人。在巴黎,他付出了巨大努力,精心安排，代表玛丽将她的支持者和朋友们组织起来。尽管如此，沃尔辛厄姆仍然能够持续渗透进玛丽的通信网络，并且熟练地将被捕的天主教徒转变成双重间谍。

在巴黎，摩根投靠了格拉斯哥主教（Bishop of Glasgow），这位主教曾与玛丽商讨过战略问题。此后，玛丽渐渐发觉，她的通信渠道可能已经遭到破坏。1577 年，她给主教写信提示应当"离我要更近，消息要更谨慎"，建议"用白色（隐形墨水）书写，在字行间书写（最好是明矾或瘿结）"，并且以送一本书的形式掩盖。"尽管这种诡计简陋且危险，"玛丽继续说，"但他们将会派遣信使来我这里补充生活必需品，信使不会被严加审查，而在信使带给我的东西当中，我想要的东西可以以这样的方式安全抵达，甚至连信使自己也不会发觉。"[22] 玛丽和主教就这样自由地进行通信，但他们并不知道，这些信已经被沃尔辛厄姆截获。

米歇尔·德·卡斯泰尔诺（Michel de Castelnau，或 Monsieur de Mauvissiere）是法国当时驻英国的大使，他也是玛丽的朋友。卡斯泰尔诺曾经尝试让玛丽与伊丽莎白达成和解，但未获成功。此后玛丽开始依靠卡斯泰尔诺给她在巴黎的间谍递送秘密消息。她曾在一封信中指示他如何使用明矾作为隐形墨水："最好的秘密书写方法是在写信前二十四小时，将明矾浸泡在一点清水中，此后想要读这样的消息，只需用一些清水将纸打湿。"这种隐形书写呈现为白色，必须再次晾干后才能阅读。她建议他在白布或者亚麻细布上书写，然后在角落处剪掉一点作为"此处有书写"的标记。当然，她要求仅仅在"重要至极的情形下"才使用这种秘密书写的方法。[23]

即使是这种通信也不能逃脱沃尔辛厄姆的间谍们的眼睛。1582 年，他得知囚禁中的玛丽建立了新的秘密信息系统，法国驻伦敦大使在其中扮演间谍角色，帮助她和她在法国的支持者联络。

自 1575 年卡斯泰尔诺担任驻英国大使开始，沃尔辛厄姆就算是他的老朋友了。在圣巴托罗缪大屠杀（Saint Bartholomew's Day Massacre）之后，他曾经护送沃尔辛厄姆逃离骚乱，那时沃尔辛厄姆正在法国居住。尽管卡斯泰尔诺是一名天主教徒（他也是一名旧式的大使和有着文艺复兴时期风格的人），但他认为友谊比宗教与意识形态纷争更为重要。沃尔辛厄姆也把他当成朋友，但这并不妨碍将他变成破获玛丽秘密通信的间谍。[24]

沃尔辛厄姆想要征召一名出狱的囚徒作为间谍来提供其他的信息。一个出人意料的人来应召了：他自愿提供法国大使家中所有的活动信息。这名间谍用一个化名来签名：亨利·法戈（Henry Fagot）。卡斯泰尔诺有三名秘书，其中之一为神秘的法戈提供消息。他提供了卡斯泰尔诺给玛丽写的每一封信，来换取一点钱；没有他不能告诉法戈的消息，包括"所有苏格兰女王接触到的东西和她用秘密书写方法写就的信件"。这名背叛的秘书甚至还告诉了沃尔辛厄姆谁是玛丽的首要间谍：斯洛克莫顿（Throckmorton）先生和亨利·霍华德（Henry Howard）大人。[25]

对于玛丽的秘密通信渠道而言，这是压垮骆驼的最后一根稻草。弗朗西斯·斯洛克莫顿先生是一名虔诚的天主教徒，他曾经在 1583 年谋划刺杀伊丽莎白女王，推举玛丽登上王位。沃尔辛厄姆等了半年之久才突袭这个曾经在暗夜中潜入大使家中的密谋者。11 月 5 日夜里，沃尔辛厄姆命令他的间谍搜查斯洛克莫顿在伦敦和肯特的房子，并将其逮捕。抵达他在伦敦的家中时，斯洛克莫顿正在将一封写给玛丽的信进行加密，被逮个正着。经过审问和酷刑的折磨，斯洛克莫顿最终将他的密谋招了出来，并且承认自己为玛丽传递信件。1584 年 7 月，他被绞死并且分尸。

沃尔辛厄姆强迫卡斯泰尔诺交出所有涉及斯洛克莫顿阴谋的信

件。卡斯泰尔诺也被指控隐瞒密谋以及为玛丽从事秘密情报工作,但这些罪名后来被撤销了。1584 年秋天,玛丽和卡斯泰尔诺之间的秘密通信彻底终止,大使也在一年后被召回法国。[26]

尽管国会议员和沃尔辛厄姆都认为玛丽应当被处决,伊丽莎白女王还是否决了这个建议。在证明了玛丽直接涉及此前叙述的阴谋之后,沃尔辛厄姆成功地建议伊丽莎白处决了玛丽的堂兄。安全形势进一步收紧,在 1585 年圣诞节前夜,玛丽被转移到查特利城堡(Chartley)——一座位于斯塔福德郡(Staffordshire)被护城河包围的庄园,它是用石头搭造的,住着并不舒服。新的看守是阿米亚斯·波利特(Amias Paulet)爵士,他是一名强硬的新教教徒,也是玛丽的反对者,对她严加看守。

对于玛丽和她的支持者而言,形势看起来相当糟糕,想要交换重要信息几乎不可能了。然而情况突然好转,她的支持者吉尔伯特·吉福德(Gilbert Gifford)想出了一种天才的通信渠道:使用啤酒桶。这名年轻的天主教徒伶牙俐齿,面容俊秀,有一双蓝色的眼睛,他主动找到了新任法国大使纪尧姆·德·拉奥贝派(Guillaume de L'Aubepine),即沙托纳夫爵士(Baron de Châteauneuf),并提出这个想法。在 16 世纪,啤酒这种淡酒精饮品几乎是水的替代品。查特利城堡没有酿造啤酒的设施,需要为居民从外界引进啤酒。一名天主教的酿酒师同意把秘密信件装入一个防水的盒子,然后塞进啤酒桶中,于是这样的盒子就在啤酒中漂浮。尽管这名酿酒师是玛丽的支持者,他还是接受了贿赂,并且为了领取沃尔辛厄姆的钱财一次又一次地背叛玛丽。加密的或是用明矾做了隐形处理的信件在玛丽和外界的支持者之间往复沟通,随后这些信件被送到满脸麻子的托马斯·菲利普斯的桌前进行解密。信件由安东尼·格雷戈里(Anthony Gregory)解封,沃尔辛厄姆阅读之后,再由手下伪造新的封印，之后送出。

但这里出现了一个问题，吉福德变成了双料间谍。[27]1585年他从法国来到英国后联系了沃尔辛厄姆，后来同时为玛丽和他工作。他承认自己在为玛丽和欧洲大陆的支持者充当信使。人们不知道他为双方同时工作的动机究竟是什么，但他告诉过沃尔辛厄姆："我听说过您的工作，我愿意为您服务。我没有顾虑，也无惧危险。"[28]

与此同时，玛丽也给新任法国大使沙托纳夫写信，警告他间谍可能就在他的屋檐之下。她同时力劝大使只有极其必要时才使用明矾书写，因为这种方法已经非常普及，"容易被怀疑和发现"。她建议，不但要在给信使的信件中采用隐形书写这种方式，还应当尽量在字行之间来写信，比如每隔四页写一次，或者干脆在白布或者亚麻细布上来写字，她也曾如此建议他的前任。她还奉劝大使把加密信件塞进高跟拖鞋里，而不是封进软木塞中，因为这样的鞋子是常见货物，不易引起怀疑。[29]

尽管玛丽警告沙托纳夫当心自家屋檐之下的间谍，她还是信任吉福德。吉福德也成为新的入侵英国的密谋的重要参与人士，他们同样想谋杀伊丽莎白并把玛丽送上王位。年轻而富有的天主教徒安东尼·巴炳顿（Anthony Babington）曾经去过法国，并深深卷入大主教徒的密谋之中，后来的"巴炳顿密谋"（Babington Plot）就是因他得名。在招募了十三名密谋者之后，巴炳顿选择了其中的六人去谋杀伊丽莎白。当然，沃尔辛厄姆已经读过他们的每一封通信，这一刻正是他期待的。没有人说出密谋者的名字，密码破译师菲利普斯甚至伪造了著名的"附言条"去询问他们的名字。这封询问信件如同往常一般通过啤酒桶送到玛丽家中。

由于密码只是简单的编码字符表——信件中的字母被替代成数

图7：处决苏格兰女王玛丽，荷兰画派，水彩画，约1613年

字、符号和希腊字母——菲利普斯使用频率分析法迅速将其破译，揭示出这起阴谋，并找出了密谋者的姓名。包括巴炳顿在内的密谋者被严刑拷打、开膛破肚或者直接绞死。玛丽亦被法庭审判。1587年2月7日，她在弗瑟琳菲城堡的大厅内被斩首。在人生尽头她唯一的朋友是一条小狗，它从玛丽沾满血污的衬裙中钻出，卧倒在她被斩下的头颅和肩膀之间的地面上。[30]

《密码故事》的作者西蒙·辛格认为，玛丽的生命"系于密码的力量之上"[31]。玛丽不是第一个也不会是最后一个将生命托付给一种赢弱密码的人。但这个故事却不止于此。想象一下玛丽的生活，她的一生被由各式各样的护城河包围的城堡或领主庄园所隔离。她被有预谋地切断了与外部世界的全部联系，她的一举一动都受到监视。但玛丽仍然渴望能够与自己在监狱外的同盟取得联络，不论是用编码字符表还是隐形墨水。

明矾并不是新颖的隐形墨水材质，在意大利它已经被人使用，并且被德拉·波尔塔描述过。但在英国，它并不像柠檬汁、橘子汁或是洋葱汁那样常见。与这些酸性的果蔬汁液不同，明矾在加热时会变成白色而不是棕色。所以即便是被加热处理，它也不易被发现。

作为一种被精细研磨的白色物质，明矾与海洛因很近似。（所以我展示隐形墨水时，也会避免带着它上飞机。）明矾还是一种超市里常见的腌渍香料。伊丽莎白时期它在英国更加常见，因为羊毛贸易者将明矾作为媒染剂，它可以帮助染料在布匹上固定。在中世纪，明矾的工业产量就已经相当可观。[32] 有些女性还拿它来祛除皮肤上的斑点。

苏格兰女王玛丽并不是当时英国唯一使用隐形墨水与同伴通信的人。托马斯·罗杰斯（Thomas Rogers），化名尼古拉斯·伯顿（Nicholas Berden），是沃尔辛厄姆最重要的间谍之一，在16世纪80年代就曾经在巴黎使用隐形墨水通信。

罗杰斯是天主教徒中被招募做间谍的无赖恶棍之一。他起于微末，最初是乔治·吉尔伯特（George Gilbert）的仆人。吉尔伯特是一位著名的天主教信徒。罗杰斯最早于1583年联络沃尔辛厄姆并提供玛丽的信息，因此被其他天主教徒质疑，随后因被怀疑叛变而被投入圣天使城堡（Sant' Angelo）的宗教监狱。[33] 被释放后，他曾经宣誓对天主教尽忠，但私下却悄悄为沃尔辛厄姆服务。

1585年，沃尔辛厄姆将罗杰斯派去法国，探听那些在鲁昂和巴黎的流亡者的消息。在1585年8月到1586年1月之间，罗杰斯用隐形墨水来写报告。信件中可见的部分通常是在讨论他查找的"包裹"，而包裹正是他为沃尔辛厄姆查找的；隐形书写的部分主要是描述天主教徒的行踪活动。他的第一封信写于1585年8月11日，描述了天主教当地分支的情况。英国政府文件中相关的部

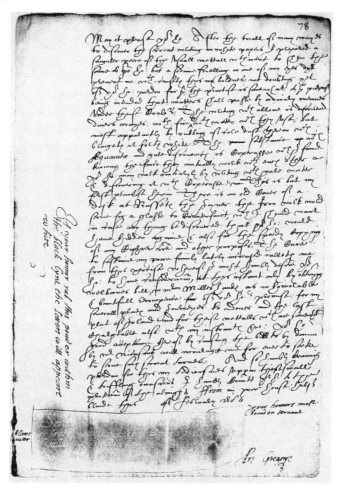

图 8：阿瑟·格雷戈里写给沃尔辛厄姆的信

分遗留下了棕色的、像是烧焦的物质，由此判断，他可能是使用了柠檬汁。[34]

罗杰斯渗透进这些天主教社区，获取人们的信任，打听到他们的计划，之后他返回英国，开始为法国的每一位天主教神父编辑档案卷宗。令人毛骨悚然的是，他甚至还写下了关于绞死或是流放这些被捕神父的建议:"那些我标注应当绞死的人,都是些从思想到行动都大逆不道的人;那些我标注应当流放的家伙大部分也符合这个标准,因为他们都极其贫穷又好斗;那些我标注应当关到威兹比奇(Wisbech)城堡去的人,他们可以支付自己的费用,他们属于极少数应当去学习反省的人。当然,从陛下的荣誉考虑,他们全部应该被绞死。"[35]

但有一种办法可以让那些神父免于一死:罗杰斯很容易被买通。他告诉菲利普斯,有的神父值20镑,有的值30镑,"金钱给我带来极大的快乐,它是一种迫切的需要,没有它我可不知道该怎么办"[36]。16世纪80年代末,罗杰斯认为天主教社区的流亡者可能已经怀疑到他,所以他逃离阴影之下的世界,变成了一名为皇室提供禽类食物的供应商。[37]

阿瑟·格雷戈里(Arthur Gregory)是为沃尔辛厄姆工作的伪造封印的大师,他也能阅读和使用隐形墨水。1586年2月,当啤酒桶传递业务全面启用时,格雷戈里显然已经尝试过阅读玛丽的秘密书写,因为他在给沃尔辛厄姆的报告中提到过"为发现秘密书写而试验过多种方法"。尽管有一只眼睛是红肿的,格雷戈里还是发现了"这些书写是利用晶状体不同方法的溶解来隐形,破解的方法可以用火、水……但最明显的是用煤的灰烬,因为它常常是白色的"。他还告诉沃尔辛厄姆他使用绿矾和瘿结进行的实验:也是一种在当时常见的、可翻转的隐形墨水使用方法。瘿结可以让绿矾显影,反之亦然。

在一封信的附言里,格雷戈里提到了他最引人注目的实验。附言用明矾写成,他告诉沃尔辛厄姆,"用黑莱茵石式的粉末摩擦,字母会显示为白色"。档案的记载显示,沃尔辛厄姆按照指示,用黑色的煤灰使得白色的字迹显影。[38]

约翰·杰拉德的出逃

伊丽莎白时期,英国天主教徒和基督教新教徒之间的斗争一直持续进行。玛丽被斩首一年以后,西班牙无敌舰队被击败,耶稣会罗马总部颁布了一道诏令以支持英国的天主教徒。1588年11月,约翰·杰拉德(John Gerard,1564~1637)和其他三名神父一起被派到英国执行一项秘密任务。杰拉德是一名身材高大、肤色较暗、坚韧不拔而又彬彬有礼的耶稣会神父,此前他在罗马英文书院接受了有关该任务的广泛训练,这相当有效,但是意想不到的事情发生了。

在那个月黑风高之夜,当杰拉德和他的队伍登上英国一片偏僻的海滩时,他们不得不躺在灌木丛中休息。因为当他们想要接近附近的农舍时,四下犬吠不止。第二天早上,可能由于缺乏睡眠,他的队员们昏昏沉沉,最终走散了。但杰拉德开始了一项长达六年的使命,很成功,从未被发现。他的第一站是伦敦,在这里他听从神父亨利·加内特(Henry Garnet)的指导,加内特是此项任务的上级主管。[39]

杰拉德很快发展了一批热烈的天主教追随者。在休闲绅士的外表下,结识人是非常容易的事。他打猎、赌博,还热衷于训练猎鹰。他用魅力赢得了天主教家庭的欢迎,这些家庭随后给他提供了庇护。很多新朋友甚至从不知晓他的真实身份是一名耶稣会神父。

但在耶稣会信徒中,他也有一些坚定的支持者,必要时会将他藏在家中。这些信徒甚至雇用木匠专门为他打造藏身之所,在屋椽上,在地板之下,在壁炉里,甚至在墙和墙之间都有,这些地方被称为"神父之洞"。

有一天,他藏在布莱多克斯(Braddocks)的一间房子里,女王的搜查人员敲击墙壁试图探测中空部位,他们推倒任何可疑的木质家具,但始终没能发现杰拉德。在搜查那所房子的两天中,他们几次接近了杰拉德的藏身之处。杰拉德屏住呼吸,他们最终挪开去了别处。搜查人员把房间翻了个底朝天,还在壁炉里放了一把火。将一堆柴火放在壁炉那里是掩饰用的,因为杰拉德就藏在壁炉下专门为他伪造的砖石下面,砖石成功地隔绝了火焰。当最终出来的时候,他摇摇晃晃,几乎昏厥,因为他已经有四天没有进食了。[40]

在小心地躲避一次次侦查后,杰拉德向他的下一处藏身之所转移。这次则很不幸,搜查人员追上并逮捕了他。他被拘押,被监禁,被押运转移到一座又一座监狱,最终被押送到令人恐惧的伦敦塔。尽管狱卒威胁将施以酷刑,他仍然拒绝招供。最重要的是,他拒绝说出其他耶稣会士的名字和藏身地,尤其是他的上级加内特神父。很快,负责的长官大人变得沮丧,失去了信心,下令对杰拉德施以酷刑直到他招供为止。

他们把杰拉德带到一间巨大的地下室,里面有一根大柱子,巨大的铁锁挂在屋顶。把他的手腕用铁手套铐起来之后,狱卒命令他爬几步。他们架起他的胳膊,将一根棍子固定在铁锁上,再将铁手套固定在棍子上,踢开支撑,让他所有的体重都压在架起的胳膊和肩膀上。杰拉德在剧痛中几乎瘫痪,但仍然拒绝招供。他被折磨了三次仍然活了下来,不过三个星期内他都无法移动自己的手指。[41]

在伦敦塔内,杰拉德与一位狱卒交上了朋友,这位狱卒随后给他带来了钱和其他有用的物品。很快,杰拉德开始要他带进来橙子。他知道这位狱卒喜爱橙子,所以就拿出一些水果送给这位朋友当成礼物,自己留下一些。他把果汁榨出放进一个罐子,然后用剥出的果肉拼凑成十字架的形状。但他并没有把这些橙汁喝掉,而是保留了下来。他在想,接下来可能有另外的用处。

杰拉德知道如果要一支笔会增加别人的怀疑,所以他只说要一根大鹅毛来清理牙齿。他偷偷把鹅毛的根部磨尖，插进一个木盒里，做好了用橙汁书写的准备。他把玫瑰念珠卷进纸张，并且在纸张上边书写。他的狱卒朋友很乐意把这些材料送出去。在第一封消息里，他只是要求朋友们回复，确认他们能够阅读这条消息。朋友们用裹着蜜饯的糖纸回复了他。很快，杰拉德就能够跟他在狱墙之外的同盟定期通信了，正是这些人帮助他实施了脱逃计划。[42]

几个月后，这些秘密通信者变得越来越大胆，因为那名狱卒非常乐于通融。（他很乐意接受各种贿赂，这一点很有帮助。）狱卒提供给杰拉德他想要的笔，于是他可以在一些书信的字行间进行秘密书写。

杰拉德更喜欢用橙汁，而不是柠檬或香橼的汁液，因为他相信橙汁更加安全。他有经验，柠檬汁会因水或加热显影，但随着时间过去它会消失，再次蘸入水中或是加热，它又能再次显影，因此收信人无法确认这封信是否已经被人阅读过。与此不同，橙汁书写被加热后无法再次消失，而且它只能通过加热来显影，不能用在水中浸泡的方法。由于文字能够保持可见，收信人就能轻易确认该消息是否已经被截留和阅读过。[43]（事实上杰拉德所做的区分并没有什么效果，这些汁液的反应是类似的。）

杰拉德从不在信件中使用自己的真名。他试图与另一位天主教的囚徒——约翰·雅顿（John Arden）进行联络，而雅顿被囚禁在穿过花园的另一侧。最初，雅顿对杰拉德在另一侧所做的动作感到困惑。杰拉德拿起一张纸，假装在上面书写，然后在一团想象中的火焰之上挥舞纸张。在说服他的狱卒给这位同狱犯人送去一包拿纸包裹的玫瑰念珠以及内藏的隐秘消息之后，他静静等待回复。三天过去了，什么也没来。杰拉德猜到，一定是雅顿没能理解他的动作。

他又试了一次。他将一个想象中的橙子榨汁，之后把鹅毛笔在所榨的汁液中蘸了书写，再在火焰之上挥舞纸张。雅顿终于懂了。他们开始一起工作，并且密谋逃离伦敦塔。这是伦敦塔历史上最为大胆的一次出逃。

杰拉德注意到雅顿的塔边有一条护城河，想到也许可以用一条绳索从壕沟边的城墙攀缘而下。他给自己在外面的同盟约翰·利利（John Lillie）写了封秘密信件，让他的同伴带一条绳索来到城墙上。雅顿和杰拉德将一个铁球固定在一条结实的绳子上扔给他们，利利再在铁球上固定一根粗壮的绳索。然后雅顿和杰拉德用绳子把那根绳索拉上来，固定在屋顶，攀缘而下。他们的第一次尝试由于河岸上出现了几个没想到的人而被迫中止。但第二次，在1597年10月5日，他们成功了。尽管他的手指还是残破不堪，身体状况也极其虚弱，杰拉德还是和他的同伙一起从绳索上爬下去了。一条小划艇在河边等待他们，随后驶向了加内特神父的房子。

毫无疑问，杰拉德是一名天才的逃生者。1588年成功登陆的四名神父当中，杰拉德是存活最久的。加内特神父也在1605年的火药密谋案中被捕并被处死。但密谋案发生之后，杰拉德还是逃回了欧洲大陆，在耶稣会社区中保持活跃状态。

杰拉德的出逃是一个了不起的故事，即使他只是用了相对简单的隐形墨水。与之相对的是苏格兰女王玛丽，她一直在弱密码和广为人知的隐形墨水之间寻求平衡，最终她被斩首。而在运气、技能、个人魅力和简单隐形墨水的帮助下，杰拉德完成了历史上最成功的出逃案例之一。

第三章

坦白秘密

Confessing Secrets

伊丽莎白时代是一个充满秘密与诡计的动荡时期，囚犯、科学家和间谍层出不穷，他们的生计甚至生命往往取决于粗制的密码与初级的隐形墨水。大约一百年之后，17世纪开展的科学革命中自然而然地出现了对于秘密通信井喷一般的研究兴趣。秘密书写最初被用于保护科学界和国家层面的机密，以及私人通信交流。尽管在当时密码学已经初成气候，隐形墨水却更具魔力和神秘感。它令人好奇，并因为稀有而引人遐想。17世纪中期，一个佚名的英国作家曾生动地描写过如下场景：用瘿结擦拭由硫酸盐（铜、铁、锌硫酸盐）制作而成的隐形墨水书写的文字时，"它突然涌现，如同闪电破云而出"[1]。

任何曾和秘密书写打过交道的人都知道，隐形文字大多真的如同闪电划破乌云，好像魔术一般，是自然的奇迹之一。然而在阴谋四起的文艺复兴和科学革命时期，秘密书写有着严肃的目的。耶稣会士杰拉德、玛丽女王、著名间谍尼古拉斯·赫伯登等人都曾使用过简易的隐形墨水。一个世纪之后，科学家已经开始试验较之加热果汁更为复杂的反应类型。

尽管人们对于秘密通信飞涨的兴趣与科学革命在时间上是重合的，但很少有人注意到，围绕着现代科学以及秘密通信的诞生，知识界的领袖和杰出人士与当时的变革之间的联系。宣称拥护开放式交流的科学革命领袖曾与秘密通信紧密关联，他们当中的很多人发明了新的编码、密码以及隐形墨水，还有的将他们的专业知识无偿提供给了国家。但仔细研究他们在这个时期的活动，我们会发现，与传统认知强调开放与隐秘的对立不同，对于他们而言，这并不是一个非此即彼的情况。

当时在大多数科学家眼中，开放与隐秘的关系与其说是一种紧张对立，不如说是一种区分标准。尽管在科学界他们拥护开放和自由的交流，这些科学精英仍旧认为某些在科学界和国家层面的特定事务最好被视为机密保护起来。正是出于这个原因，当时的许多科学家研发了秘密通信的新方法，想尽办法来调和开放与隐秘的关系。事实上，这种政治谋略与初期现代科学的交叉可以一定程度上解释秘密通信的盛行。

在英国科学革命期间，有三位重要的科学家兼科学领袖对秘密通信产生了兴趣：约翰·威尔金斯（John Wilkins，1614~1672）、约翰·沃利斯（John Wallis，1616~1703）以及罗伯特·波义耳（Robert Boyle，1627~1691）。他们不仅积极地参与创建风靡欧洲科学界的全新科学团体，还对密码学与速记式加密做出了重要贡献。除了学术上的偏好和才华，这些科学家的个性也影响了他们看待秘密的态度。比如，威尔金斯撰写了一本关于秘密的畅销书，令人愉悦且读者甚众。

英国的科学三巨头在秘密通信、创建开放的科学机制上表现积极，他们在德国和法国的同僚——从德国的阿尔贝特·约翰尼斯·特里特米乌斯（Abbott Johannes Trithemius）到法国的化学家药剂师尼古拉·莱默里（Nicolas Lemery）——也在隐形墨水的研制方面做出了开拓性的贡献。欧洲科学革命的一个显著特征当属开放与隐秘的鲜明对比，也就是社会意识对于开放交流的信念与根植在炼金术、赫尔墨斯神智学和手工艺传统之中的隐秘传说所产生的对照。在这场运动中，许多科学家为新的秘密通信技术倾心不已——从密码学到隐形墨水，他们自己甚至发明了许多新的方法。到14世纪时，炼金师和科学家使用秘密书写的方式保护发现成果。但直到文艺复兴时期，人们对于秘密通信的兴趣才飞速增长，从而导致了密码学的突飞猛进。现如今，密码几乎成为一种新的语言，密码学开始更多地被应用于保护国家机密。尽管隐形墨水的技术并没有那么精密，在那时它仍旧与更为闻名的密码学一道默默扮演了重要的角色。

神秘又迅捷的使者

由于拥有强大的个人魅力与组织能力，不管是在科学与宗教还是在隐秘与开放之间，约翰·威尔金斯都能够调和各种极端情况。作为英国皇家学会的创始人，威尔金斯的兴趣极为广泛，从神学到科学无所不包；从牛津大学瓦德汉学院学监到切斯特主教，从事的职业也多种多样。青年时期，在他创作的那些充满想象力的书籍中，就囊括了可以飞翔的双轮马车、潜水艇、月球上的人，以及密码和秘密书写等。他是一个充满活力的科学实干家和寻求普及通用语言的探索者。[2] 青年时期，威尔金斯为秘密通信的技术所着迷。1641年，27岁的时候，他出版了关于密码和秘密书写的著作——

《墨丘利：神秘又迅捷的使者》。

与热爱秘密的德拉·波尔塔不同，威尔金斯是公开的、坚定的公共知识信徒。作为英国皇家学会的创始人和第一任学会秘书，他支持科学家公开交流以及知识的广泛传播，并以此造福全人类。为了扩大读者覆盖面，他一直使用英文而非拉丁文撰写书籍。在同时期被广泛阅读的科学类书籍中，他的大众科学作品是最受读者欢迎的。

威尔金斯出生于北安普顿郡一个名为沃尔斯雷的小镇，他的父亲是个金匠，祖父则是一名牧师。在牛津大学马格达伦学院学习了古典著作、数学以及天文学后，他回到家乡当了一名牧师，之后于1648年被国会议员任命成为牛津大学瓦德汉学院的学监。威尔金斯是一个以组织奢侈"娱乐"闻名的享乐主义者。约翰·奥布里（John Aubrey）形容他是一个"精力充沛、强壮、体格结实、肩膀宽阔"的男人。事实上，他是一个稍显臃肿、蓄着一头齐肩金色卷发、举止友好、眼神狡黠的人。

威尔金斯曾是一个专心结交科学界朋友的单身汉，在42岁的时候，他迎娶了奥利弗·克伦威尔（Oliver Cromwell）的妹妹罗宾娜（Robina French），那时她已62岁。伯内特（Burnet）主教曾为威尔金斯的婚姻决定辩护道："除了努力斡旋，他从未利用过这个联姻。"克伦威尔在1656年亲自为这个联姻消除了宗教上的障碍。自1654年以来怀特霍尔宫一直是护国公的官方宅邸和政府办公地，从那时起成为威尔金斯的"婚姻居所"。因为这次联姻，他被理查德·克伦威尔于1659年任命为剑桥大学三一学院院长，但一年后王政复辟他又被逐出。[3]

威尔金斯和他的科学界朋友喜欢在伦敦齐普赛街的公牛头酒馆小聚，就着一品脱酒水讨论实验哲学；当人数增加到一个酒吧装不下时，他们便将聚会地点转移到了格雷沙姆学院的一个会客厅里。威尔金斯"被大家衷心爱戴",也被视为乐于助人的好人。伯内特主教曾带着满腔热情谈论威尔金斯:"我从未见到任何人像他一样有着如此高尚的灵魂……他是全人类的朋友,享受做善事带来的乐趣。"[4]

但早在他与国会议员厮混前,年轻的威尔金斯就开始针对秘密通信"积累笔记",他的灵感源于一本由戈德温(Godwin)主教撰写的小册子《无生命的信使》(*Nuncius Inanimatus*)。这本册子描写了如何在没有信使的情况下,通过火焰和手势传递信息,不管对方是在"临近的地牢、围城或是160公里开外"。这些技巧引发了他的"奇思"。[5]

他收集了很多的材料以满足自己的好奇心,之后便撰写了《墨丘利》一书。让他备感愉悦的是,在英文书籍中这是第一本主要针对秘密通信的作品,其中介绍古代方术的部分迄今仍是最好的综述。在这本书的首印版中,他承认出版此书是为了讨好他那个当印刷工的哥哥,也因为"较之于实在的好处,还是令人好奇的事情更能满足这个年龄段的虚荣心"。此书出版于1642年,正值内战的头一年,及时地帮助了所有政治与宗教的分支。

威尔金斯发现有些古代方术显得怪异又粗糙。他对读者担保,与现代人的看法不同,这些方术在古时应显得更加神秘。在"怪异"这一点上,他写道,没什么能比得上古希腊历史学家希罗多德记载的案例——将奴隶的头顶剃光,把机密信息刺在头皮上,再等着头发长出来后送该奴隶到传递信息的目的地。显而易见,这个方法慢得惊人。威尔金斯认为,现代传递信息的方式快得多:可以使用非生命体的媒介,例如子弹、箭矢或者声音;也可以使用生命体媒介,例如人、走兽、飞禽。一再回顾古代与现代的矛盾塑造了他对古时技艺的态度,他写道:"为了能够获取(秘密通信的)技巧,你可以看到古人曾被置于怎样奇怪的情景与变化之中。"[6]

威尔金斯创造了一些全新的密码，并在书中囊括了许多不知名的暗码和密文，但他对于隐形墨水的处理则严重依赖德拉·波尔塔。他的确告诉我们书写的材料"各有隐秘"，例如墨水或者溶剂。我们再一次温习了卤砂、柠檬汁与洋葱汁的使用。威尔金斯对于如何在陆地、水路或是空中传递信息十分感兴趣，并为德拉·波尔塔发现秘密书写的惊人能力所折服。

威尔金斯毫不担心他记录秘密通信的文字会泄露秘密，他清楚这本书不仅教读者怎样"隐瞒"，还使他们能够"辨识妄想"。尽管天神墨丘利有着盗贼和叛徒的名声，以此为书命名不免会引起担心被不法之徒利用的联想，但威尔金斯消除了这些顾虑。他的态度是这样的："不是每一件可能会被滥用的事情都要被废止……如果所有那些易于被滥用的实用发明都要因此被封存的话，就不存在任何一种可以被依法保护的艺术或科学了。"他还生动地补充道："我们不妨把舌头也都割掉，因为那个家伙可是属于一个邪恶的世界。"[7]

威尔金斯与皇家学会

创始于1662年的英国皇家学会是公开交流科学成果的最为著名的团体之一，而约翰·威尔金斯在其创立过程中起了重要作用。1648～1659年，剑桥大学的科学部门在威尔金斯任瓦德汉学院学监期间蓬勃发展。在17世纪50年代，瓦德汉学院成为英国科学研究的中心，威尔金斯也吸引了一流的科学人才来到剑桥。威尔金斯的剑桥俱乐部也被普遍当成皇家学会的雏形。[8]俱乐部中的很多人（包括之后皇家学会的同僚），比如罗伯特·波义耳、罗伯特·胡克（Robert Hooke）、克里斯托弗·雷恩，还有约翰·沃利斯，都对秘密书写有着极大兴趣。在剑桥的日子里，在繁多的实验当中，这一批人为自己和大英帝国创造出了"新的情报手段、新型密码"[9]。

作为培根哲学思潮的一部分，科学界间的公开交流已在皇家学会内部制度化了，但仍有一些事情还藏于隐秘之中。事实上，国家安全这个概念的源头就可以追溯到17世纪的英国。皇家学会的会长要么被委托守秘，要么会使用行政决策来决定一件事情是否会成为秘密。1665年威廉·佩提（William Petty）向皇家学会展示了一份造船的手稿，时任会长的威廉·布朗克（William Brouncker）爵士便将其拿走收藏，因为他认为这份手稿是"重大的国家秘密，不宜被公开细读"。同一年，罗伯特·胡克在一个会议上宣布，他决定将"有关经度的秘密交给会长，由爵士先生定夺其合适的去向"[10]。

皇家学会的科学家还使用密码或字谜来保存秘密，以待将来使用，或是保证自己对这些秘密具有优先权。1669年，克里斯蒂安·惠更斯（Christian Huygens）曾将一个收录在皇家协会登记簿中的"留待正式提出的密码"发送给了时任学会秘书的亨利·奥尔登堡（Henry Oldenburg，1619~1677）。他还曾建议使用字谜作为"一种保存他的发明与发现的方式"。五年之后，惠更斯又将"一个关于钟表的新发明"隐藏在字谜中发送给了奥尔登堡。惠更斯与胡克之间还展开过一场充满紧张感的优先权纷争，惠更斯声称，早在胡克之前，他就已经制造出了可以显示经度的钟表。[11]

一些学会成员很忌讳在协会内部公开展示研究成果，因为这样信息就会毫无保留地泄露给整个学会，别的成员便有机会窃取这些创意。为了修正这一点，皇家学会承诺"为每位成员保密"，所有在学会展示的观察、实验、发明以及发现都可以"根据传播者的愿望保密"，所展示的内容不允许离开会议室。[12]

亨利·奥尔登堡是皇家学会负责对外联络的秘书，对于秘密持有独特的态度。他被称为冷静的"情报员"，拥有由科学界人士构成的庞大联络网，横跨欧洲大陆，因此为皇家学会的英国同僚打探到了许多科学机密。

奥尔登堡出生于德国的不来梅市，曾研习神学，但他来到英国时的身份却是一名外交官，并且看起来相当忠诚。作为皇家学会的元老级成员，他创办了《哲学学报》并发起了针对原稿的同行评议制度。[13]

由于他模糊不清的背景以及强大的关系网络，1667年，也就是第二次英荷战争期间，奥尔登堡被控进行间谍活动（"危险计划以及行动"），遭到逮捕并被关押在伦敦塔，但时间仅为一个月。[14]现代情报机构一定十分乐意收编一位像奥尔登堡这样热衷于搭建关系网的人！

但是他的故事还有一个意外进展。约瑟夫·威廉森（Joseph Williamson）——将奥尔登堡送进监狱的副国务卿——后来将其作为情报人员用以收集政治信息。奥尔登堡甚至自愿将他的信件在发出前送往威廉森的办公室进行审查。[15]

隐形人

作为一个享乐主义者，威尔金斯倡导新型"实验哲学"，并将皇家学会的科学家组织起来；而罗伯特·波义耳则是个投身于"实验哲学"的禁欲者，以对气泵的研究和提出波义耳定律（气体的压强与其体积成反比）著称。他的政治理念并不像威尔金斯或沃利斯那么明显，实际上他并不站队。他听取了父亲的建议，十分谨慎，始终保持中立，既不支持保皇党又不支持议会党人。如果非要说有的话，他接受了温和自由主义的观点。[16]

他很高，大概一米八，消瘦苍白，有一张长脸和一头飘逸的卷发。奥布里形容道:"他十分温和,是善良且朴素的单身汉,有一辆四轮马车,和他的姐姐莱涅拉夫人住在一起。他最喜欢的事情就是化学。"他的性情和长处正和威尔金斯互补。[17]

他的父亲理查德·波义耳(Richard Boyle)可以说是大英帝国最富有的男人之一。幼年的波义耳自13岁从伊顿公学毕业后就同一位家庭教师一起游历欧洲。他对于科学的兴趣似乎是在意大利被点燃的,在那里他接触了伽利略的发明。19岁时波义耳返回英国,与他同住的姐姐莱涅拉夫人介绍他认识了威尔金斯与剑桥的一众人等。威尔金斯对于波义耳的远大志向印象深刻,不仅热情地欢迎他加入这个团体,还对他尚在萌芽期的科学尝试给予鼓励。年轻又孤独的罗伯特·波义耳变得兴高采烈,这个团体给予他的陪伴使他受宠若惊,在1646年他充满感情地称呼它为"隐形学院"。[18]

包括罗伯特·胡克、伽利略·伽利雷和克里斯蒂安·惠更斯在内,波义耳的同僚使用字谜或简单的密码来隐藏科学稿件。波义耳则使用模糊的文字、名称、字母以及数字替换来保存达百页的私人笔记和信件。劳伦斯·普林斯比(Lawrence M. Principe)曾提出,波义耳使用密码和密文(并没有提到隐形墨水)来保存具有特殊价值的炼金术笔记,以防他的助手和抄写员理解或窃取。[19]然而波义耳保存秘密还有其他理由,那就是它们的交换价值——比如由于是商业秘密,出于经济缘故;或者是因为是国家甚至人类层面的机密。他是这样说的:"我从未想过直白地公开,不是因为出于妒忌要将它们带进坟墓,而是我总能利用它们获得一定的价值,通过与那些不愿意舍弃秘密并且要用其做交易来换取其他秘密的人们进行交换。"[20]他通过这些秘密获得了一定物品,这些秘密或是直接告知给他或是被他探听而得,他"充分利用这些秘密来换取钱财",然而波义耳从未花大力气去"将极难得到的秘密弄到手"。[21]

第三章 坦白秘密

波义耳从未因研究秘密通信而位列神殿,然而他的确是第一位(于 1665 年)在出版刊物中以英文命名"隐形墨水"的科学家(很早以前这个命名就曾出现在他的手稿中)。波义耳"隐藏"了大多数他关于隐形墨水(和毒药)的研究,既"为了全人类的福祉",也出于他认为这东西纯属"恶作剧"。[22]

波义耳尝试了有机物和更为复杂的化学组合。他的有机物实验包括了使用尿液和血液来作为隐形墨水。当他观察到人类的尿液"可以差强人意地作为隐形墨水使用"后,他便考虑试验人类的血清,因为这二者"应该有极相同之处"。根据他的描述,在那次实验当中,他和他的同事提取了一些血清,"用一支新笔蘸取些许,在一张白纸上书写下了数个字母"。当痕迹干透后,他们将文字面朝上的白纸放在蜡烛的焰头上烘烤,之后文字出现了!虽然不像墨水一般乌黑,但颜色足够暗沉以供阅读。波义耳发现此结果与尿液实验十分相似。[23]

此外波义耳还研究了更为精密的方法,包括将秘密信息隐形于普通的文字之上,之后用"药水"去除那些普通文字以便使隐秘信息显露出来。他还清楚只有"适当的药水"才能使某些隐形墨水"坦白秘密"——这是描述这些显影试剂效果的完美措辞。

有一种卓越的隐形墨水含有名为五硫化二砷的化学物质,这种物质在 17 世纪被称为雄黄(因其金黄的颜色),正是这种重要的化学成分让"吐露秘密"成为可能。此后,魔术师还在表演过程中使用它,将这种化学物质稍加调整,便可以使观众领略水蒸气穿透书本后显现出神秘文字的精彩场面。

波义耳还使用化学物质砷的不同组合来做实验。1665 年,他告诉读者首先准备三份生石灰(即氧化钙,一种具有腐蚀性的碱)和一份雄黄,"大力搅打石灰"并且"将雄黄碾成粉末"(小心有可能被溅起的有毒粉尘）。接着，波义耳写道，这些原料应该在水中浸泡两三个小时，偶尔搅拌一下。当混合物在水下沉淀后，接着制作一种由烧过的软木和阿拉伯树胶混合而成的黑色墨水。下一步就是添加红丹粉末（其中起作用的是乙酸铅）和醋制成隐形墨水。最后他把这些混合物放置在烧热的煤炭上加热，使它们在几个小时内互相"融合"，直到"溶剂"出现一种香甜味道。

波义耳喜欢先使用一杆"干净的笔"书写隐秘信息，当文字干透以后，再使用普通的黑色墨水书写寻常文字覆盖其上。为了使隐形墨水显影，波义耳将一块海绵或亚麻布浸透在由生石灰和雄黄制成并几经过滤的溶液当中。尽管味道让人作呕——硫化砷闻起来像臭鸡蛋或下水道的气味，但当用这种清澈的"液体"擦拭时，它会"立即"消除普通墨水的痕迹并将秘密信息显露出来。[24]

当波义耳在一个烧杯中将硫黄、生石灰和卤砂（即氯化铵）混合在一起制成溶液时，真正的魔法出现了。他将一张写有秘密信息的纸片放置在烧杯口，随着溶液的蒸气向上挥发，隐形文字逐渐显影。他还将一张写有秘密信息的纸片夹在六张普通白纸之中，然后将这叠纸放置在烧杯口上，同样也出现了秘密信息。波义耳解释这是发散现象——通常指的是令人生厌的气味无形地挥发，他坚决否认任何超自然的原因。

法国化学家兼药剂师尼古拉·莱默里（1645~1715）对于隐显墨水（sympathetic ink）亦有兴趣，尤其是那些在波义耳的实验中被使用和描述的。莱默里的经典著作《化学教程》（*Course of Chemistry*，1675）在他生前再版了十三次，并被翻译成众多语言。这本书迎合了巴黎人普遍喜爱通俗科学的心理，如同爱情或讽刺题材的作品一样畅销。这本书的主要内容是针对医生群体的实用化学，在这个前提下莱默里认为隐形墨水的配方"毫无用处"，然而他称其很是惊人并寻求其背后的原理。因为看上去乙酸铅和砷－生石灰的配方是通过"隐显"来相互作用的，这背后的原理并不为人所知。很快隐形墨水便在法国被称为"隐显墨水"，这个命名迅速被传播到了整个欧洲。但莱默里并不满意依赖隐显和不相容来解释隐形墨水的原理，他认为这些只是"什么都解释不了"的"统称"。[25]

莱默里是最先创建酸碱反应理论的科学家之一，正是这些理论帮助他解释了为什么同一种溶液可以消除普通黑色墨水却能够让隐形墨水显影。莱默里的解释中关键的一点是，取自烧焦的软木、用来书写普通文字的黑色物质是油性的。而由生石灰和砷构成的溶液，就如同肥皂一样，可以将这些黑色物质洗得干干净净。相反，如果使用这种溶液擦洗隐形墨水，墨水中的酸会被中和，信息便显影了。针对溶液使得书本的另一面显现出秘密信息这一现象，莱默里解释说，那是溶液中所含的硫黄穿透纸页所造成的。[26]

波义耳并不是第一个拿这些神奇墨水做实验的人。事实上，这种使用砷来进行的实验很有可能是法国的化学疗法学家发明的，这些人是持实用主义观点的医生或药剂师，他们会将化学实验的结果应用于相应的药物或疗法中。其中一个化学疗法学家将这个实验深入并获得进一步发现。他如此形容他的发现："远距离作用的魔力之水。"

皮埃尔·波莱尔（Pierre Borel，1620～1678）从一个蒙彼利埃的医生那里听说了这个秘密。就像波义耳一样，他以高昂的代价换取了这个秘密。波莱尔是一名法国医生、博物学者和化学家，他曾在蒙彼利埃学习过，正是在那里拿到了医生执照。搬到巴黎之后，他成为皇家科学院的成员以及路易十四的医生。他收藏了众多珍玩，不仅用它们填满了他的私人博物馆，还出版了一本介绍这些藏品的名录。毫无疑问，他着迷于"远距离作用的魔力之水"。1653年他描述了金属溶液在"某种蒸气的作用"下显影的过程。[27]

虽然并不清楚波义耳到底有没有听说过波莱尔的实验,波义耳却着实知晓另一个相似的实验,那是由一个在意大利生活的法国人克劳德·伯纳德(Claude Berigard)完成的。事实上,在1657年,皇家协会的秘书亨利·奥尔登堡送给波义耳一个"与别人进行秘密通信"的配方,因为他觉得波义耳当时并没有"掌握这种方式"。奥尔登堡记得有一个意大利人曾辅导波义耳的侄子学习应用几何与制剂配方,但拒绝与波义耳交换秘密。最终金钱令他改变了想法。("金钱比雷电更有威慑力,可以消除任意障碍。")奥尔登堡认为这个秘方对于被围困的城镇具有奇效,他甚至亲自试验并证实了这个猜想。

这个配方是用法语写成的,与波义耳在1665年描述的那个实验很类似:使用醋和铅黄(一氧化铅,通常用于涂料和釉质)的混合物来制作隐形墨水。此外,还需把一块软木烧至碳化,泼上白兰地酒,添加树胶混合成墨水,再将这种墨水覆盖于醋和铅黄的白色混合物之上。最后,将雄黄、生石灰与水各取1盎司混合。一眨眼!这种溶液便会将白色的文字"抹去",秘密信息由此显影,正如同波义耳所记述的那个实验一样。[28]

以砷制作隐形墨水的配方一直到19世纪晚期还在化学实验和配方书中出现。雄黄溶液产生的蒸气穿透书本的现象使人们着迷。隐形墨水已然是十分神奇的产物,但穿透纸页甚至墙壁的现象简直是超自然的!有些配方还指导做实验的人将一张纸夹在一本书的前半部,然后将另一张涂有雄黄溶液的纸夹在这本书的后半部。1753年,一位作家这样戏剧化地描述这个场景:"迅捷地合上书本,用你的手灵巧地击打两三下,或花几分钟坐在上面;之后,打开书本的同时,你会发现,如同无声息地穿透树叶一般,雄黄的蒸气使得隐形文字显现了出来,乌黑且清晰。"像其他人一样,这个作者警告说此实验"应当在开阔地带小心地进行,雄黄挥发出的烟雾恶臭无比,如果吸入肺部则会给人带来极大伤害"[29]。难怪在考虑是否与政府共享这个配方时，波义耳会犹豫不决。

破解者

与威尔金斯和波义耳不同，牛津大学萨维尔几何学教授约翰·沃利斯公开表示愿意为国家效力破解密码。他是一个中等身材的男人，后来变得更加魁梧——脑袋显得小而圆，长着短而简单的头发。他成为政府的密码破译者纯属偶然。他曾在剑桥大学伊曼纽尔学院研习神学与数学，在拿到本科（1637年）与研究生（1640年）学位后，26岁的沃利斯于1642年内战前夕成为寡妇薇尔夫人（Lady Vere）的专职牧师。

薇尔夫人的家位于伦敦，一次在她家中享用晚餐时，客人中有一位是威廉·沃勒爵士的专职牧师，同时也是长期议会（Long Parliament）的议员。他给沃利斯展示了一封有关占领奇切斯特的密信。这位客人这样做是"出于好奇"，"并以半开玩笑的态度"试探沃利斯是否能够将其破解。沃利斯接受了他的挑战，并在晚餐后两小时内成功破解了这封密信。这也是沃利斯在内战期间及其后多年里所破译的众多信件当中的第一封。在此之前，他从未浏览过任何以密码写就的文字。当他终于有机会接触德拉·波尔塔的著作，沃利斯却并没有从中获得什么帮助，因为此书是关于如何编写密码，而不是将其破译。后来因为布莱斯·德·维吉尼亚（Blaise de Vigenère）的研究致使法国的密码构成变得更为复杂，沃利斯在破译方面的成就也逐渐黯淡。在英国转型成为共和政体的几个星期后，沃利斯因其早年的贡献于1649年被授予萨维尔几何学教授的荣誉职称（在此之前获得此荣誉的是一位贵族）。[30]

戈特弗里德·冯·莱布尼茨（Gottfried von Leibnitz）男爵曾执着地要求沃利斯向一群来自德国汉诺威的学生传授密码学的知识，以免此道失传于后人。出于对国家的忠诚，沃利斯拒绝了这个请求。沃利斯只将所学传授给了他的儿子和孙子，后者即威廉·布伦诺（William Blenow），在沃利斯去世后他成了为皇家效力的官方密码破译员。[31]

尽管对国家忠诚，但沃利斯对各个政权却并无专一性可言。他破译了内战期间纳斯比战役后被捕的查理一世的信件，即使许多同辈人批评他致使查理一世斯死亡，他却否认了这些指责。[32]当代历史学家大概会将这种行为贴上机会主义的标签，然而沃利斯可能真的仅仅是出于政治天真，单纯地认为破译密码在"技术上很美妙"。

尽管沃利斯曾抱怨他的努力并没有换取足够的酬劳，历年来给他的谢礼却在显著增长。如果说金钱方面的奖励还不够的话，他在王政复辟阶段还晋升为国王的专职教士。为了增加收入，当他听到路易十四要求波兰国王对普鲁士出兵时，他便提醒政府重视他工作的政治价值："某些信件的破译（已经）大大破坏了法国国王在波兰的一切努力。"[33]

就像波义耳一样，沃利斯先后加入了"隐形学院"和威尔金斯在牛津大学的小团体，并参与了皇家学会的创立。沃利斯被称为英国最伟大的数学家之一，不仅发明了无穷符号（∞），还通过《无穷算术》一书为艾萨克·牛顿（Isaac Newton）的微积分研究提供了跳板，[34]然而却鲜有笔墨记录他作为顾问为英国政府破译密码的经历。部分原因在于当时的情报机构都还处于萌芽状态，正式的密钥部门还未出现，针对情报史的研究也开始得较晚。尽管如此，在18世纪早期，关于密码破译的书籍仍旧风靡一时。虽然约翰·沃利斯并未能亲见这一盛况，他将宝贵的遗产留给了他的儿子和孙子，后者不幸于 1713 年自杀身亡。

约翰·沃利斯的经历以最清晰和最直接的方式展示了在 17 世纪的英国政治阴谋与科学进展是如何交织在一起的。早期他已经意识到人们对于密码的狂热兴趣。他这样写道，密码一度"只被王公们的秘书所知晓，但近些年来，在英国的动荡和内战之中，却变得普及起来并为大众所熟识"[35]。虽然秘密书写也变得"普通且常见"，却没有像密码那样进展迅猛；一方面，是因为当时的数学研究更为复杂高级；另一方面，像沃利斯一样秉承机会主义的科学家更愿意为国家效力。

尽管隐形墨水的研发并没有取得更多进展，罗伯特·波义耳对隐秘信息的描述——通过试剂反应从而"坦白秘密"的过程让人联想起宗教意义上的忏悔：承认罪恶。于是，秘密便意味着不道德，而坦白则带来宽慰。对于秘密和公开之间的张力而言，这也是一个恰当的隐喻。

秘密地通信是保守秘密的核心。从符号到记号再到乱序与隐形文字，方法的物质性构成本身就是秘密。隐写术中，墨水或纸张就是秘密，并逐渐发展成为材料科学。当"溶液"吐露秘密时，隐秘就此暴露：隐形的变得清晰可见，晦涩的被译得直截了当；不为人知的变得人尽皆知，背叛被撕下伪装。

德国的秘密

当英国科学家就"隐秘与公开"的相对价值发声讨论时，他们在法国、荷兰和德国的同行却没有类似的科学组织，并且看起来对服务王室主顾之外的事宜也不感兴趣。事实上，欧洲大陆仍然停留在与伊丽莎白女王时期类似的时代，但这并不意味着他们没有对秘密通信的研究或使用做出重要贡献。

早在英国科学家对秘密通信感兴趣以前，德国的修道院长、密码解译者、历史学家和神秘术士约翰尼斯·特里特米乌斯（Johannes Trithemius，1462~1516）就为隐蔽书写发明了一个术语，并用以冠名他的著作《隐写术》（*Steganographia*）。当然，这本书是为他的皇家主顾——那些"王子们"写作的。尽管特里特米乌斯在1499年就完成了这部著作，但直到1606年才发表，因为它被指控涉猎了黑魔法。但在此之前，它就以手抄本的形式在术士之中广为传播，人们对其中秘密通信的部分很感兴趣。与他贡献卓越的密码学著作《多重图》（*Polygraphia*，1518）不同，《隐写术》被谴责为是一部关于魔术与巫术的作品，随后在1609年被列入禁书书目。从那时起，特里特米乌斯就为后人留下了一个谜：这本令人迷惑的《隐写术》主题究竟是什么，是在天使魔法伪装之下的密码学技巧，还是用密码学伪装的魔法书呢？

一直到1998年，美国电话电报公司（AT&T）的实验科学家吉姆·里茨（Jim Reeds）才破解了这本神秘著作的第三卷，使得那些晦涩难懂的文字比较容易理解。破解文本中的密码之后，这本书看起来更像是一本密码学研究，而非神鬼作品。[36]

表面上，特里特米乌斯似乎是在说明如何通过天使来发送长距离的秘密信息。我们甚至能看到天使的名字、等级、通行路线、具体时间、星球以及相关星座。该书大部分内容似乎都是关乎邪术，但特里特米乌斯的确在这些奇怪的文本里隐藏了秘密信息。他对于隐藏密码比我们现在所说的"隐写术"更加有兴趣。

他有时将信息隐藏在天使漫长的祈祷中。举一个例子，他每隔一个单词突出这个词的间隔的字母，比如：

padiel a**p**orsy mesarpon o**m**euas peludyn m**a**lpreaxo

第三章 坦白秘密

这样，得到的字母组合是"prymus apex"，这个词组的意思可能是"第一次到达顶端"，但我们并不清楚这里的秘密指示究竟是什么。[37]

《隐写术》并没有涉及我们当下意义上关于隐蔽、隐形书写的知识，这一点有些令人失望，倒是《多重图》提供了一些关于隐形书写知识的变形。出于他对语言的热爱，特里特米乌斯发明了两个词"philophotos"和"misophotos"，前者意味着"见光（photo）的书写"，后者我们可以理解为"被隐藏的书写"（不见光）。[38]

特里特米乌斯的影响是持久的，由于他作品的名称，他通常被人们认为是"隐蔽书写之父"。事实上，在同一时期，人们对于隐写术的兴趣大大增长，尤其有一大批德国耶稣会士，他们对隐写术进行了大量实践。

基歇尔（Athanasius Kircher）是17世纪著名的德国耶稣会成员，他被称为最后一个无所不知的通才，也写作了关于秘密书写的书籍。基歇尔真是一名神秘学者，他的知识范围从地理到数学、从医药学到东方研究等领域广阔。由于他兴趣广泛，他可以称得上是德国的列奥纳多·达·芬奇（Leonardo da Vinci）。基歇尔生活于"三十年战争"（1618~1648）期间，由于对基督教新教的审判，他不得不从德国流亡。学者尼克·威尔丁（Nick Wilding）认为，基歇尔创造了一种普世语言，这一点是因为受到了他所处的四分五裂的社会的影响。此外，这也是因为他从"重新统一神圣罗马帝国"的战争迷雾中醒来的缘故。[39]

国家事务的机密性非常重要，基歇尔一直笃信于此。知识就是力量，他因此认为统治者隐藏或控制知识是很重要的。与德拉·波尔塔一样，他认为王公贵族应当对特定类型的知识和建议进行保密处理。当埃及神灵哈尔波克拉特斯（Harpocrates）的形象印在他一本关于埃及学的书本封面时，关于公开还是保密这一矛盾的张力，甚至是他的自我矛盾，都很容易被人感知。当神灵把他的手指置于嘴唇之上，展示出一种保密的象征时，该图的标题却说道："从这里，我揭示了秘密。"[40]

基歇尔也对各种各样的隐写术有兴趣，磁力的、音乐的、图像的和数字的都包括在内。与特里特米乌斯类似，他也信任长距离通信，但他对磁力学本身非常着迷。他发明了一种机器，从功能上类似一台磁力电报机。这种装置包括一排球形的瓶子，带着一种装饰成天使舞者的磁力阻止器。引人联想的砷物质渗透入隐形墨水，当带着字母的瓶子转向下一个瓶子时，磁力阻止器就触碰到它，好像将字母通过"隐显"的方式向下传递，一直到最后一个瓶子。与这一时期的很多科学家一样，基歇尔有时是一名纯粹的魔术师，沉浸在神秘术士的世界中；而有时他又是一名现代科学家，描述着一个由理性运转的世界。[41]

很多生活在巴洛克时期的德国人也对秘密书写和秘密本身极有兴趣。约翰尼斯·巴尔塔扎·弗雷德里希（Johannes Balthasar Friderici）那本漂亮的《密码学》（*Cryptographia*，或曰"秘密书写"）出现在 1684 年。这本书被认为是该领域的经典作品，涵盖了密码、手势、象征、音乐以及最引人注目的隐形墨水等领域，但作者的身世却鲜为人知，人们只知道他可能来自莱比锡，并且在汉堡从事律师工作。他的名字可能也是一个假名。但有一点很肯定，他对隐形书写迷恋不已。他绘制了或者委托制作了一个美丽的封面，展示了信息之神飞翔并穿越由密码和隐形书写构造的天幕。问题是，全书他没有标明一条引证，这导致他在 1689 年就被人批评剽窃。尽管如此，这是在德语语言中第一次出现此类有关隐形墨水的综述。它增加了新型的材料，比德拉·波尔塔的记叙更加系统，也更有组织性。[42]

关于隐写术、隐显墨水以及隐形墨水

尽管特里特米乌斯命名了现代意义上的隐写术，从他所在的年代直至19世纪，这个命名却从未被用于描述古希腊人所使用的隐形墨水或文字隐藏术。这个名称通常与密码学交互混用来描述针对编码和密码的研究；或干脆被统称为"秘密书写"。翻阅特里特米乌斯的《隐写术》使人回忆起1753年对于隐写的定义（19世纪仍旧在重复使用）："一种神秘而令人费解的书写方式。"到20世纪60年代为止，这个术语泛指所有类型的文字隐藏术，从隐形墨水到缩微影印，而行至20世纪后期，数字隐写与水印技术也被包含其中。弗雷德里希引领了德国将隐形墨水称为"隐藏书写"的风潮。[43]

从古代到文艺复兴早期，大多数人从未在描述隐形书写时使用任何术语。他们通常提及的是加热之后出现的文字显影。在一封1562年从法国鲁昂寄往英国的信件附言中，一位英国人这样写道："将这封信靠近火焰加热，你就能看见更多……沃里克不应该放弃尝试任何一张由寄信人发出的纸片。"[44]

苏格兰女王玛丽让她的同盟者用"白色书写"，并且不时地将这种技术称为"秘密书写"。沃尔辛厄姆手下以伪造印章闻名的能工巧匠阿瑟·格雷戈里也曾这样指称过。永远的先驱德拉·波尔塔是第一批使用拉丁文进行隐形书写的人。科学革命期间，约翰·威尔金斯这样的科学家则会用"水""墨汁"或"溶液"来指代秘密书写。

直到17世纪晚期，类似于"隐形墨水"和"隐显墨水"这样的词语才开始被广泛应用。这些新的术语反映了科学家是如何开始解释这种奇妙的现象。当罗伯特·波义耳写下"他们所说的隐形墨水"时，他明显借用了别人的说法。他还不可自拔地沉浸于那个充斥着化学废气和神学理论的隐形世界中。1693 年,一位英国的外交官告诉一名记者,他可以使用"拜因特玛(Beintema)先生送给赫姆斯科特(Heemsherke)先生的隐形墨水"[45]。

科学革命期间,当英国人看上去更喜爱"隐形墨水"这个新词语时,法国人却开始使用"隐显墨水"了。隐显的概念源自医学词语:据称,身体中的一部分会引发另外一部分出现反应,通常源于疾病的发作。当热能或化学物质使得隐形液体显影时,化学家也试图寻找方法来理解这个过程。而通过"隐显"这个词语,他们希望能表达一个行为作用于另一个行为的概念。但通常只有在缺乏令人信服的解读时,带有超自然意味的解释才会出现。在 17 世纪、18 世纪之交,隐显墨水被描述成"通过某种隐显作用实现显影与消失的物质"[46]。与此同时,这个词也首次在法国确定并流传开来。它简直是为魔术师量身打造的。

第四章

看不见的风景

Invisible Landscapes

　　施内贝格（Schneeberg）位于德国境内，坐落在一片山顶之上，这是一座迷人的村庄，商店橱窗里到处都是手工雕刻的胡桃夹子、吸烟的人、枝状大烛台、天使和金字塔。这种诱人的乡间艺术不仅是圣诞节的代名词，也描绘出了一种丰富的山区传统。矿工大烛台就体现出了典型的施内贝格地区的职业特征：手工制作蕾丝的人在缝制窗帘，这些窗帘装饰着小镇的巴洛克式建筑；两名矿工穿着长及膝盖的马裤，戴着护膝和高帽子，扛着锤头和锄头；一名天使似乎在主导着整个场景；一名木雕手工者静立在右侧。烛台上点燃的蜡烛象征着矿工最宝贵的财产——光明。即使晚至2010年，当我在施内贝格游览，追随矿工的脚步时，村民仍然使用矿工的问候语"Glück auf"（传统德国矿工问候语，

图9：地下矿藏的透视画

意为"愿矿藏开启！"——译注）来互祝好运。如今，锤头和锄头的标志仍然装饰着整座小镇，巴赫的音乐也依然飘荡在这个巴洛克风格村庄的鹅卵石街道上。

施内贝格坐落在厄尔士山脉（Erzgebirge），属于撒克逊矿山山脉范围，这里的海拔只有442米，在田园牧歌般青翠的山峦和河谷间隐藏着丰富的矿藏，包括银、铋、钴等。15世纪时这里发现了银矿，人们开始广泛开采这种珍稀金属，随后在1470年建立了这个村庄。

当耗尽了已知的银矿资源，村民开始开采钴矿。他们意识到钴的重要性之后，在超过一个世纪的时间内从山间挖出了数十万公斤的矿藏。类似"银街""钴街"这样的街道在施内贝格蜿蜒伸展，昭示着其过往的历史。银矿为小镇带来了财富，而钴矿则带来了很多意想不到的奇迹，比如隐形墨水的魔力。[1]

但是在中世纪时期（矿业狂欢以前的时代），采掘钴矿可不是一项简单的工作。那时人们认为森林、岩洞和山川之间都居住着精灵。德语中 Kobold 的意思是"小妖精"，而在一个矿工眼中，Kobold 是一种淘气的小精灵，它们游荡在地表以下的地方，比如矿藏之间。它们经常被人们指责是导致落石、爆炸甚至是使矿工着魔的元凶。Kobold 是隐形的，但通常被人们描绘为一些小侏儒的形象。当撒克逊山脉地区的银矿产量下降时，人们常常指责是 Kobold 偷走了银子，留下那些无用的石头。钴矿看起来很像银矿石，但并不能轻易被熔炼，由于含有砷和硫黄而被人们认为是无用且有毒的。在传说中，一名年轻的冶矿人来到施内贝格，他在夜间用其他矿工误以为是银矿石的废石偷偷试验。在其他村民准备以巫术之名逮捕他时，他发现了冶炼这种矿物的方法，成功将它熔炼成一种灿烂的蓝色，我们今天称为钴蓝。[2]

古代中国人和古埃及人在给陶器和花瓶上色时就已经开始使用这种灿烂的钴蓝色，但第一次大规模采矿和冶炼操作是在大约 1600 年从施内贝格开始的。很快，这种蓝色工业（Blue Color Works）被建立起来，用以将粗野的岩石转化为美丽的、半透明的、蓝色的钴；这种颜色也被称为"撒克逊蓝"，是一种通常用以指代皇室的、被高度评价的色彩。[3]

泰奥弗拉斯托斯·菲利普斯·奥里欧勒斯·博姆巴斯茨·冯·霍恩海姆（Theophrastus Phillippus Aureolus Bombastus von Hohenheim，1493～1541），也被称为帕拉塞尔苏斯（Paracelsus），是第一个描述撒克逊和波西米亚边境的矿山产出钴矿的人。帕拉塞尔苏斯是一名医师，在文艺复兴时期被描述为一个夸夸其谈的人。他也涉足炼金术，拥有一个充满着魔鬼、女神、侏儒、地精、小矮人、仙女和 Kobold 的世界。在 16 世纪，这种观念非常普遍，即自然界充满着与山川、岩洞或矿藏相关的精灵。⁴ 那个时代的绝大多数炼金师也相信精灵栖居于自然之中。他们也勤勉地寻找魔法石——传说中这是一种能够将铅等基本金属转化为金子的物质。

1705 年，一名神秘的女性炼金师被记载为第一个从制造隐形墨水的物质中提取出铋－钴物质的人。她也是三本炼金术书籍的匿名作者，其中一本有着诱人的标题："房间里的壁橱钥匙：开启大自然的秘密财富"，里面有一些改变铋－钴颜色的讨论。自 1705 年出版以来，人们就开始猜测署名页上这个神秘的身份：DJW，来自魏玛。一些人认为 DJW 是"雅各布·魏茨医生"（Doctor Jacob Waitz）的缩写，但大多数人将推测指向了一位可能名为多萝西娅·朱莉安娜·沃尔青（Dorothea Juliana Walchin）的炼金师，当然，她几乎也是一样神秘的。⁵

多萝西娅·朱莉安娜·沃尔青（Walchin 也可能是 Wallich 或 Wallichin）被多方描绘，她是一位炼金能手，是约翰·海因里希（Johann Heinrich）的寡妇的女儿，也有人说她是撒克逊一名有经验的化学从业者。赫尔曼·费克土尔德（Hermann Fictuld, Baron Johann Friedrich von Merstorff 使用的一个假名）是一名蔷薇十字会会员和共济会会员，同时也是金玫瑰十字会的领袖，他批评她的作品"极其糟糕"，简直只配烧掉。当然，他警告人们不要去阅读。

这名神秘的女炼金师看起来已经发现了一种钴矿物，该物质在溶液中呈现为红色，被认为是"元质"（first matter），是炼金师的圣杯。钴矿物也展现出神奇的特质：随着被加热，它的颜色会从玫瑰红变成青草绿，再到天空一般的湛蓝色。当钴被准备制作成一种溶液来书写，它是透明的，但一加热，它就会呈现出美丽的蓝绿色。降温后，书写又逐渐消失。⁶

格奥尔格·恩斯特·施塔尔（Georg Ernst Stahl, 1659~1734）是

德国著名的化学家和医生，他认识沃尔青并且敬佩她的才智。当施塔尔在魏玛生活时，沃尔青曾是他一名孩子的教母。他认为在化学或是炼金术方面，她要比很多有学问的男性都更有经验。他知道她去过施内贝格，跟那里采钴矿的矿工有所接触。在一个女性对科学的价值常常得不到应有认同的时代，施塔尔出面捍卫了她的价值。[7]

作为一名科学家，让·埃罗（Jean Hellot，1685～1766）在研究、推广、改进隐显墨水的领域，比其他任何18世纪的人做出的贡献都大。但当讨论到发现钴的神奇特质时，他还是将其归功于一位身份神秘的人士。埃罗承认一名来自施托尔伯格（Stolberg，靠近施内贝格）的艺术家曾经在巴黎的科学学院展示钴的奇迹。在法国启蒙运动的早期，埃罗职业生涯的大部分时间是作为一名工业化学家。埃罗个子不高，有点圆墩墩的，眼睛里闪耀着活泼的光芒。在决定将其发现进行商业化还是严守秘密的时候，他并未示弱。他的部分作品实在是相当枯燥，但在对话中他还是表现得非常活跃。[8]

埃罗不像他的同胞安托万－洛朗·拉瓦锡（Antoine-Laurent Lavoisier）那么有名。拉瓦锡在化学界取得了革命性的进展，他证明了是氧气而非燃素支持了可燃材料的燃烧；埃罗则是技术化学的先驱，尤其在染色、采矿、矿物分析等领域。他最有名的著作是关于羊毛染色的工艺，在他有生之年就被翻译成了英语、瑞典语和德语，在整个18世纪都被奉为该领域的经典著作。这个背景使他成为研究隐显墨水的理想科学家。

埃罗早年的生活却鲜为人知。他出生在专制主义时代之下艺术繁荣的巴黎，生长于一个相当富足的家庭。就在刚刚完成他的化学学习时，埃罗就因为法国的经济危机和银行倒闭丢掉了继承的几乎所有财产。1718～1732年，他在《法兰西公报》当一名报纸编辑。在这段节衣缩食的日子里，他结交了很多科学界、政府和制造业的朋友，他

们后来都极大地帮助了他的事业。⁹

1735年，埃罗在声望卓著的巴黎皇家科学院取得了助理化学家的职务。随后他的职业生涯开始青云直上，在1743年取得了最高阶的任命，即"享受特殊津贴的化学家"。埃罗加入了科学院内最有权势、最重要的各种小组，成为实质上的职业院士。这些院士参加双周召开的会议，参加各种委员会，将自己的文章填满《历史与会议》。尽管这些职业院士大多数也有教职，或是掌控着政府的技术部门，但科学院才是他们的中心。¹⁰

作为一名工业化学家，埃罗与政府的技术部门紧密合作。在1730年，他被任命为政府的制造业巡视员，而这个职位与他在矿业与染色等领域的研究兴趣密切相关。到1740年，他已经是政府的染色业总巡视员。在接下来的几十年中，他得到的政府和科学院的任命层出不穷，直到他被任命为科学院的理事和威尼斯与塞弗尔陶器工业公司的化学师。这些任命也反映了此时政府与社会在可开采和可利用的材料以及染色方法等领域的广泛兴趣。¹¹

埃罗全情投入他的职业，追求自己的兴趣，以至于到了65岁才结婚。1750年，他迎娶了丹尼斯小姐。实际上，长期以来他们已经有了饱含深情的友谊。他对她的性格和精神世界无比满意，他们的结合直到他去世才被迫终结。1766年，埃罗最终死于中风的后遗症——窒息。¹²

1737年夏天，一名被埃罗称赞具有隐显墨水方面先进知识的德国艺术家来到皇家科学院，为这里的成员展示一种神奇的现象：一种玫瑰色的盐在加热时会变成蓝色，而且当干燥的试剂逐渐冷却时，色彩消失了。这名艺术家曾经登上撒克逊山顶搜寻这种神奇的岩石。他以"Minera Marchassitae"来命名它，这是一个复合词，指代一种包含了铋、钴、铁和其他矿物质的矿石。埃罗感到好奇并为此着迷，并为科学院的期刊撰写了一篇关于这种物质的文章。几个月之后他又介绍了自己另一篇同一主题的文章。埃罗十分诚实而且慷慨地将该发现的所有功劳给予那位神秘的德国艺术家，但是，他却从未说出过艺术家的具体姓名。尽管如此，埃罗是梳理出该现象的科学依据、并通过实验验证的第一人，这一点毫无疑问。因此，钴制作的隐显墨水开始被科学家、普及读物和大众称作"埃罗隐显墨水"。[13]

对于这件他自己称为"小好奇"的事务，埃罗是如此着迷，在所有的闲暇时间里，他不知疲倦地做实验，并且对隐显墨水发展的历史以及铋、钴物质进行深入研究。他收集了足有 50 页的资料来写下铋、钴和相关矿藏的参考文献和书目，并且搜集所有涉足该领域的自然哲学家或科学家的资料。基于他的阅读和实验写下的文章是该领域的第一篇科学文献。尽管德拉·波尔塔在《自然的魔力》中写过一章关于隐形墨水的内容，那只是关于人们如何进行隐形书写的收集记录，不是对于这个主题的系统科学研究。实际上，埃罗发表在声望卓著的法国皇家科学院期刊的文章，似乎是该主题在 20 世纪前唯一公开发表的、提供了新鲜信息的文章。

在埃罗发表了他开创性的文章之后，德国科学家很快提出反对意见，声称耶拿的赫尔曼·弗雷德里希·泰希纳（Hermann Friedrich Teichmeyer）教授早在六年前——也就是 1731 年——已经给他的学生们验证了钴隐显墨水。当然，还有一名神秘的"德国女士"在 1705 年就已经描绘了类似的现象。民族主义的傲慢成为这场德法"优先发明"之争的一部分。尽管埃罗已经将功绩给予那名匿名的、引起了自己好奇心的德国艺术家，却无法让德国人感到满意。因为在接下来的几个世纪，隐显墨水被等同于"埃罗隐显墨水"，这就意味着发现者的荣誉还是给了法国，这让德国人感到羞辱。[14]

第四章　看不见的风景

在埃罗以前，德拉·波尔塔等拿隐显墨水做过实验的人都曾观察到，有些墨水需要加热显影，有些需要应用一些黏性物质，还有一些会通过特殊的化学物质与酒精产生共同作用。后者需要一种特殊的显影剂，或者说化学试剂，这是最重要也最安全的组合办法，是罗伯特·波义耳用来使墨水"坦白它的秘密"的办法。

但埃罗发展出了关于这三种显影办法的整套分类系统，还增加了自己发现的两种新类型：第一种，空气会使得一些染料显影；第二种，有些墨水，比如钴，会显影后又隐形。

旧式隐形书写方法的共同特质是，当它们被显影之后，书写就保持可见状态。换句话说，即便冷却，书写也不会再次消失。这也是为什么埃罗会如此仔细地探究那位匿名德国艺术家所带来的物质。钴隐显墨水了不起的特质正是当被加热显影的书写冷却后，字迹就再次消失了。[15]

埃罗拿不同的矿物和化学试剂搭配起来跟他的隐显墨水做实验。在那个时代，一名科学家可没法从药剂师那里获得一瓶氯化钴溶液，如果想要，他必须自己去配制。埃罗从当地不同的药剂师那里购买矿物质，也从其他国家他的科学家朋友们那里接收一些钴物质的样品。那名神秘的德国艺术家坚持称只有施内贝格的矿山出产的钴才有那样神奇的效果。埃罗证明了他是错的，有不同种类的钴。他还发现最美丽的色彩变幻来自那些最纯净的钴。有些样品含砷，有些含硫黄，实验者在实验过程中通过去除这些矿物来获取更纯净的钴。

埃罗用不同的浸染了钴的矿物质做实验，他认为铋矿石具有独特的性质能生产新的隐显墨水。在1744年，约翰·盖斯纳（Johann Gesner）进一步证明，是铋矿石里含的钴充当了活跃的介质，才能生产出这种墨水。[16]

在进行隐显墨水实验时，埃罗对颜色的变化感到深深地着迷。他用不同纯度的钴与其他不同的矿物盐溶解，然后观察在加热前呈现出不同颜色的试剂。当他把钴溶解于王水（一种硝酸和盐酸的混合物），隐显墨水在溶液中是红色，在显影时则呈现出蓝绿色。他声称已经制造出不同的色彩，从蓝绿色到黄色，从红紫色到深红色，再到粉色，取决于他在溶液中加入的不同矿物。如果他往显影的墨水里增加点海盐，它就变成了蓝色。他对自己生产的一种淡紫色墨水最为着迷。很快，实验者都可以从醋酸钴中生产出蓝色的隐显墨水，从氯化钴中生产出绿色的隐显墨水。

埃罗甚至开始思考用这种墨水绘制风景画。他期待找到一名优秀画师，用所有他制造出的不同颜色创造一幅水彩画。当墨水画在一张纸上时，他又在梦想将冬天的风景画瞬间转换成春天。他想象用蓝色描绘天空，用绿色描绘河流与树木。当纸张冷却，整个画面又会再次变回冬天。[17]这的确很神奇，但埃罗从未想过，在接下来两百年的时间内，这种可变化的风景画会真的让普通公众无比迷恋。

到1746年的时候，制造隐显墨水在巴黎变得非常时髦，各种配方层出不穷。旅行者甚至不惜远赴西班牙和欧洲其他国家去采购钴来自己制造墨水。一名这样的旅行者声称，比起撒克逊地区的钴，西班牙的钴可以产生出一种更为活泼的绿色（也许是因为撒克逊的钴包含更多杂质）。西班牙钴是蓝色的，有点像熔化的铅，所以西班牙的钴生产者把钴从矿石中提取后，只是简单地研磨成粉末，与一种液体混合，就可以在器皿上绘画、染色了。[18]

18世纪的巴黎，装饰着可变风景画的壁炉围栏也成为一种时尚。在围栏上，用普通的印度墨水画着三棵枯木的树干与枝杈，呈现一幅荒凉的冬日风景，然后艺术家用氯化钴的溶液画上枝繁叶茂的灌木和绿植。他们用醋酸钴画蓝色的部分，比如天空，这部分画作开始是隐形的，但随着壁炉的火温传递过来，很快，荒凉的冬日风景画就神奇

第四章 看不见的风景

地转化为郁郁葱葱的绿色图景。当热源消失，又再次转为枯败的冬日景象。如今钴已经不像在18~20世纪那样随处可见，有兴趣的读者还是可以试试，它真的非常神奇，极其美丽。

从壁炉围栏到天气娃娃和温度计

19世纪，欧洲的女性已经开始用手持的纸质防火屏来遮挡她们的脸，以免受壁炉炉火的直接炙烤。在这些小的防火屏上，她们也运用了18世纪壁炉围栏一样的策略：印度墨水的冬日风景画——三棵枯树，加上醋酸钴或硝酸钴绘制的蓝天和远山，氯化钴绘制的灌木与绿植。与此同时，钴隐显墨水已经变成利用化学进行娱乐消遣的一部分。[19]

19世纪晚期，化学家开始意识到这种颜色的变化取决于空气中的湿度。当纸张从蓝色或绿色转变为玫瑰色，这意味着空气中的湿度很高。这种发现带来了可爱的"天气娃娃"的发明，以及新的插花艺术。这些装置通常被错误地当成气压计，但是它们测的并不是空气的压力，而是湿度。一开始，这些化学玩具被当成天气指示器来售卖。天气娃娃的衣服浸渍着氯化钴，随着空气里的水分含量提高，它能够从蓝色变为粉色。[20]

随着埃罗的发现和神奇的可变化风景画的生产，隐显墨水已经变成一个引起人们极大好奇心的自然奇观，并且亟待解释。一系列杰出的化学家在新版的辞典和化学教科书中描绘并改进了埃罗的隐显墨水，其中包括皮埃尔·约瑟夫·马凯（Pierre Joseph Macquer, 1718~1784），他是埃罗作为染色业管理人的继位者。这意味着人们的好奇心得到了严肃科学应有的关注。与那些以药剂学为中心的前辈不同，马凯相信"化学就是为了化学"。埃罗最终发现这些颜色的改变在科学上无法解释。

作为未解的科学之谜，这个现象得到了化学家进一步的认真关注。早期的实验只是简单地将颜色变化归因于加热和冷却的效果。直到18世纪晚期，一名专注色彩研究的化学家爱德华·于赛·德拉瓦尔（Edward Hussey Delavel）提出是空气中的水分致使颜色改变。他推测是盐在冷却时吸收了水分，在加热时又将其释放。这是早期科学家所做的解释中最接近真相的说法：当它冷却时，水回归到盐之中，形成水合化合物。[21]

埃罗的隐显墨水不仅触发了创造火炉围栏和天气娃娃的灵感，它还进入了文学想象。伊拉斯谟斯·达尔文（Erasmus Darwin，1731～1802）是查尔斯·达尔文的祖父，也是一个相貌丑陋的大块头。他是一名执业医师，一名自然哲学家，也是生理学家、发明家和诗人。1788年，在他令人回味的歌颂植物学女神的诗作《植物园》中，他由钴隐显墨水得到灵感，写作了一些关于这种墨水的韵律诗句：

> 运用炼金师的艺术，行家能手混合着
> 王水与钴矿；
> 快速做出标记，在字行间隐形地描绘，
> 泛白的牧场，绿色的森林谷地，朦胧的沼泽；
> 透明云彩的阴影占据无色彩的领地，
> 所有未来的组群被隐匿；
> 直到被火焰唤醒，黎明之幕生长，
> 绿色使香草焕发春意，紫色的小花绚丽夺目，
> 山中溪流与树木在光明中交替崛起，
> 所有鲜活的风景使他的眼睛陶醉。[22]

图10：吸烟者，矿工和他们的岩石，Kristi Eide 摄影

达尔文以简洁的形式捕捉着可变化的钴风景画的奇迹，激发读者的想象。作为钴隐显墨水流行的推动者，让·埃罗可以说是一名实证主义的启蒙科学家，但达尔文还是使用"行家能手""炼金师"以及"可变化风景画的创造者"这样的词语来形容他。用这种魔力，"行家能手"将死亡的、隐形的风景画转换成生机勃勃的"鲜活的风景"，能够"使他的眼睛陶醉"。

这位有魔力的炼金师将钴溶入王水，把笔蘸在溶液里，描绘出仍然隐形的风景——泛白的牧场，小巧的绿色谷地，阴影在森林中飘散开来。然后他用"透明的云彩"遮盖"无色彩的"绿色土地的地平线。像一场清晨日出，风景被火焰唤醒，"黎明之幕生长"，长出绿色的香草和紫色的小花。山川、河谷和树木变得生机勃勃，向观赏者致意。

这些诗句是该书谈论热、电和光作用于花蕾的第一部分。达尔文声称电流能加速萌芽过程。他描述了植物的蓓蕾和球茎，称"蓓蕾被囚禁，球茎被埋葬"在冬天里，直到热与光使得它们绽放花朵。类似的情形也发生在人造世界中，热能作用于钴画制的冬日风景画，将其转化为郁郁葱葱的春季风景。可转化的壁炉围栏风景画正是模仿了大自然的运作方式。

《植物园》全书分成两部分："草木的经济"（The Economy of Vegetation）和"植物之爱"（The Loves of the Plants）。它不仅是一首长诗，而且是通过生动的比喻和对待自然的热情来激发读者对于大自然的兴趣。达尔文的目标是"坚持在科学旗帜之下启动想象力"。第二部分"植物之爱"在公众中非常流行，因为它将植物进行拟人化处理，并使用了不同性别的语言。关于隐显墨水的诗篇被嵌入在第一部分，该部分是庆贺科学发现与技术革新的长诗。大部分诗作描述着采矿与矿物。它也有一个进化的主题，将科学和社会的进步当成进化的一部分来描绘，把发明者称为英雄或天才。[23]

该长诗是带有注释的。在关于隐显墨水的诗篇注释中，达尔文描述了钴蓝釉（一种由氧化钴制成，用于给玻璃上色的蓝色颜料）溶于王水和水，产生一种"精美的蓝绿色"的过程。如果钴蓝釉或是锑化钴（另一种氧化钴）溶于硝酸钾，或是王水，会产生出一种微红的色彩。但他认为最神奇的部分是，当热源被移除后，它们的色彩也随之消失。钴蓝釉跟纯氯化钴不同，从达尔文的时代一直到20世纪，它都可以在药店里找得到。后来不再能够公开获得，也许是因为钴蓝釉使用不当会有致癌风险。[24]

伊拉斯谟斯·达尔文是月光社（Lunar Society，1765~1813）的成员，该社团由一批英国的自然哲学家和实业家组成，他们在每个月圆之夜讨论，之后在圆月之下安全地走回家。月光社有几位成员可

第四章　看不见的风景

谓大名鼎鼎，比如蒸汽机的发明者詹姆斯·瓦特（James Watt），实验化学家约瑟夫·普利斯特利（Joseph Priestley），化学工业的先驱詹姆斯·凯尔（James Keir）。达尔文在他长诗的注释中参考了凯尔的《化学词典》，该词典收入了"埃罗隐显墨水"作为条目，很可能月光社的讨论组是从这里听闻了神奇可变化的风景画的化学基础材料。通过这些翻译以及人们口口相传的神奇的颜色变化，使得装饰性的火炉围栏终于从法国传播到英国。

在18世纪的英国，伊拉斯谟斯·达尔文是最早将科学用印刷品呈现出来的普及者之一。18世纪的最后二十年，在启蒙运动中，很多科普读物出现在英国、法国和德国。此时英国已经成为第二次科学革命的故乡，它创造了一个浪漫主义的科学时代，理查德·霍尔姆斯（Richard Holmes）将其称为"奇迹年代"。其他英国科学家也为科学的奇迹感到迷醉，纷纷写诗颂扬它的美好。[25] 科学的普及很快带来了隐显墨水的神奇时代。

当埃罗的隐显墨水风靡整个欧洲之时，革命风暴的阴云开始聚集在大西洋另一侧的美洲殖民地。在独立战争进行之时，乔治·华盛顿正焦灼地寻求着一种与他的特工进行安全通信的方式。

第五章

革命的墨水

Revolutionary Ink

1807年，詹姆斯·杰伊（James Jay, 1732～1815）爵士向美国国会提出，因为自己在美国革命时期发明了一种秘密墨水系统，所以应当得到相应的报酬。由于"提供的服务"有着"独特的性质"，战争期间杰伊没有提出这一要求，也没有收到相应的付款。当时美国并没有正式的情报部门，再加上这也是前所未有的情况，美国国会一时不确定应该如何处理杰伊的请求。直到一个多世纪以后，美国情报部门才发展出正式的单位来处理秘密通信的间谍技术。然而此时杰伊的隐显墨水已经失传，想知道他的配方需要做一些侦察工作。解开美国革命时期秘密墨水的构成之谜——包括战争双方——是一个诱人的挑战，但这本身并不是目的。乔治·华盛顿将军对于这种新技术和广义的间谍技术非常迷恋，实际上，正是优良的秘

图 11：詹姆斯·杰伊肖像

密通信和欺骗术帮助他赢得了战争的胜利。[1]

詹姆斯·杰伊是一位著名的医师，他生于纽约，后来漂洋过海去英国，获得了爱丁堡大学的医学博士学位。18世纪时，该学校的医学院在全世界都处于领先地位。但要不是因为他的弟弟，杰伊的名字恐怕不为人知。他的弟弟约翰·杰伊（John Jay）是美利坚的建国国父之一，也是美国联邦最高法院的第一任首席大法官。1756年，詹姆斯·杰伊从伦敦回到纽约后就开始行医，但后来大部分的病人都对他敬而远之，因为他"自大，傲慢，专横无礼，目空一切，迂腐，虚荣而又野心勃勃"，更别提他还收取高额费用。很快，他的病人就只剩下了他的几个亲戚。他在纽约的行医之路非常坎坷，后来回到英国，设法获取资金后捐赠给了国王学院（现在的哥伦比亚大学）和宾夕法尼亚大学。英王乔治三世在1763年对他授以爵位。之后，他经历了一场长达十年的、关于学校捐赠资金的漫长司法官司，后来当听到美国革命的传言时，他又回到了英国。[2]

尽管在英国居留了很长时间，詹姆斯·杰伊依然对革命事业怀有一种美国爱国者的忠诚，至少在早年是这样的。他在英国时发明了一种隐显墨水与他在美国的弟弟交流秘密军事信息。战争过后很多年，他依然为自己曾向大陆会议报告了"英国内阁削减殖民地和无条件投降的决定"而感到骄傲。此外，他还在巴黎告诉了本杰明·富兰克林（Benjamin Franklin）和西拉·迪恩（Silas Deane）一个关于英国从加拿大入侵的计划，[3]但他从来没有透露过这种墨水的合成成分。

詹姆斯·杰伊给他的弟弟提供了"足够大量的"隐显墨水，用来与他和其他爱国者通信时使用。其中一名收信人是西拉·迪恩——大陆会议的一名秘密代理人。1776年4月，当迪恩登上一艘前往巴黎的船时，约翰·杰伊将哥哥提供的墨水送给他。迪恩常常面带笑容，是随时能开怀欢笑的社交高手，又是耶鲁大学的毕业生，可以说是被派往法国的理想人选。他的任务是在一个名为托马斯·琼斯的商人的掩护下，为大陆军购买武器、服装、弹药，并且试探一下如果北美殖民地宣告独立作为英国同盟的法国将有何反应。此时约翰·杰伊和罗伯特·莫里斯（Robert Morris）已经被大陆会议的"秘密通信委员会"任命，他们负责与迪恩通信，而迪恩则成为美国第一位使用这种墨水的代理人。[4]

1774～1776年，迪恩作为康涅狄格州的代表在大陆会议中服务，但缘何任命他秘密出使法国仍然扑朔迷离。当过很短一段时间的律师后，迪恩变成了一名商人和店主。他几乎没有离开过康涅狄格州，甚至也不会法语。早年他曾经在一所学校里教书，他教过的一名学生就是未来成为双重间谍的爱德华·班克罗夫特（Edward Bancroft），后来作为一名联络人还回来给迪恩制造麻烦。事实上，正是因为迪恩看起来完全不像一名秘密特工，本杰明·富兰克林才选择由他来执行这项任务。[5]

1776年6月，迪恩抵达巴黎。他的任务是完全保密的，他被告知假装去游览巴黎的名胜景点，所以他使用隐显墨水写了大量的信件给约翰·杰伊和美国革命的资助人罗伯特·莫里斯。他使用一张很大的纸张，在上半部书写一封普通的信件，然后在纸张底下的空白处书写秘密的隐形消息。

在一封给罗伯特·莫里斯的信函中，纸张上普通的信件部分告知他到达巴黎，而且提及自己在旅途中生病，但底下的隐形消息中，他写到了一艘待发的船只，上面装载着2万人的服装、武器及其他战争装备。他告知了莫里斯整个欧洲的外交形势，建议他将西班牙巩固为同盟并且增加海军；他还预测了欧洲可能发生战争的情形。莫里斯并没有阅读隐形信件的秘密配方，他只得把信送给约翰·杰伊，后者运用试剂来阅读，并且将信件转录给他。[6]

罗伯特·莫里斯曾经请约翰·杰伊转录过多封迪恩信件中"隐形的部分"。莫里斯知道他们二人有一种安排，使用一种"对两人之外的整个世界隐形的书写方式"，但迪恩承诺过只与约翰·杰伊进行这种秘密通信。杰伊从没有将秘密透露给莫里斯，他承认他"用一种除了发明者和我自己之外没有人知道的方式"与迪恩"进行沟通"，同时他称将"在附件中的信件中说明这种方式"。但他从没有给莫里斯这种附件去解释隐显墨水系统，因为杰伊实在不想分享这个秘密。后来他承诺会亲口告诉迪恩。但杰伊最终并没有揭示这个秘密，而是成为迪恩秘密信件的信息交换中心。[7]不过，即便约翰·杰伊真的知道这个系统需要特制的隐显墨水和将其显影的试剂，也没有证据表明他了解这两种物质的化学成分。

莫里斯曾用隐晦的词语表达了自己曾接收处理过迪恩的信件。他提及"蒂莫西·琼斯"（Timothy Jones，迪恩的化名）时称他是"一个和蔼可亲的、令人愉快的人"，"但人们无法从他9月17日的冰冷、乏味的信件中做出一丁点儿这样的判断,除非你痛苦地从中寻找那隐藏的美丽;一名海上船长草率的观察永远也无法发现它们,但从他的手上转移到杰伊具有穿透力的眼睛之下,那些钻石立即开始坦白"。[8]当然,"隐藏的美丽"和立即开始坦白的"钻石"正是指代那些被处理的隐形书写。就像在17世纪时罗伯特·波义耳描写隐形墨水在处理下坦白秘密一样,18世纪的政治家也使用了这样美妙的隐喻。

库尔珀间谍圈

与此同时,在美国一场疾风暴雨般的行动正在展开。英国人占领了纽约市,在那里建立起了他们的总部。乔治·华盛顿将军需要有关信息,了解他们的计划和军事力量,他要求他的情报主管本杰明·塔尔米奇(Benjamin Tallmadge)少校去找一名在纽约的情报人员做信使。塔尔米奇对自己的朋友、爱国者内森·黑尔(Nathan Hale)被处死的事感到震惊和伤痛,他决定要在最严格保密的情况下建立一个安全的间谍圈,甚至华盛顿也不知道后来变得大名鼎鼎的库尔珀圈里间谍们的真实身份。他们的身份都是极端保密的,直到20世纪30年代,一名生活在长岛的收藏家和历史学家才发现了证据,将代码中小塞缪尔·库尔珀(Samuel Culper, Jr.)与一名籍籍无名的贸易商人相连在一起。[9]

亚伯拉罕·伍德哈尔(Abraham Woodhull)来自塔尔米奇的家乡——长岛的锡托基特(Setauket),他是塔尔米奇深深信任的朋友。作为一名低调的农民,伍德哈尔将德国芥末、西班牙橄榄和苏格兰熏鲑鱼等奢侈物品从他的农场贩卖到纽约市。曼哈顿已经变成了一座海岛要塞。在某种程度上,那时的纽约市就像"冷战"时期的西柏林,它是一座孤岛,被讲着同样语言的敌人重重包围。尽管英国人控制着纽约市的入口，但他们得依靠本地的农民提供基本生活物资，因为华盛顿对周边的村镇还有着较强的控制力。英国人在这里买进的物品远超他们能卖出的。伍德哈尔非常擅长走私物品，塔尔米奇认为他也同样能把走私情报的事做好。1778年秋天，伍德哈尔被招募后宣誓效忠，从此他有了一个代名：老塞缪尔·库尔珀(Samuel Culper，Sr.)。[10]

伍德哈尔的姐姐和姐夫正巧在纽约市开了一间"山下寄宿公寓"，他有看似可信的借口进城。伍德哈尔身体瘦削，胸部扁平，当他来到纽约时，常常裹着一件超大号的大衣，混在英国占领军中间，挤在市场的人流里，在咖啡馆里瞎混，同时收集那些不谨慎的英国军官透露出来的各种传言。收集到的传言包括军队调动、航运和供给。但他日益紧张而胆怯，时时害怕被人发现。[11] 每次经过英国人设置的检查站，不得不出示护照时，他都感到心惊胆战。他请求他的主管将他的信件阅后即焚。华盛顿也很担心这些信会落入敌人手中，希望可以建立一种"通信模式"让库尔珀"无所畏惧"。[12] 华盛顿同时也渴望有一种新式的方法来接收信息。

问题在于，他们的情报报告是用黑墨水写成的。如果伍德哈尔在路上被拦下来搜查，情报被截获，这将为华盛顿招致一场灾祸。实际上，塔尔米奇自己就是这种搜查的受害者，当时他正骑马去面见华盛顿。

塔尔米奇死里逃生，但这也意味着应当立即增加安全系数了。恰在此时，约翰·杰伊告诉华盛顿，他的哥哥已经发明出一种神奇的白色墨水，而且他自己已经使用过好几年了。华盛顿正在热切地寻找更安全的通信方式，对这种东西当然有着极大的热情。几乎是在半年后华盛顿才从杰伊那里拿到这种神奇的液体，[13] 他立即着手做实验，并且对杰伊的新型隐显墨水不受加热影响感到惊异："火能够使得柠檬

图12：乔治·华盛顿在莫里斯顿，作者John Ward Dunsmore

水、牛奶和其他类似物质显影，但对它没有任何影响。用普通的墨水写一封满是琐屑生意事务的信，它就是重要情报的最好载体，因为没有相应的办法，这种情报是无法被发现的。"[14] 不像普通的柠檬汁，这种办法要复杂得多，需要一种化学显影剂来进行处理。华盛顿很快将这种神奇的墨水命名为"隐显染色剂"。

但即便塔尔米奇给伍德哈尔提供了秘密墨水，这对安抚他的紧张神经也没有多大帮助。有一天，他正在姐姐的寄宿公寓的阁楼上独自坐着，制作一封隐显墨水写成的信给塔尔米奇。突然，有人

第五章 革命的墨水

"嘭"的一声闯进门来，他吓得一下跳起来，打翻了桌子，也打翻了桌子上那瓶珍贵的墨水。结果，闯进门来的人只是他的姐姐，不是什么来逮捕他的英国检查人员。这次"过度惊吓"之后，他再次要求解除自己的职务。[15]

因此，塔尔米奇和华盛顿不得不再次在纽约寻找能够传递信息的特工。招募的机会来了，当"老塞缪尔·库尔珀"向自己的一个好朋友袒露心声，告知他自己的使命时，他也提出招募这名好友加入正在扩张的间谍圈。伍德哈尔的告白对象是罗伯特·汤森（Robert Townsend），一名纽约的商人、爱国者和贵格会教徒。他常常在长岛和纽约市之间往来做生意，这成了他完美的伪装。为了进一步掩饰，他假装变成了一名托利党人，加入武装组织，并且在托利党的喉舌机构《皇家公报》（Royal Gazette）上撰写反对美国爱国者的文章。他甚至还开了一家咖啡馆，并且通过咖啡馆跟《皇家公报》的印刷商詹姆斯·利维顿（James Rivington）变成了好朋友，在这儿听到了大量英国官员的传闻消息。[16]

汤森的化名是"小塞缪尔·库尔珀"，他在纽约城收集消息，用隐显墨水和密码写信，然后把信件交给库尔珀间谍圈雇用的信使奥斯丁·罗伊（Austin Roe）。罗伊在锡托基特有一间小酒馆，常常要驾驶马车为酒馆运回来各种物品。现在他的新物品完全不同了。当罗伊回到锡托基特，他把情报信息直接送给伍德哈尔，或是把消息放进一个容器，埋藏在他农场的一个约定好的秘密情报传递点。

当伍德哈尔拿到信件时，他回去查看他邻居的晾衣绳。如果绳子上面有一条黑色裙子，那就意味着库尔珀间谍圈的成员、捕鲸船船员布鲁斯特（Caleb Brewster）已经来到此地，并且隐藏在几个海峡中的一处。具体是哪一个海峡，则由晾衣绳上的手帕数目指示。到夜里，他将越过英国守卫的警戒，穿过长岛海湾，将情报从锡托基特送到康涅狄格州的海岸城镇费尔菲尔德（Fairfield）。从那里出发，一名信使将骑乘快马将情报送至塔尔米奇处，塔尔米奇阅读后，情报将由另外一名信使快马送到华盛顿的司令部。[17] 通过这种情报接力传递的方式，塔尔米奇和华盛顿得知英国人正在修建运输点，此时正值冬季，他们准备对康涅狄格州发动突袭。

那年夏天的晚些时候，华盛顿曾告知塔尔米奇："我手上现在所有的白色墨水——实际上是所有有望很快获得的墨水——已经在1号小瓶中由韦伯少校送出，2号瓶中的试剂是能够让1号瓶中的液体显影的，用小毛刷将纸打湿即可。你要尽快把2号试剂送往 C-Jnr. 那里，而且我恳请你不要提及你从我或是从任何人那里拿到了这些液体。"[18]

同样是在1779年夏天，华盛顿得知纽约城的英国总督很可能在使用同样的隐形墨水。但这件事并没有吓到华盛顿，他也没用停止使用这种墨水；他希望敌人根本不曾知道他的间谍在使用这种墨水："我听闻泰伦总督准备了同种或者是非常类似的墨水，如果他们得知我手上也有这种产品，将很可能导致他们据此来侦察并勘破我们。"[19] 尽管这对华盛顿是个不幸的消息，但对于今天的我们来说，搜寻它的成分构成时，英国人使用同样的隐显墨水是一条重要的线索。

华盛顿对秘密通信的安全性和技术细节进行了仔细的考虑。作为附加的预警措施，库尔珀间谍圈的每个人在使用隐显墨水的同时还使用密码书写，而且每个成员都有一个代码或是化名：塔尔米奇变成了约翰·博尔德（John Bolton）和代码721，华盛顿是711，纽约用数字727指代。当然，汤森和伍德哈尔是库尔珀兄弟。

在1779年秋天，汤森/小库尔珀考虑不再做贸易商人的工作，而是当一名全职间谍。华盛顿认为这不是一个好主意，毕竟从事

第五章　革命的墨水

日常工作将会给他的间谍工作提供更多的安全性和掩护手段。他还建议汤森写秘密信息时使用"小册子的空白处……在那种小册子的第一、第二和目录页，或者是小本的年历的每页下面的空白处"，这样会减少被识破的风险。很显然，这种墨水在质量较好的纸张上使用效果更好。这种通信方式也减少了伍德哈尔/老库尔珀的恐惧。[20]

在库尔珀兄弟开始接受神奇墨水大约一年以后，华盛顿对詹姆斯·杰伊说："那种液体耗尽了。"因为伍德哈尔特别恐惧自己被发现，他倾向于贮藏这种墨水。华盛顿得知后被激怒了，他告诉塔尔米奇："我分几次给他的墨水足够他书写我所收到的信件的50倍。"[21]由于出现短缺，华盛顿请求詹姆斯·杰伊给他提供更多这种"非常有用的"物质。他甚至授权詹姆斯·杰伊可以用华盛顿的名义从医院获取一些化学物质，如果他缺少"必需的材料"的话。[22]

詹姆斯·杰伊"在一个小盒里"装好"这种药物"（一开始他们这么称呼它），发送给华盛顿。这已经是他从欧洲带回来的所有存货。尽管他有"化学成分的主要材料"，但他没有一个合适的地方来制作墨水，因为"合成这种物品需要一些化学工作；我们的房子很小，甚至没有一个角落可以用来架起一个小的砖炉"。他认为一间小木屋就能满足条件，但他甚至都没有材料来搭这间木屋。他不想让华盛顿认为他是在拒绝承担责任，于是他要求华盛顿提供工作人员和材料供给，然后他就能满足将军的要求，需要多少墨水就发给他多少，可以"自由使用，免于未来需求的匮乏"。华盛顿非常乐意提供一些帮助给他"搭建一间小的实验室"，并且希望詹姆斯·杰伊能够通过实验室的工作"获得改进，发扬优势"。[23]

与此同时，英军在纽约及其附近的转移、设防的重要信息及各种行动计划，间谍圈都非常成功地进行了传递。

詹姆斯·杰伊的隐显墨水

为了获取这种珍贵的"隐显染色剂",乔治·华盛顿曾经与詹姆斯·杰伊紧密合作,但他从来不知道它究竟是什么,约翰·杰伊也没有任何线索。罗德维克·本迪克森(Lodewyk Bendikson,1875~1953)曾经是一名医师,后来他成为一名创意型的摄影师。1935年,他在加州圣马力诺城(San Marino)的亨廷顿图书馆运用他新的紫外线摄影技术检视约翰·杰伊所收信件的残破篇章和隐显墨水所写的部分,揭开了其中的秘密。

他专注于西拉·迪恩在1776年写给约翰·杰伊的几封信件。引人注目的是,本迪克森被允许使用弗兰克·莫纳汉(Frank Monaghan)博士寄给他的信件原件来进行破译。莫纳汉是约翰·杰伊的传记作者。这些信件现在已经消失了,但在20世纪70年代,书商肯尼斯·伦德尔(Kenneth Rendell)的珍本文档目录里还记载着它们。当本迪克森完成对那些秘密墨水信件的评估,他就给莫纳汉回信予以说明,莫纳汉曾经与伦德尔在20世纪60年代对此进行过讨论。当这本书准备出版时,我在乔·鲁本弗(Joe Rubinfine)的收藏中发现了另一封隐显墨水信件,但他声称并不知道其他信件的去向。好在本迪克森对这些信件的描述和照片都留存了下来。[24]

在20世纪30年代,本迪克森开始运用源自现代科技的新方法——分析化学、紫外线和红外线摄影等神奇的射线来检视古旧文档中的隐形内容。当本迪克森将他的紫外线摄影机转向迪恩1776年12月2日的信件时,它"向他跳跃起来,就好像用火焰书写下的一般"。尽管这封信已经有150年的历史,在紫外线的照射下它的化学成分仍然光彩夺目,如同荧光一般闪亮。本迪克森就为这封信拍摄了照片。

迪恩以"托马斯·约翰逊"(Thomas Johnson)为化名给约翰·杰

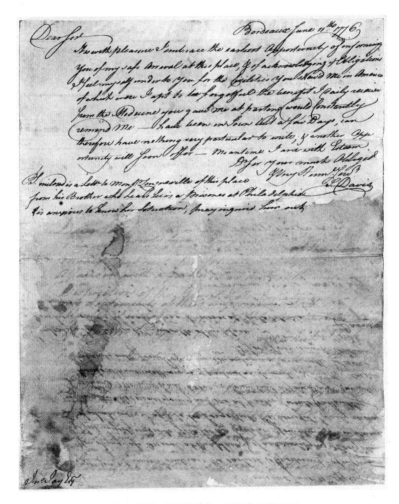

图13：西拉·迪恩的信件，1776年6月11日

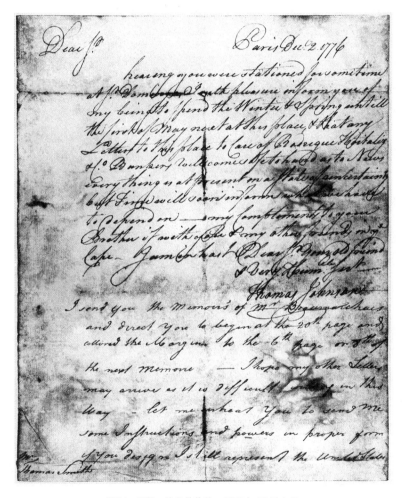

图14：西拉·迪恩的信件，1776年12月2日

第五章　革命的墨水

图15：罗德维克·本迪克森在他的照相机前

伊写信，在信纸的上半部分写可见的内容，然后信纸底部的一半是隐形的信函。这在我们看来有点像是有勇无谋，但在18世纪，这样的信并不会引起怀疑。最重要的是，这封信中隐藏的文字展示了迪恩焦虑的心情，因为他尝试寻找一名情报人员作为约翰·杰伊的"全权代表"，但失败了。[25]

本迪克森也对这种墨水的化学成分感到好奇。他雇用了加州帕萨迪纳市（Pasadena）一位名为范阿斯戴尔（George D. van Arsdale）的化学工程师来帮助他。在没有对18世纪可能获得的化学物组合做任何研究的情况下，他直接就发现了詹姆斯·杰伊的隐显墨水包含一种单宁酸溶液，或是瘿结。那么约翰·杰伊就可以用浸泡了硫酸亚铁的海绵擦拭纸张，揭示信件隐藏在暗处的信息。[26]

英国人的秘密墨水

尽管华盛顿知道英国人也在使用秘密墨水，但他并不知道在美国独立战争期间，是英国人率先写下了第一封秘密墨水的信件。实际上在这件事上英国间谍领先了华盛顿好几年时间。

1950年，桑伯恩·布朗（Sanborn Brown）教授发现了他认为是美国独立战争期间的第一封秘密墨水信件。布朗是麻省理工学院的物理学家，在"二战"期间曾经在美国审查局工作。这封信已经不再隐形了，也许是因为收信人有意做了处理，也许是由于时间的关系。通过一些侦察工作，布朗确定这封签名被抹去的信件是由本杰明·汤普森（Benjamin Thompson）写的。汤普森以"拉姆福德伯爵"（Count Rumford）这一名字为人所知，他被认为是"那个时代最杰出的科学家之一"。27

1774年12月，汤普森从他在新罕布什尔的家乡被人赶了出来，因为那些愤怒的市民怀疑他是一名托利党人。最终他只好来到马萨诸塞的沃本市（Woburn）建立驻地（在他信件的日期一行有显示）。1775年10月，他在波士顿公开地加入了英国的队伍。与此同时，他需要与英国人保持秘密通信，因为他在透露"叛军"的动向和计划等敏感信息。1775年5月6日，他向乔治国王报告称，叛军的"有生力量"已经增长至3万人，并且正在计划进攻波士顿。他还告诉国王，为了"不畏艰险地实现独立"，大陆会议打算执行这个计划。很显然，汤普森无法用常规的墨水来交流这些信息，如果美国的爱国者读到了这封信，他将会遭到逮捕并被绞死。

布朗和一名问题文档的检查员埃尔布里奇·W. 斯坦因（Elbridge W. Stein）都认为这种墨水的化学成分是单宁-瘿结的合成酸，显影试剂是硫酸铁。这个组合我们已经见过，古希腊人和德拉·波尔塔就已经使用过，到启蒙运动时期还在被使用着。在含砷的配方和钴类物质被使用以前，它的确是唯一可获得的化学制剂，而且是需要特殊显影剂的最好制剂。布朗和斯坦因用一种低电压的 X 光仪器检查了该文档，排除了铅和铋墨水的可能，而瘿合成物的可能性较大。由于该信件已经被硫酸铁进行显影，它在紫外线下呈现出一种深紫色；但瘿溶液不需要显影剂，在紫外线下也会显影而变得可见。[28] 如果这些检测是准确的，它说明英国人和美国人当时在使用的是同种墨水——这点跟华盛顿推测的一样。

这种墨水并不受加热或其他简单测试方法的影响，而英国人使用的旧式方法——比如酸橙、柠檬汁和其他物质——都是可以用加热来显影的。英国驻纽约的情报主管约翰·安德烈（John André）上校曾经要求他的特工，如果使用了需要火或者加热来显影的秘密墨水，就在信纸的右上角标记字母"F"；如果需要用化学酸来显影则标记"A"。[29]

这些旧式的方法原始而粗糙，不仅安全性不高还常会发生很多事故。一次，当保皇派牧师乔纳森·奥德尔（Jonathan Odell）注意到"私下约定的标记"时，他把他的秘密墨水信件"用火来鉴定"，但是他说道："我简直无法表达我的苦恼，我发现这封信可能是碰巧在路上被弄潮湿了，试剂在纸上整个蔓延开来，所有的字迹变成了无法识别的一团。"他还注意到，"烘烤过的纸张会变得很脆，以至于无法折叠"。所以他只好转录了大部分秘密墨水的信件，把原件丢弃掉，当然，这使得历史学家非常恼火。[30] 其他间谍也依旧告诉他们的合作伙伴用火焰去"烘烤"他们的信件，解读那些隐形的部分。

当我们开始考虑美国独立战争时期英国人对隐形墨水的使用时，我们会更加感到迷雾重重。其中最大的一个神秘事件是，爱德华·班克罗夫特医生——英国间谍、医师和科学家——是否曾对西拉·迪恩

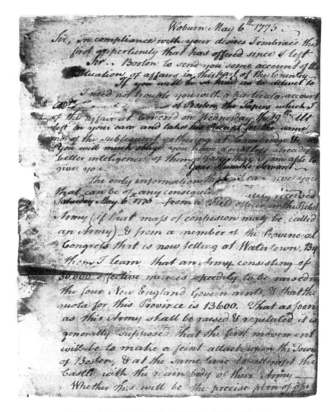

图16：本杰明·汤普森，隐形墨水信件，第一页

投毒，使得迪恩在1789年准备登船从法国返回美国时神秘地死去。

迪恩旅行到法国时，富兰克林给了他六个人的名字，让他去拜访。迪恩很高兴，很快就去拜访了他们，因为他在那里谁也不认识，甚至也不懂法语。他最初联系的人之一就是班克罗夫特。在康涅狄格州时，迪恩曾短暂地当过班克罗夫特的老师，那时他还只是个十几岁的孩子。富兰克林热情地推荐了班克罗夫特，称他是美国革命者的朋友，他在墨水、颜料和电鳗等领域的科学发现也令富兰克林印象深刻。迪恩在巴黎时，他们只是短暂地有一些联系，但还是很快建立起

第五章　革命的墨水

了友谊。³¹ 话虽如此，有一件事迪恩并不知情。

班克罗夫特从巴黎返回英国后的当天，就变成了一个为英国人工作的间谍。一直到 1776 年 8 月，班克罗夫特把他在巴黎从迪恩嘴里听到的每一个信息都告诉了英国的情报组织。英国人甚至比大陆会议都更早知道迪恩的新朋友、航运细节以及往美国的运输情况，连阅读他的秘密信件都省了。

詹姆斯·杰伊的求索

很明显，詹姆斯·杰伊通过给华盛顿的间谍提供秘密墨水来帮助那些爱国者，西拉·迪恩和乔治·华盛顿都在依靠他。毫无疑问，华盛顿很感激詹姆斯·杰伊的努力，他甚至认为这帮助他赢得了战争。但出于某些原因，他从未给杰伊付过报酬。

在美国独立战争结束之后很久，詹姆斯·杰伊首先找到托马斯·杰斐逊总统（Thomas Jefferson）索要 2 万美元，然后又找到美国国会去索要报酬。据推测应该是杰斐逊建议杰伊去找国会的，因为他还就此事给国会写了一份"备忘录"。杰伊宣称这种秘密的通信模式帮助了美国革命，在和平时期也可以成为一种公共事业。尽管如此，关于如何处置秘密墨水，国会在听证时发生了巨大争议，活跃的辩论随之而来。在描述如何保守秘密的不同方法时，"大量的智慧得以彰显"。他们甚至嘲笑说，看起来，国会的秘密在被揭露前就已经被众议院得知了。³²

那些支持给杰伊补偿的人承认这种发明在独立战争期间的重要性，而那些反对的人认为这简直是"荒唐地扔钱，而且是花在他们完全不懂也无法理解的一样东西上"。反对者还担心这种秘密会被外国政府识破。³³

众议院做出决议，总统购买杰伊发明的这个系统"应当合法化"。1807年11月21日，众议院最终以一票之差终止了杰伊的请愿。1808年3月2日，杰伊再次向众议院请愿，这一次，他"就在独立战争期间与英国作战时，因一种重要和秘密的物品所消耗的花费以及提供的服务，恳请美利坚合众国进行清算和偿还"。这一次，众议院没有批准也没有否决，而是将这个问题"无限期"地推迟。1813年7月7日，参议院再一次决议对此事不予考虑。尽管国会承认杰伊"提供了一种秘密通信的计划，该计划对战争事业有着极大的重要性"，直到两年后去世，他仍然没有拿到任何他所想要的报酬。[34]

第六章

魔　术

Magic

1922年，波特·凯美克拉夫特（Porter Chemcraft）公司向消费者提出建议，可以设置小花招，准备一个魔术表演，来让朋友们感到"惊奇"。该公司的化学家建议，可以打扮成炼金师，也就是在很久前被认为是"巫师"或"魔术师"的那些人，那些能奇妙地改变材料颜色的人。在使用说明手册里列出了利用化学可以实现的魔术和小花招，主要是利用化学反应来产生"美丽的色彩变幻，不用火焰即可产生浓厚烟云、恶魔的气味"，当然还有"隐形墨水"。[1]

提及隐形墨水，很多人脑海中出现的是孩童时期玩耍的魔术和开心把戏，但我们中的大多数并不知道为什么会形成这样奇怪的观念。即便我们发掘历史，找到了概念的源头，似乎逻辑链条上还有缺失的部分。从这个意义上，凯美克拉夫特公司的小册子的说法是错误的。尽管炼金师带来了材料颜色的美妙变化，他们并不是推动隐形墨水在全世界登上魔术舞台的那些人。

故事当然是从让·埃罗发现了那种时而出现、时而消失的墨水开始，但这种墨水并没有获得长足发展。直到18世纪遇上了一段意料之外的纠葛才突飞猛进，而且这场纠葛是不可能发生在17世纪的。在启蒙运动的最后十年，新兴的世俗化魔术舞台[2]的出现、自然魔法的复兴以及科学的娱乐活动，创造出了一个生机勃勃的大众科学的时代。正是在这样的背景下，神奇的隐显墨水蓬勃发展。神奇的墨水进入20世纪时，其过程中缺失的一环是化学工具箱。

大众科学

18世纪，大众科学时代到来的先声是人们从事科学活动的地点的改变。17世纪时，科学这件事通常只会发生在皇家科学院、大学、宫廷，或是科学家的私人生活区，但到了18世纪，咖啡馆之类的新的科学地点已经出现了。在1739年，仅仅是伦敦就出现了超过500家咖啡馆，其中很多都提供自然哲学（即科学）讲座课程。自然哲学家为了装饰他们的课程，提供了大量的实验和基于牛顿主义、机械哲学的证明展示。他们的热心听众包括不同人群：有的人是停下来喝杯咖啡，看看科学娱乐活动；有的人本来是来这里读报纸的。很多顾客是金融人士和商人，他们在这里交换生意信息，也认真听着讲座。哲学家卢梭、狄德罗、达朗贝尔，以及美国科学家兼政治家本杰明·富兰克林，都是咖啡馆的常客。伏尔泰甚至在普罗科普（Procope）咖啡馆有自己最喜爱的桌椅位置，并以一次喝下几十杯咖啡而闻名。[3]

与科学讲座的新居所一起到来的，还有一项大众科学的遗产，这就是从文艺复兴时期的皇家庭院转变而来的珍奇屋（Wunderkammer，又名多宝阁）。文艺复兴时期，富裕的科学支持者从新世界收集了大量稀奇古怪的、充满异国情调的手工制品。他们正确地标识了一些奇异的贝壳或是填充的鳄鱼标本，有时也错误地标注了其他一些东西，比如"独角兽的尖角"或者"巨人的股骨"。收藏家也收集了很多华丽的科学工具，比如显微镜、望远镜。那些房间里填满了奇异的宝石、自动装置、化石、古代硬币、罕见的天堂鸟，以及动物和人形的怪兽。到了18世纪晚期和19世纪早期，这些私人的珍奇屋已经被转化成商业的科学博物馆和科学展览。[4]奇观已经被当成是通俗的、向大众开放的东西。随之而来，英国皇家研究院、皇家理工学院、圆形大剧场和美国哲学学会等机构也在帮助大众科学的传播。在大剧场，一位名为威廉·莱特黑德（William Leithead）的化学家在负责"自然魔法展览"[5]。

在法国，科学已经从私人实验室和精英皇家学会传入大众媒体和城市文化。哲学沙龙、咖啡馆和博物馆点缀着巴黎的大街小巷。尤其是在圣殿大道（Boulevard du Temple），这些随着大众科学应运而生的机构纷纷推出了讲座、实验和科学证明。一位名为路易－塞巴斯蒂恩·梅西耶（Louis-Sébastien Mercier）的法国作家在他的作品《巴黎全景》中描述道："在每一处地方都有科学在大声呼唤你说：'看！'"[6]

不过，这种在巴黎的街道上呼唤路人的科学可不是你印象中那种学院派的科学。它们还只是类科学，有时甚至是伪科学，但它一直是面向大众的。弗兰兹·梅斯默尔（Franz Mesmer）让巴黎人为他的动物催眠实验着迷，让·诺莱（Jean Nollet）使得人们触电般震惊，因为他在展示中真的让电流从一排人中一个个穿过；随后，人们又被孟格菲(Montgolfier)兄弟的热气球的烈焰吹拂。

根据罗伯特·达恩顿(Robert Darnton)的说法,在法国大革命之前的十年间,催眠术控制着法国人民的想象力。人们头脑中满是大众科学,而不是自由、平等和博爱的原则。受过教育的男男女女都"为科学的力量所沉醉"[7]。他们都对梅斯默尔的动物磁性说感到入迷,因为由此可以推断,人们的身体中存在一种磁流,而这种磁流是可以人为控制并产生物理影响的。他可以让他们的身体抽搐或感到麻痹无力;他可以催眠让他们睡着,还包括歇斯底里或是昏迷,甚至还能治愈他们的疾病。催眠这件事不仅仅是让人迷醉,它也是一种魔术。它是在大众科学流行的背景下,在繁荣生长的魔术舞台上产生如上效果的。

重访自然魔法

当科学变成公共文化的一部分时,它提供娱乐,也提供综合教育。这也导致出现了一大批科学家兼魔术师,比如亨利·德克朗(Henri Decremps,1746~1826)。他是一个自成一派的"教授兼有趣的物理现象的证实者";又比如约瑟夫·平内蒂(Joseph Pinetti,1750~1800),作为研究自然魔法的教授他广为人知。这两人都在伦敦与巴黎之间往返,表演"有趣的物理现象和各种娱乐性的实验"。但是"自然魔术师"平内蒂并不是德拉·波尔塔,尽管他声称自己在移居巴黎前曾在罗马担任数学教授,但他实际上是一名纯粹而简单的舞台魔术师。德克朗自己则担负起拆穿骗子的责任,他写的一本书揭露并解释了平内蒂的那些实验不过是一些花招,他毁坏了平内蒂作为巴黎顶级魔术师的事业。这种展示令平内蒂不再有秘密可言,他此前积累的大量观众也全部流失了。很快,拆穿那些欺诈和骗术变成了很多启蒙时代科学家的消遣，他们希望将迷信从自然科学中根除。[8]

德克朗揭露的秘密当中也包括了隐显墨水。现在，普通人都可以坐在家里，选择用液体、空气、粉尘或者加热等办法制造出五种不同的隐显墨水，创造类似可变化的风景画、"命运之书"或是"神谕信笺"那样的有趣的东西。[9]

科学领域的新发展、新发现刺激了世俗魔术舞台，被德拉·波尔塔称为自然魔法的概念也在转变和扩充。德拉·波尔塔将"自然魔法"定义为"除了完整的自然规律的调查，别无他物"。他认为自然世界令人无比沉迷，自然魔术师运用科学作为开启大自然秘密的钥匙，试图解释大自然隐藏的、神秘的性质。它是科学，不是变戏法或者巫术。到18世纪末，人们对自然魔法的兴趣又重新燃起了。有些自然魔术师只是一些舞台魔术师和变戏法的人，他们通过娴熟的手法来操控，但也有一些人是自然科学家，他们才是真正被自然吸引的人。

此时新的科学机构、魔术表演剧场以及科学家兼魔术师大量出现。除此之外，以"自然魔法""魔法，还是自然的神奇力量""理性的娱乐""哲学消遣""流行的消遣"等为题的新书也如雨后春笋般大量涌现。[10]从某种意义上说，这些新的以自然魔法为主题的书只是16世纪那些关于自然秘密的书的更新一些的版本。这些新的畅销书不再关注家用配方，而是以新科学为基础，介绍如何表演魔术的技巧。

这种新型的理性娱乐运动始于法国，很快传播至英国和德国。埃德姆·吉勒·居约（Edmé Gilles Guyot，1706～1786）是一名法国医师、制图师、发明家和科学普及者，他引导了将新科学运用于魔术的运动。他创造了为魔术师准备的仪器和科学装备，还有为顾客的珍奇

第六章 魔 术

屋准备的小玩意儿。他最有名的娱乐产品是魔法灯笼，这是一种类似家庭剧院的设备，由一个带着灯笼的盒子组成，里面有可以移动的幻灯片，设备可以将幻灯片投影到一块屏幕上观看，比如海上风暴的影像。居约在1769年出版了他的新书《物理与数学的新娱乐》，记录了他有科学依据的魔术。在此之前，《数学娱乐》（Mathematical Recreations，1694）的作者奥扎南（Jacques Ozanam，1640~1717）也曾将用于科学教育的魔术把戏集中发表并推而广之。与之相比，居约的作品是基于17世纪晚期的这种潮流，并对其做出了改进。[11]

在法国、英国和德国，居约都得到了广泛的景仰，几乎是被广泛地模仿。看起来像是每个人都在模仿或者运用他的作品，区别无非是有些人增添了自己的贡献，有些人却什么都不提供。盗版也大量出现。比如1774年，一个名叫威廉·胡佩尔（William Hooper，活跃于18世纪70年代）的人在英国出版了他编辑的作品《理性的娱乐》，完全就是把德拉·波尔塔、奥扎南尤其是居约的作品杂糅在一起，然后进行了一点修改。胡佩尔还相当准确地捕捉了理性娱乐的目标："达成有效的学习，不是无聊的、乏味的……而是灵巧的、易达成的……并且是以令人愉悦的、引人入胜的方式。"[12]

通过将大众科学元素与流行的娱乐活动相结合的方式，德国的自然魔法作品也开始借鉴居约的创新以及他关于隐显墨水的说明。这些自然魔法书包含的实验性物理知识越来越少，带有物理效果的精彩表演却越来越多。它们将启蒙运动的理想概括为与所有的迷信去战斗。这些把戏都是基于科学的，而不是什么魔鬼的作用或者巫术。如同德克朗揭露平内蒂是骗子一样，德国的自然科学家也与骗子战斗，曝光他们那些把戏背后的科学道理。他们给读者的展示那些骗子的天花乱坠的言辞不过是苍白的胡说八道，希望以此启蒙读者。

德国翻译家约翰·滕恩（Johann Thenn）翻译了居约的四卷本

作品《娱乐》（Recreations），并在其中加入了一些对这部书的改动。最引人注目的是，在隐显墨水的部分，翻译本比原作要长，增添了更多细节。它包含了令人眼花缭乱的六种隐显墨水，还包括法语原版著作中并不存在的铜版印刷的图表。当德国那些写作自然魔法的作者编纂相关著作时，他们根据的是居约作品的德文译本，而不是法文的原作。

约翰·克里斯蒂安·维格雷普（Johann Christian Wiegleb，1732～1800）、约翰·萨缪尔·哈勒（Johann Samuel Halle）、克里斯特利布·贝尔迪克特·芬克（Christlieb Benedict Funk）关于自然魔法的作品都发表于1779～1783年，他们开始着重讲述和说明表演者关于隐显墨水的把戏，运用、修改并且增加了居约有关"秘密书写"的部分。他们的书籍以"理性娱乐"运动为基础并予以推动和改进，而这些运动又为启蒙运动中新出现的受教育阶层提供了很好的娱乐活动。这些作品里包含了实验以及运用电学、催眠和光学的证明，讲述了各式各样的纸牌游戏、命理学、保存酸梅的神秘配方，以及制造魔镜的指南。[13]

在这一系列关于自然魔法的里程碑式的作品中，约翰·克里斯蒂安·维格雷普的《源于消遣和有效魔术技巧的自然魔法》（*Natural Magic Made from Amusements and Useful Magic Tricks*）是一部令人震撼的代表作。它于1779年首次出版，在戈特弗里德·罗森塔尔（Gottfried Erich Rosenthal）的帮助下，维格雷普的书重印了无数次，到1800年时它已经蓬勃发展到二十卷之多。维格雷普是启蒙运动时代德国最有学识、最受尊敬的药剂师和化学家之一。在图林根，他以"来自朗根萨尔察（Langensalza）的药剂师"而闻名，但他可不仅仅是一名药剂师这么简单。作为一名律师的儿子，他原本该成为一名神职人员，但后来他在德累斯顿（Dresden）发现了一个药房，并决心成为一名学徒。维格雷普对自己六年的学徒生涯感到痛苦而失望，他感到那些雇佣工对待学徒简直像是对待"奴隶"。他们做的所有事情都是"训练"，对要学习的东西死记硬背，那内容既不上口也没什么道理。结果，维格雷普只好自学化学，他给自己规划了一个非常宽泛的学习项目，阅读大量他能从这个药房的小图书馆里找到的化学文献。[14]

尽管他的医药学教育历程让他备感失望，维格雷普还是变成了一名雇佣工并且返回自己的家乡朗根萨尔察来打理一家药店，最终他自己也开了一家药店。自己开店以后，他开始更加严格地学习化学。他在自己的药房实验室里做实验，在家里的图书馆写作论文和书籍，拿去给最好的期刊和最棒的出版商发表。到18世纪80年代晚期，在最新形成的化学家职业共同体当中，维格雷普已经变成了最著名的化学家之一。在1780年，他的肖像——展示着他严肃的表情、短假发、高鼻梁和一副典型的启蒙运动时期科学家的瘦长脸孔——已经登上了德国最好的学术期刊的扉页。这也是第一次有化学家的肖像出现在学术期刊上。卡尔·胡夫鲍尔（Karl Hufbauer）记录道："维格雷普是一名来自小镇的药剂师，唯一令他声望卓著的是他作为一名化学家的身份。"[15]

尽管他广泛地被18世纪的科学家共同体熟知与尊敬，但在地方小镇朗根萨尔察他更多地被当成是一名药剂师。如同英国人C. R. 霍普森（C. R. Hopson）在1789年所提及的："德国的药剂师……在那个国家……比其他任何领域的人都掌握更多的化学知识。"[16] 所以一方面，维格雷普在他自己的时代被当成受人尊敬的、博学的化学家，但在另一方面，他在历史中更持久的声誉来自他的自然魔法书籍。

维格雷普并不是自己主动接触自然魔法这个主题的，是他的出版商克里斯托弗·尼古拉（Christoph Friedrich Nicolai）找到他，请他修改并扩充一本关于自然魔法的畅销书。该书作者是一名身份模糊的药剂师,名叫约翰尼斯·马蒂乌斯(Johannes Nicolaus Martius)。尼古拉希望对该书予以更新,内容囊括18世纪出现的那些炫目的化学和物理知识。马蒂乌斯的大作最初是一篇专注于医药治疗的拉丁文论文,于1717年用德文发表。到了1751年,这本马蒂乌斯的自然魔法书已经出现了无数的版本,被多次印刷。他对运用自然魔法去治疗疾病很感兴趣,而"自然魔法"这个短语吸引了大量好奇的读者。

在维格雷普手中,那本旧式的自然魔法书籍焕然一新。该书的前言部分介绍了魔术的自然属性,并且新增了关于新科学的篇章,还在一个扩展了的讲述化学魔术与娱乐活动的篇章中加入了隐显墨水的部分。最重要的是,维格雷普清晰地表达了他对迷信的憎恶,他希望"魔鬼在地球上的工作"完全被真正的自然法则与数学摧毁。他感到十分有趣的是,仅仅从他当时的时代后退五十年,人们就还相信地精和幽灵是栖居在大自然之中的,王子们甚至拿出奖赏,告诉人们无论捉到活的还是死的都可以获得奖励。他相信有些骗子还会用魔术来欺骗那些容易轻信的人。他清晰地声明,书中这些新魔术与黑魔法或是巫术完全无关。它是自然的、白色的魔法。魔术展示的是一种艺术,虽然看起来超越了自然的力量,但实际上它真的能够被自然法则解释。大多数魔术师的花招都基于速度或者精心的准备。[17]

人们对自然魔法兴趣的爆炸性增长与便携式化学柜的出现是同步的。在1791年,德国的著名化学家、药剂师约翰·弗雷德里希·奥古斯特·戈特林(Johann Friedrich August Göttling,1753~1809)制造了世界上最早的"便携式化学箱"之一。它被广泛地描述为"一个便携式化学箱,或者是化学实验的全方位收藏。可以使用它的人群包括:化学家、药剂师、矿物学者、冶金学者、科学艺术家、手工制造者、农民和自然哲学的培育者"。有趣的是,试管从未被提及。戈特林推荐使用一个红酒杯来混合化学物品，进行有关色彩和沉淀等不需要加热的反应实验。他思考设计这种箱子的时候不仅是为职业化学家提供工具箱，而且认为它应该能被用于"介绍化学知识和娱乐活动"。他还建议在维格雷普和罗森塔尔的自然魔法书籍中寻求关于"化学小把戏"的咨询意见。[18]

在文艺复兴时期，尽管隐形墨水是一种奇观，并且引发了人们的巨大兴趣和好奇，但它并没有普遍地在各式各样的珍奇屋中展示。尽管曾有一瓶瓶这样的墨水被置于珍奇屋中，但它们从未被置于突出的位置。文艺复兴之后，在启蒙运动时期，类似的珍奇屋整体在减少，但此时隐形墨水终于被置于柜子之中，这种柜子可是20世纪化学实验装置的先驱。18世纪的便携式化学箱里都是一些奇妙的物品，在外观上就极其吸引人。自然魔法的传统与这些便携式化学柜一起，最终将引导现代化学装置的设计和市场推广。

19世纪初的德国和英国出现了越来越多的化学柜，它们被越来越多的女士和先生广泛接受。这些柜子的生产商将大众科学运动资本化，他们的柜子被用于广受关注的公共讲座和演示证明。在启蒙运动时期，大部分大众科学的著作集中关注物理和数学，以及它们所衍生的幻觉与效应，但到了19世纪早期，化学大规模地加入了这种潮流。简·马舍特（Jane Marcet）的《化学谈话》（*Conversations in Chemistry*，1805）为化学的流行做出了贡献，因为他用日常的例子和对话体的语言解释了很多概念。[19]

同样在此时，"化学反应"这种说法似乎已经代替了早先更宽泛的"合理的反应""科学的反应"等说辞。在约翰·格里芬（John J. Griffin）广为流行的著作《化学娱乐》（*Chemical Recreations*，此书自1834年开始在整个19世纪前后共出版了十个版本）里，他囊括了关于埃罗隐显墨水的讨论，并且介绍了与之相关的一些故事。到这个世纪中叶，一家名为"格里芬和儿子们"的英国公司也开始制造、销售11种不同种类的化学柜，几乎在将近五十年的时间里统治了这个市场，直到第一次世界大战爆发。[20]

在这种新的自然魔法的狂热之下，隐显墨水变成了大众科学的柱石。维格雷普的出版商甚至想要把他新的自然魔法书中的几页用这种墨水来制作以提高销量。不幸的是，维格雷普实在是太忙了，没有时间去获取氯化钴，这东西有时候是很难找到的。尼克莱后来也没有继续跟进这个想法，即便后来维格雷普给他推荐了其他一些可能可以找到这种墨水的化学家，事情还是无疾而终。（在我们这个充满法律诉讼的时代，这样的建议肯定会被否决，因为读者可能会伤到自己，或者书本有可能自燃起来。）[21]

早期那些充满秘密和德拉·波尔塔式的"自然魔法"的现代书籍，此时已经演变为新型自然魔法书和"理性娱乐"，类似于现代在世俗舞台表演的魔术，或是社交小游戏之类。跟德拉·波尔塔的"自然魔法"不一样，到了该世纪末，这些神奇的娱乐活动，包含那些依靠新科学的技艺表演和客厅游戏，更像是那些从一顶帽子里拽出一只兔子的娴熟表演，而不再是对自然奇观的描述。

16世纪是那些记载秘密的书籍的黄金年代，隐形墨水的配方偶尔会被记载入书中，但更多的是一些基本的"厨房配方"，只用最基本的日常材料。比如说，一个配方会建议把明矾书写的信纸放在水里蘸一下，这样那些字迹就会由白色变黑；或者会建议去将无花果树的树枝研磨成粉末，来让隐形文字显影。在启蒙运动早期，埃罗总结了六种隐显墨水，对每一种都详细说明了一种使隐形文字显影的方法。实验者可以对一封秘密信件进行染色、用海绵擦拭，或是喷涂一种液体，还可以把它在空气中舞动，撒上一些粉末，放到火上烘烤，或是在水中将其浸湿，不同的办法完全取决于隐藏消息时用的是什么种类

第六章 魔 术

的墨水。有一种隐显墨水是因埃罗而闻名于世的,就是那种加热即显影、冷却后再次隐形的。当法国的推广者和维格雷普接触这种产品时,它已经被改造成不同的种类,以便人们可以在会客厅中用它变出非常漂亮的小魔术来娱乐,其中可变化的风景画是最早风靡巴黎大街小巷的娱乐产品。很多其他产品随之而来:"命运之书"、"神谕信笺"、魔力肖像画、神奇护符、西比尔(女巫)及魔力花瓶。

继德拉·波尔塔之后,隐形书写有了极大的发展。最具创造性的隐显墨水为那些自然魔术师的表演剧目所用。17世纪,最初的"魔术师墨水"之一——危险的三硫化二砷(也被称为"远距离作用的魔力之水")已经出现,它可以穿透书本。埃罗隐显墨水亦紧随而至,这两种墨水的效果都带有新兴"理性娱乐"的色彩。接下来,魔术表演型的隐显墨水也加入该家族,它们运用幻象和科学知识来娱乐观众或是家里的客人。

当时有一种流行的魔术游戏,名为"命运之书",也叫"运气之书"。它使用常规墨水写下一个问题,然后用隐显墨水来书写答案。做游戏的人会按照说明制作一本七八十页的书,有一个秘密的隔板装置放在封底。魔术师会用普通墨水写一个问题,再用氧化铅或是铋制作的隐显墨水写好答案。可见的问题会被列在一个目录表中。此后,再将两页纸浸入一种由生石灰或是三硫化二砷做成的"生机勃勃的"墨水中,将其放入封底的隔板装置里。此后,观众会选择一个问题。魔术师会将这个问题写在一张纸上,把纸放到书中写好答案的那一页,合上书,重击书本,在书上施加较大的重量。当他再打开书时,藏好的"生机勃勃的"墨水就已经将答案显影出来。这种技艺表演方式说明所用的墨水是用液体或者液体的蒸气制作的。

让-雅克·卢梭(Jean-Jacques Rousseau,1712~1778)是最著名

的法国哲学家之一，他也用危险的生石灰和三硫化二砷做实验。1736年，此时的卢梭还是一名年轻人，而埃罗也还没有发表他对隐显墨水的发现。卢梭试图复制一种隐显墨水实验，这一实验可能源自一名物理教授的指导，也可能得到了奥扎南《数学娱乐》的帮助。当他将生石灰和三硫化二砷的混合液体灌满一瓶后，瓶中开始"暴烈地沸腾"。他赶紧跑去把瓶塞拔下来，但太晚了。液体炸到了他的脸上，"像一颗炸弹"。他吞下了很多粉尘和三硫化二坤，这几乎要了他的命。整整六个星期，他什么也看不到。在此之后他的健康状况也大大受损。他感到"呼吸短促，有一种憋闷的感觉，会不自觉地叹气，心悸，甚至会吐血；随后他开始低烧"[22]，从此之后他再也没有痊愈。这也是我们在实验室没有重复这个实验的原因之一，我们在此也警告读者不要去尝试，尽管在早期的大众科学著作中，这种配方被随意且频繁地使用着。

很多带着传统自然魔法特点的配方在不断增长的化学魔术世界中慢慢地找到了自己的路径，这点不足为奇。19世纪中期，维多利亚风格的客厅魔术发展至高峰期，与此同时出现了新的化学魔术，它也是自然魔法和理性娱乐运动共同作用的结果。化学与其他自然科学不同的特点使得它成为特别适合魔术表演的独特学科。魔术师鼓励那些表演者把化学实验纳入他们的客厅魔术。类似《魔术师专用书》这种手册也鼓励业余魔术师去学习光学的、力学的或是磁力的幻象。到19世纪末，在德国、美国和英国，化学魔术已经发展成为一种特殊的魔术类型。

20世纪早期，很多魔术师已经变成了"科学戏法表演者"。埃利斯·斯坦（Ellis Stanyon）"教授"在他位于西汉普斯特的魔术学校里还开设了"火与化学魔术"的课程。斯坦的魔术学校不像哈利·波特的霍格沃茨魔法学校那么有名，它强调科学，并没有任何巫术的操作。尽管如此，在戏剧性的色彩变化之下，斯坦认为他们取得了"最终的、真正的魔术"。[23]

1909年，魔术师威廉·林奈特（William Linnett）在美国魔术师协会做了一次论文报告，宣称化学对于魔术有独特的适应性，并且推荐所有的魔术师去熟悉化学。[24]很多魔术师真心接受了他的建议，但也有一些人只是对魔术中的色彩变化感到着迷。约翰·D.林普（John D. Lippy）是一名化学家和业余魔术师，他给魔术师写了一本名为《化学魔术》的指导手册，将它献给"所有将魔术变成艺术的魔术师"。1959年，这本书在美国出版，得到教师的推荐，称它是一本"为教师准备的精美的参考书，尤其那些立志呈现戏剧性的实验来普及科学信息的人"。[25]

林普还请世界著名魔术师哈利·布莱克斯顿给他的书作序。在序言中，布莱克斯顿以炼金师的追求开头，称尽管魔法书与凯美克拉夫特公司的化学教具相伴多年，但现代世界是基于"物理原则"而非"黑色艺术"。不过，他声称"魔术与我们同在——不是指黑魔法，而是那些娱乐性的，最好的魔术使人兴奋至极"，而且魔术师"能够开启化学的秘密"。虽然布莱克斯顿排斥炼金术士和他们冗长的废话，他仍然认为炼金术本身是有价值的，因为它的两位继承人正是化学和魔术。[26]

凯美克拉夫特公司的化学教具带有东方炼金术士的特点，在魔术的传统中增添了更多的神秘性。进入20世纪在职业魔术舞台上，东方元素是很常见的。尽管如此，该产品说明中的一些言论还是会冒犯到21世纪的读者的耳朵，比如有的建议是将助手假扮成埃塞俄比亚奴隶，"用烧焦的软木来把他的脸和胳膊涂黑"，然后给他起一个"妙极了"的名字，像是科拉（Kola）或者罗塔（Rota）之类。[27]

图17：化学物品套装，Kristi Eide 摄影

除了利用魔术传统，凯美克拉夫特公司的化学产品也与20世纪初期的新政治环境相关。"格里芬和儿子们"公司在"一战"前统治了化学柜市场，但"一战"时德国停止出口一些必需的化学品，英国和法国也重新寻找它们的限制性化学资源。1914年，当欧洲国家之间的敌意彻底爆发时，美国凯美克拉夫特公司趁机进入市场，将维多利亚时期的化学柜改造成一种玩具——20世纪的化学套装。哈罗德·波特（Harold Porter）和约翰·波特（John Porter）设立了凯美克拉夫特生产线，它与维多利亚时期的化学魔术传统非常相似。早期的化学套装是用木头制作的，但它也有与后来的金属套装一样的侧门设计。尽管脱胎于魔术传统，它很快就发展成教育性的玩具。[28] 正是借着这种魔术式的玩具，隐形墨水进入了20世纪美国人的视野，以它神奇的色彩变化吸引了大量年轻人。

第六章 魔 术

《金甲虫》

19世纪，自然魔法的传统、维多利亚时期科学和化学的娱乐活动，以及世俗魔术舞台的出现共同推动了隐形墨水在魔术世界中的发展，但并不限于魔术和科学的领域，在文学和文化领域它也给人们留下持久的印象。

19世纪中期，很多美国人对代码、密码和隐形墨水充满兴趣。这个主题布满了像《格雷厄姆和美元》这样的流行杂志。埃德加·爱伦·坡（Edgar Allan Poe，1809～1849）是对密码和隐形墨水持有浓厚兴趣的最著名的美国人之一。爱伦·坡因为他哥特式的、沉思性的诗歌和短故事而被世人铭记，但他也写过几篇关于秘密书写的文章。该主题引起了人们的广泛兴趣，他为此感到开心，甚至资助发起竞赛来挑战他的读者，让他们给自己发送密码来由他破译。在短篇故事《金甲虫》的写作中他也极大地运用了这种兴趣。更重要的是，他的作品激发了几十年后美国最杰出的密码破译者对此主题的最初兴趣，这个人就是威廉·F. 弗里德曼（William F. Friedman），他是美国伟大的密码解译者，曾经在"二战"期间破译过日本的"紫色代码"。当他还是个孩子的时候，他"会兴奋地谈起他在爱伦·坡的《金甲虫》当中发现的一个新世界"。他对爱伦·坡有关隐藏宝藏的故事是如此着迷，以至于在接下来的一生中，都"准备浪费时间"给任何类似的"让他解密的信息"。[29] 研究爱伦·坡的学者托马斯·马博特（Thomas Mabbott）认为，《金甲虫》是人类历史上最流行、被最多模仿的短篇小说之一，它也给上百部电视剧和电影带来了创作灵感。例如，罗伯特·路易斯·斯蒂文森（Robert Louis Stevenson）在1883年发表的寻宝小说《金银岛》，就清晰地受到了"寻找隐藏宝藏"这一主题的启发。据说在19世纪还有一个真实的寻宝故事：1885年出现了一本名为《比勒的论文》的小册子，讲述了一笔在1819～1821年被埋藏在弗吉尼亚、至今也没被人们发现的巨大财富。寻宝者受到了"比勒密码"的激励，他们还在一直寻找那笔失踪了的宝藏。[30] 当然，也可能有更早的故事启发了爱伦·坡和斯蒂文森。

《金甲虫》最早于1843年在费城的《美元》杂志发表，讲述的是一位叫威廉·勒格朗（William Legrand）的人追寻隐藏于南卡莱罗纳州苏利文岛的宝藏的故事。他与一名黑人奴隶朱庇特居住在那里。在离他们的小屋不远的大陆上有一片荒凉海滩，勒格朗找到了一只令人震惊的金甲虫和一张刻画着骷髅头图案的羊皮纸，他希望金甲虫能够带他直通新发现的财富。小说中，当故事的叙述者去看望勒格朗时，他已经把那只金甲虫借给岛上的一名博物学者，并且把那张羊皮纸一直塞在口袋里。勒格朗对自己的发现极其兴奋，给他的朋友和拜访者展示了一张金甲虫的图像，匿名的叙述者借机在羊皮纸上画下了金甲虫。当叙述者仔细查看那羊皮纸，并把它拿到火焰处以便看得更仔细时，他看到的不再是金甲虫，而是一个头骨或者说是死者的头颅。勒格朗和叙述者都不知道，此前头骨被画师用隐形墨水画在了羊皮纸的背面，只有把羊皮纸放在火边时才能显影。

一开始勒格朗怀疑是热能帮助他发现了那图像，后来他告诉叙述者，"你知道了那些化学物质是早就存在的，从很久以前起就存在，是依靠那时可能的办法去写的……所以当拿到火边时，那些字母也会变得可见"。很显然，勒格朗或者说是爱伦·坡熟悉钴蓝釉和锑化钴的特性。根据勒格朗所说，当前者溶于盐酸并被水稀释后，它会产生出一种浅绿色的色彩，而后者溶于硝酸时会呈现出红色。作者和小说中的角色也都知道钴溶液可以生产隐形墨水，被加热时显影，然后冷却时又会消失。很快，勒格朗意识到纸上可能写着更多的东西，他"立即点燃火焰，将羊皮纸的每一部分都拿到闪耀的

第六章 魔术

热火旁查看"[31]。

最先看到的一些标记中是一个小孩子的形象，但在那个头骨印记和孩子的形象之间还隔着巨大的鸿沟，勒格朗怀疑秘密就藏在这些象征性的标记之间。他得出结论，认为寻宝者丢失了一份寻找宝藏的说明，而眼前这页薄薄的羊皮纸可能就带有隐藏的指南，对此他很坚持。他将羊皮纸文书置于火焰之前，但什么也没有显现出来。他用温水清洗了这张文书，然后把它放在一个热的罐子上面，头骨的图像向下。此时勒格朗的"欢乐无法表达"，因为红色的字母开始以竖行的格式显示出来，他得到了一份加密的文字。[32]

当他最终将四行文字解密，宝藏埋藏的地点也显现出来。这次历险的神奇特质被爱伦·坡大大强化。他描写了勒格朗如何走向藏宝地点，将金甲虫固定在鞭绳的末端，"来回转动，他像是一名魔术师"[33]。

爱伦·坡的这个故事通常被认为是关于密码的文学作品，隐形墨水却极少有人提及。勒格朗用侦探一般的技巧解开了古怪的头骨之谜，他重新梳理了所有让头骨显影的事件，推导出一定是因为加热导致的。这个线索让他意识到了一种隐藏信息的存在。换言之，如果勒格朗没有加热羊皮纸，那条密码信息永远也不会被发现。《金甲虫》不仅是一个简单的关于密码的虚构故事，它也很巧妙地展示了密码和隐形墨水是如何联手创造出最有可能实现的、最难被破解的加密术。

埃罗在1737年发明的钴隐显墨水标志着隐形墨水的发展进入了一个全新的时代。在那以前，囚徒、情人和间谍在使用隐形墨水来隐藏逃亡计划、秘密的情书或是反对政府的密谋时，使用方式仍旧相当原始。在18世纪，既可以显影又能消失的神奇墨水被发现后，立即捕捉了一系列新鲜人群的想象力，激发了隐形墨水的新应用。它吸引了科学家，给诗人以灵感，还刺激了魔术戏法的发展。从让·埃罗到爱伦·坡生活的百余年内，公众对于科学和隐形书写的兴趣有了巨大的增长。钴隐显墨水从法国皇家科学院的精英写作转移到了《美元》杂志这样的大众媒体。

从爱伦·坡的时代，一直到19世纪末期，化学家运用色彩的变化以及可变化的风景画来向公众展示化学原理，同时也给他们带来娱乐。到这时，他们已经知道，为了变化为美妙的蓝色，氯化钴被加热时（在无水状态）会失去一个水分子。

尽管隐形墨水已经走向大众，在整个19世纪并没有创新性的有关隐显墨水的课程出现，看起来也没有人发展出新的化学组合。实际上，这是一个属于钴的世纪。在世界各地，人们持续被钴的崇高地位所迷醉，他们被变化的风景画、天气娃娃、魔术游戏和色彩变化所呈现的美丽景象深深吸引。那神奇的色彩变化在人们的眼中就像是绿松石一般的加勒比海在白色的沙滩上延展。

隐形书写在严肃意义上的运用和发展在战争时期得到了极大的增长和强化，成为秘密通信的一个基本组成部分。在与国际关系中的阴谋诡计联系之余，隐形墨水也使人想起自然奇观与魔术的世界，这点同等重要。因为对于科学家而言，这是他们对于自然世界的激情的起点。很多科学家已经声称，在他们小时候，是含有隐形墨水的化学教具套装激发了他们对科学的兴趣。他们并不孤单。钴隐显墨水的魔力也捕获了视觉艺术家，同时它也启迪了文学与诗歌的想象力，并且进入了大众科学和舞台魔术的世界。

第七章

秘密墨水之战

The Secret-Ink War

场景一

在伦敦塔等待受刑时,卡尔·弗雷德里克·穆勒(Carl Frederick Muller)很平静。1915年6月23日早上6点,他在刑场上与八位行刑队员逐个握手,并说他理解他们只是在奉命行事。外科医生把他领到受刑椅前,椅子和牢固的木桩绑在一起。穆勒静静地坐下,外科医生用皮带把他绑在椅子上,蒙上他的双眼。行刑队员举起步枪,对准穆勒胸部开枪。子弹从他的胸部进入,贯穿他的身体,他当场死亡。[1]

但在行刑前一天晚上,58岁的来自波罗的海的德国人穆勒还紧张得要命。他整夜抽泣,要求见妻子和孩子。[2] 英国人逮捕这个身着燕尾服的高大男子时,他狭长而憔悴的面容上似乎永远带着忧伤的神情。他海象形状的胡子则让他更显悲情。穆勒否认自己是德国情报部门的间谍，但他的背景使他成为完美的间谍。

穆勒并不是第一次世界大战期间第一个被枪决的德国间谍，也不是最后一个。间谍们前仆后继，迅速彼此替代，仅仅在1914~1916年的几年间，英国卫兵就枪决了十一名被控间谍罪的德国人（其中仅1915年就有九人）。令人难以置信的是，穆勒连同其他几个德国间谍的命运，都与柠檬的使用息息相关。

场景二

英国邮政审查局的办公室里堆满了装满信件的麻袋，审查员为了找到一封可疑邮件而历经磕磕绊绊，将麻袋里的信一封一封地摞在办公桌上。到战争结束时，大约4200位审查员平均每月已审阅了数以百万计的邮件。而在1914年战争爆发时，审查系统只有七名雇员。除了传统的审查——删除或抹杀军事秘密——英国人开始以反间谍为目的开展邮件拦截，并试图从中读取秘密信息。

审查员中大约3000人是女性。女性比例如此之高的原因之一是大量男性已经应征入伍。女性还是廉价劳动力，她们的收入比男同事少得多。除此之外，在反间谍的战斗中，英国人认为女人有第六感，更容易查出可疑信件。女人们很快认识到，那些不知所云的信件最可疑，她们的正确率甚至能达到九成。[3]

虽然用于破译密码的所谓黑室（Black Chamber）早在17世纪就出现在欧洲，但"一战"期间，审查员已经能每日检查数百封信件。英国邮政审查局大概是人类历史上最大、最成功的邮件和有线通信的监控、拦截力量。[4] 这是一个真正的帝国，它的触角从英国延伸到欧洲、非洲之角和加勒比海地区。

图 18：卡尔·弗雷德里克·穆勒

审查员发现间谍的关键在于监控中立国的掩护地址。否则，这将真正是一个大海捞针的工作，因为每天都会有约 37.5 万封新邮件被送到审查局，每月大概有上百万封。每当英国的军事反间谍部门——军情五处——监测到德国人新的掩护地址，这个地址就会被放在黑名单上，给这个地址写信的人都会被监控。战争中，共有 13524 人因此被监控。[5]

柠檬汁间谍

像许多其他的德国间谍一样，穆勒因英国审查体系的反间谍努力而落网。1857 年，一对德国夫妇在俄罗斯的波罗的海港口城市里堡（Libau）生下穆勒。穆勒声称他在年轻时失去了双亲，被当时是市长的叔叔抚养长大。除了在里堡学会了俄语和德语，穆勒还在旅行和在轮船公司工作期间学会了荷兰语、佛兰芒语（比利时荷兰语的旧名称——译注）和英语。

穆勒在 16 岁时就出海了，他的航海事业让他从汉堡的美国轮船公司一路来到纽约，并与挪威籍妻子结婚。最终他携家人搬到了比利时安特卫普，开了一家小旅店。妻子去世后，穆勒又到了荷兰鹿特丹，在一家英国公司检查货物。一次离奇患病后，他回到安特卫普，在那里他与英国人一起经商，管理德国轮船的货物。大家都以为他是德国人。[6]

1914 年 8 月 4 日，德国入侵比利时，德军迅速占领了这个中立国。10 月，德军轰炸安特卫普时，大约只有 5000 人还住在那里。德国士兵在安特卫普寻找住宿和补给，不久，他们中的许多人住进了穆勒家里。[7]

德国情报部门很有可能就是在这段时间招募了穆勒，因为占领之下的安特卫普已经成为德国间谍活动的中心。这里有对英情报工作的主要基地——德军战争情报中心，以及著名的间谍学校。该校校长是具有传奇色彩的埃尔斯贝特·施拉格穆勒（Elsbeth Schragmüller）博士，江湖人称弗劳伦（Fräulein）博士——她是一名具有博士头衔的神秘金发女子。直到受刑日，穆勒本人都没有透露他被招募的任何信息，并否认自己是一名间谍。

1915 年 1 月 9 日，穆勒登上一艘船，从安特卫普横渡英吉利海峡航行到英国港口城市赫尔。在伦敦下榻旅馆之前，他遍访旧友，试图建立一个间谍网络。

不到 3 个星期，穆勒就开始与他的上司进行秘密通信。2 月 3 日，他用黑色墨水给一位不存在的客户写信表示要推迟交货时间。但在这封看似无害的信件的字里行间，他报告了英军的动向——显然，

15000名英军已经取道南安普顿向法国进发。穆勒并不知道,英国邮政审查局截获了这封信。[8]第二天,他又写了一封秘密墨水信件,同样也被截获了。截获当日,穆勒离开伦敦前往鹿特丹。由于鹿特丹是毫无争议的"荷兰间谍之都",他很可能在安特卫普经过初步训练后,在鹿特丹与上司接头。由于此地有"港口、定期开往英国的货船和巨大的德国人社群",再加上荷兰是中立国,使鹿特丹成为交换文件和接头的理想地点。[9]

当穆勒重返他在2月下榻的吉尔福德街38号旅店时,伦敦警察局刑侦科的巴克利警官已经带着搜查令找上门来。显然他不是通过截获的邮件顺藤摸瓜找来的,他已经听说穆勒是一个间谍。但这次搜查最终毫无斩获,警察局也封存了案卷。

出人意料的是,伦敦警察局的这次造访并未吓住穆勒,他的间谍活动并未收敛。几天后,他又写了一封秘密书信。同时,为了扩大间谍网络,他联系了伦敦的一位面包师——约翰·哈恩(John Hahn),他们在安特卫普结识。这后来被证明是一个严重的错误。

穆勒首次造访面包店时,身材短粗、胡子刮得干干净净的哈恩在店门口迎接了他,但他们只短暂地交谈了几句,因为哈恩正在揉面团,不能长谈。由于不想就此粗鲁地打发穆勒,哈恩邀请他下次再来。穆勒在周日的下午茶时间又不请自来。[10]

哈恩似乎是穆勒间谍网成员的理想人选。他在英国出生、长大,但他的父母是德国人。他在布雷斯劳市学会了烤面包,随后回到英国开了一家面包店,但生意举步维艰,不得不向老丈人借钱。战争爆发时,英国弥漫着反德情绪,哈恩的商店在骚乱中多次遭到袭击。手头缺钱、心怀不满的哈恩接受了穆勒的招募。但穆勒没有料到,问题接踵而至。

直到2月底,穆勒一直在教授哈恩如何用柠檬书写。穆勒让哈恩写信给欧洲大陆的一位联系人,并称那人也许能帮助哈恩找到合适的工作。哈恩用普通文本写下了这封信,与此同时,穆勒则用柠檬汁写了一封德文信。哈恩在妻子离开办公室的时候取来了一颗柠檬,穆勒"给他演示把它放在火焰之上"[11]。哈恩随后从他家附近的邮箱中寄出信件。很快,这封信被截获了。

当穆勒联系他在桑德兰的朋友时,哈恩决定自己给那位工作联系人写一封信。他还在信纸背面用柠檬汁详细写道:有4000~5000人驻扎在曼彻斯特运河。哈恩提及穆勒时用了他的代号"A. E. 111",并用自己的真实姓名签署了密信! 英国邮局截获这封信并检测出秘密内容后,将之转发给了伦敦警察局的巴西尔·汤姆森(Basil Thomson)爵士。由此,找到哈恩易如反掌。

收到这封信的当天,伦敦警察局就派特别部门的探员乔治·莱利(George Riley)搜查面包店并讯问哈恩。当时哈恩外出,他的夫人就让莱利直接搜查。他在一个五斗柜上发现了一支绿色笔杆,并在一个抽屉里发现了一片柠檬。这片柠檬仍然多汁,上面有穿刺过的痕迹。莱利还发现了吸墨纸,并在一个时钟后面发现了笔尖。当他对着光源举起吸墨纸时,上面的压痕显示出穆勒的地址。

莱利一直等到晚上10点半,哈恩才回家。莱利讯问哈恩是否有同伙,正当哈恩将穆勒的事情和盘托出时,莱利戏剧性地拿出柠檬。"柠檬!"哈恩惊呼。他随后被逮捕,并被带到警察局问话。

虽然曾经哈恩似乎是一个不错的间谍人选,但穆勒没有注意到一件事:哈恩是一个憨厚的人,并不适合从事暗中的工作。

第二天,另一名探员爱德华·帕克(Edward Parker)来到穆勒位于吉尔福德街的住所。经过一个半小时的等待,穆勒终于到场,探员以间谍罪为名逮捕了他。

帕克和警察搜查了穆勒的房间,发现了一些信件和一本地址簿。

图 19: C. A. 米切尔

最具说服力的是，他们还在梳妆台的抽屉里发现了三片柠檬、脱脂棉和两支笔。穆勒抗议，并要求知晓搜查的原因。他伸出颤抖的双手，讲述他在安特卫普时经历的地狱般的遭遇。警方并未表达同情，警长继续搜查并在穆勒的大衣口袋里找出一片柠檬。当帕克问穆勒柠檬的用途时，穆勒指着自己的嘴说："我的牙齿。"[12]

不必说，想用柠檬来清洁牙齿而不是腐蚀牙齿，这是多么可笑而难以置信。那是1915年，已经是20世纪了！为了检验柠檬汁证据，审查办公室请来了墨水化学专家查尔斯·安斯沃思·米切尔（Charles Ainsworth Mitchell，1867～1948），他后来成了英国最受尊敬的法医科学家之一。他富有亲和力，很快成了新成立的分析师协会的"支柱"。尽管他将大部分时间用于在显微镜前眯眼观察、著述科学和刑事方面的论著，但他也挤出时间到法庭作证，案件类别包括下毒、遗嘱伪造以及第一次世界大战的柠檬汁间谍案。他还具有文艺气质，甚至写过一些短篇小说和诗歌。[13]

在接下来的几天里，米切尔检查了从穆勒和哈恩的家中搜出的证物。他检测了两支笔和柠檬片，查看是否有铁离子存在。当他检查穆勒房间里的马诺斯牌钢笔时，发现它有被柠檬汁的酸性腐蚀的痕迹，且上面有柠檬的细胞物质。当他测试柠檬片时，也得到了相应的结果——柠檬片上有笔尖穿过的痕迹。当米切尔检查哈恩的笔尖时发现，为了防止腐蚀，笔尖已被打蜡，但是，仍然留下了柠檬的细胞物质。[14] 新鲜多汁的柠檬片在穆勒和哈恩的庭审中成了主要证据。这个柠檬仍然存于英国国家档案馆。差不多一百年后，它不再是黄色，也不再多汁，而是黑而干瘪。

被捕后，穆勒和哈恩被单独带到伦敦塔，两人都不知道对方被捕。除了诸如间谍信件、用于书写的柠檬汁、多汁的黄柠檬等呈堂证供，英国当局还用了十一天时间从一大群接触过这些间谍的目击者那里搜集了证据。[15]

穆勒拒绝承认对间谍罪的指控，而哈恩则认罪。穆勒说，他只是在为一位记者收集信息，那些信息全部是垃圾和想象，而且在安特卫普有能给他平反的证据。当局不相信穆勒的任何供述，他被认为是一个危险的间谍，并被送到中央刑事法院，等待枪决。哈恩的刑罚则轻得多，他被判处七年有期徒刑，这主要是由于他刚被雇用。[16]

1915 年 6 月 22 日，穆勒被带上一辆出租车，从布里克斯顿监狱出发，到伦敦塔执行枪决。但这辆车在午餐时间出了故障，还引来了围观人群。当人们看到车里一个外国人夹在两个穿制服的警察中间正朝伦敦塔行进时，人群中爆发出呼喊："德国间谍！"但警方很快雇了另一辆出租车，穆勒被平安无事地带到伦敦塔的刑场。[17]

由于对穆勒的审判是秘密进行的，德国情报部门在很长时间内都没有听到关于他被行刑的消息，即使在被广泛报道的安东·库普费勒（Anton Küpferle）案中曾提到穆勒和哈恩。德国人继续给两位间谍支

图20：已经发黑的柠檬

付佣金，而英国人继续以两位间谍的名义发送虚假信息。来自德国的资金让英国特勤局得以添置一辆汽车，英国官员还骄傲地将其命名为"穆勒"。[18]

1914~1918年，英国当局调查了120名疑似活跃在英国的间谍，并最终将其中30人定罪。穆勒是第二个在伦敦塔被枪毙的间谍。此前，在伦敦塔被枪毙的第一个间谍是臭名昭著的卡尔·罗迪（Carl Lody）。

与对穆勒的秘密审判和执行不同，罗迪的案件成了头条新闻。他的公开审判和执行当然是要杀鸡儆猴，威慑后来的德国间谍。但情况不止于此。英国当局被罗迪魅惑了，他拒不认罪，他表示自己是一个爱国的"体面人"，而不是一个卑微的间谍。他写信给他的妹妹汉娜称他"在为祖国服务"，这让他更容易接受死亡："我会作为一名公务员而死，而不是当间谍。"[19]

死期到来时，罗迪问宪兵司令的助手："我猜想你不会愿意与一

第七章　秘密墨水之战

名德国间谍握手，对吗？"对方回答："是的，我不愿意。但我会与勇敢的人握手。"就是这样，卡尔·罗迪于1914年11月6日周五早上7点被行刑。[20]

与穆勒的情况相似，英国当局通过邮政审查部门的邮件拦截发现了罗迪。他的失误在于他给德国写信时使用的掩护地址已经在英国的监控下。德国当局用许多无辜者的地址作掩护。英国人很快就罗列出了一份德国掩护地址的黑名单。[21]

可能是因为罗迪显然没有用秘密书写（至少没有公布这样的证据），他之后的几位间谍都被告知要使用隐形墨水。但由于1915年一些使用柠檬汁的间谍被抓捕，间谍头目并没来得及告诉他们更先进的隐形墨水配方。在战争最初的几年，英国调查人员只发现一起使用更加复杂的隐形墨水的案件。

两位最著名的使用隐形墨水的德国间谍最终并未被判死刑。但这并不是因为英国人同情他们，或认为他们不那么邪恶。

安东·库普费勒自称是瑞士裔美国公民，他在1912年加入美籍后改名为安东尼·柯博利（Anthony Copperlee）。事实上，他出生于德国，他的父亲可能在他9岁时就已经带他来到美国。在1915年2月到英国之前，他似乎已经在欧美大陆之间往返数次。此前的1月，他刚刚获得了美国护照，并且不再当羊毛商人。英国人不喜欢他，称他为"愚蠢的普鲁士人"，他"头发僵硬、直立、戴着圆眼镜"，操着"难以辨识的美国口音"。[22] 他的立场也难以扭转旁人对他的印象——他赞成对英军进行毒气战，因为那能造成"惊人的死亡人数"。

库普费勒是第一个因与鹿特丹的德国情报部门的掩护地址通信而被英国监视和抓获的间谍。审查员用电熨斗加热了三封库普费勒的邮件，发现上面有"陆军和海军的重要信息"。英国人很快就找到了库

图 21:审查员埃利奥特

普费勒,因为他用自己的真实姓名写信,还写了他的住址——伦敦威尔顿酒店。[23]

从 2 月 14 日库普费勒抵达利物浦开始,英国反间谍部门就开始监控他,搜集证据以备起诉。库普费勒的送信地址也曾被穆勒和哈恩使用过,这成了英国方面怀疑他的主要原因。一位聪明且眼尖的女检查员在第六感的作用下标记了这封信。可以肯定的是,他的信里写到他已经安全抵达利物浦,准备第二天去伦敦,并将在当周晚些时候去鹿特丹——这正是在描述他跨越大西洋时看到的英国战舰的情况,如果信寄出去,后果不堪设想。[24]

这位女审查员的名字是梅布尔·比阿特丽斯·埃利奥特(Mable Beatrice Elliot),正是她加热信件并发现了库普费勒的间谍身份。同样是她发现了穆勒和哈恩的秘密信件。在取得这些战绩时,她还只是一名副检查员,但她的技巧、敏锐的观察力以及组织能力得到了赏识,她随后晋升为邮政审查局助理审查长。接下来的一年,她受命监督审查局里的 3000 名女审查员。尽管埃利奥特获得了大英帝国员佐勋章（M. B. E.）和其他嘉奖，但在她生前，她在破获间谍团伙案件中起到的重要作用从未被提及。[25]

几天后，警方逮捕了库普费勒并指控他从事间谍活动。警察把他带到了伦敦警察局，探员在他身上搜出了他在利物浦曾用过的信纸，还在他包里发现了两颗柠檬、一瓶标有"L. 弗里希，德国药剂师，布鲁克林，纽约"的福尔马林溶液。探员还从库普费勒的胸前口袋里搜出了一支笔，笔尖上还沾着柠檬汁，这是最佳证据。柠檬汁间谍捕手米切尔随后被请来验明证据。

庭审第一天，埃利奥特出示了证据，库普费勒感到在劫难逃了，他不想继续第二天的庭审。尽管他二十四小时都在监控之下，当晚他还是上吊自杀了。他用丝巾绑住脖子，把另一端系在金属窗栅上，站到一本从图书馆借来的书上，再把书一脚踢开。警卫发现他的时候，他的尸体仍然温热，但已经无法起死回生。

他不想撒谎了，在监狱的墙上留下了惊人的告白："我出生在德国巴登的拉施塔特，我是德国军人。"像罗迪一样，库普费勒宣称自己"不会作为一个间谍而死，而是作为一名军人"。[26]

库普费勒的案件和他在监狱里戏剧性的自杀登上头条新闻。现在全世界都知道他的自杀，他的监狱遗书[27]，他用过的柠檬汁和福尔马林。

在伦敦塔被枪决的十一名德国间谍中，至少四名曾用柠檬汁书写秘密信息。柠檬或柠檬汁往往成为定罪的主要证据。难以想象，科学技术如此发达的德国仍在用如此原始的隐形墨水。它已经被使用了近三百年，连小学生都知道柠檬汁可以用作秘密书写。只需一点点来自蜡烛或烙铁的热量，就可以将其显影，即便加入福尔马林溶液也是一样。

第一次世界大战期间，间谍还使用醋、洋葱汁、唾液、尿液、乳汁、精液和其他现成的家用物品制造隐形墨水。

我们只能猜测德国人没有为早期间谍提供更精良的秘密书写材料的原因。也许在战争初期，德国人不知道英国的审查制度已经成熟、庞大到何种程度。毕竟，如果不是书信被拦截，这些间谍都不会败露。

在1915年损失了一批数量可观的柠檬汁间谍后，德国人开始开发更复杂的隐形墨水。但这次调整前，一位音乐家——考特尼·德·雷斯巴赫（Courtney de Rysbach）成功迷惑了英国警员，他们不清楚雷斯巴赫究竟用哪种墨水在乐谱的字行间写下了秘密信息。

奥地利裔英国人雷斯巴赫在英国是一个广为人知的杂耍艺人，也是一位喜剧演员，他能一边唱歌一边变戏法，还能在自行车上表演杂耍。战争爆发时，他正作为舞蹈家和表演艺术家在德国巡演，很快，他和其他外国人一起被关进了柏林的鲁勒本战俘营。在那里，一位德国情报官员问他是否愿意到英国为德国搜集情报并以此换取自由身。雷斯巴赫接受了，但他后来声称他只打算收集一些"垃圾"。[28]

1915年7月，英国邮政审查局截获了四张乐谱，上面明显有秘密书写的痕迹。其中一张是《爱的阶梯》的乐谱，其他都是《去往都柏林的路上》的乐谱。雷斯巴赫不断索要钱财，他在《爱的阶梯》乐谱上提及，他需要钱来买通自己的弟弟以获取海军机密。在另一份乐谱上，他抱怨说，他已经用过"24张报纸、8封信和2封电报"来要钱了，仍然无济于事。他还写道，"在报纸上秘密书写已经被发现且被严密监控"，因此他开始在五线谱的内侧进行秘密书写。[29]

起初探员们认为雷斯巴赫会像其他德国间谍一样用柠檬汁作为隐形墨水，因为他们在他的未婚妻艾娜·格雷厄姆（Ena Graham）小姐的酒店房间的炉台上发现了半颗柠檬，另一半则在浴室，并已经用于制作柠檬水。探员们还在格雷厄姆小姐的行李箱中发现了笔尖。

图 22：乐谱上的秘密墨水

这颗柠檬显然是个谜。柯蒂斯·贝内特（Crutis Bennett）盘问了苏缇酒店（Sutties）的经理："我不想让这些柠檬有任何秘密，你能否告诉我，你知不知道这些柠檬的汁液是否被挤到玻璃杯里做柠檬水？"经理表示是她本人挤的柠檬水，并让服务生把这些柠檬水送到了餐厅，在那里，雷斯巴赫和他的未婚妻将柠檬水一饮而尽。检察官怀疑服务员撒了谎。他们认为，雷斯巴赫将柠檬汁偷偷藏起来进行秘密书写。[30]

随后，米切尔再次被请来作证。他声称证物笔尖上有柠檬细胞物质和柠檬酸，但他并没有被要求检查乐谱。他总结说，这支笔尖已被用于"蘸着柠檬汁书写"。雷斯巴赫则说："我只想说：他是错的。"

后来雷斯巴赫承认他曾用法国品牌欧雅的发蜡进行秘密书写。探员们确实在他的行李箱里发现了这种发蜡。发蜡是一种油腻物质，可以让头发变得直而有光泽。说起发蜡，人们通常会联想到20世纪50年代摇滚明星的发型，比如猫王。从雷斯巴赫的照片来看，他似乎在用发蜡塑造发型。

发蜡是从石油中提取的物质，它并不是天然的秘密墨水。但德国情报部门已经开始用家居物品来掩护秘密墨水，如医药、肥皂、牙膏、漱口水、香水甚至发蜡。英国一直没有发现雷斯巴赫究竟是用什么与发蜡混合制成了秘密墨水，但邮政审查局的化学专家用黑墨水和硫化铁的溶液使这种秘密墨水显影。

邮政审查局的化学家不能确定乐谱上的秘密墨水究竟是发蜡还是仅仅是柠檬水。当来自剑桥的化学家约翰·普莱斯·米林顿（John Price Millington）被检察官问及此事时，他还是不确定："说清楚是非常困难的，因为许多材料都可以用这种方式进行显影，比如果汁。"

当检察官执意质问米林顿是否能辨别这种物质时，他只好语无伦次地回答："我不能——哦，我想我能。上帝啊！我想我能说这不是用柠檬水写的，除非在极其特殊的情况下。"[31]

原来，发蜡被加热时显现出的颜色并不像柠檬汁被加热时那么深。但当它被涂以黑墨水和硫化铁溶液时会变得更容易看到。

更复杂的是，英国邮政审查局的检测部门的结论是，雷斯巴赫的秘密墨水是牙膏和亚铁氰化钾的混合物。无论这是何种物质，该案标志着秘密墨水从简单的柠檬汁向更复杂的配方过渡。

尽管雷斯巴赫被判有罪，但他并没有像前辈一样被执行死刑，部分原因在于没有足够的证据来反驳他在德国曾被拘禁过的说法。最后他被判处终身监禁。

审查在加强

毫无疑问，邮政审查系统——特别是它的邮件拦截部门——在抓捕德国间谍的过程中起到重大作用。在伦敦警察局和战争初期新成立的军情五处的共同努力下，它成为英国反间谍活动的重要组成部分。

军情五处和伦敦警察局之所以调查穆勒、哈恩和库普费勒是因为一名线人告诉军情五处一个住在鹿特丹的人是德国间谍。他的邮政地址被用于为德国领事馆的间谍活动当掩护。军情五处截获并检查所有发送到该地址的邮件，并在一个月之内逮捕了这三个人。[32]

在早期取得这些成功之后，邮政审查局搬进作战部，并迅速成立了化学和代码部门——通常也被称为检测部门——以支持审查员检测可疑信件。早在1914年11月末，一位实验科学家就开始作为贸易审查助理开展工作。审查局雇用了化学家和物理学家，并精心编制了一个公文单据系统用以梳理及膝高的装满信件的麻袋。[33]

英国邮政审查制度是一个真正的帝国组织。我们可以从中读出英帝国主义，还可以从中了解英国的殖民地，但如果不是亲眼看到记录其庞大规模的文件,我们很难猜到英国审查帝国的庞大程度。在档案中,抬头为"帝国审查"的书信随处可见、数量惊人,它们来自英国殖民地:加勒比海、百慕大、非洲之角、澳大利亚和中东。

英国人深知审查局的影响力和权力。1920年,英国记者、作家悉尼·西奥多·费尔斯特德(Sidney Theodore Felstead)如此评论道:"邮政审查的重要性在于它几乎给予我们跟整个世界通信的能力。"[34]这个世界性的监控体系比通达全球的万维网和美国国家安全局早了一个世纪!值得注意的是,英国人的全球监控工作是纯人工进行的。

在成为英国邮政审查局化学部门的负责人时,斯坦利·W.柯林斯(Stanley W. Collins,1882~1954)博士已经是一名具有传奇色彩的秘密墨水检测专家。常驻伦敦的柯林斯曾在伦敦的国王学院学习,并在两次世界大战期间作为首席科学专家服务于战争办公室的邮政审查局。他的秘密工作备受好评,并因此在1920年荣获大英帝国勋章和法国学术界棕榈叶勋章,还在1947年荣获挪威自由十字架勋章。尽管他在秘密墨水研究圈声名鹊起,他的生活则基本上保持了低调。他的照片不曾公开,也没有主流媒体公开发表过他的讣告。尽管他曾用"喜爱和享受"的笔触描写过检测部门,在1954年去世前,他并没有出版过任何关于秘密战争工作的文章或书籍。[35]他的研究从未公之于众,也许他的研究成果是用隐形墨水写的……

柯林斯是英国首屈一指的秘密墨水专家,这一名声部分缘于美国密码破译专家赫伯特·雅德利(Herbert Yardley)的介绍,他在1931年出版了畅销解密著作《美国黑室》。雅德利和他在美国战争部的年轻的同事们发现柯林斯是一个友好的人。在1918年夏天,美国参战的几个月后,柯林斯在华盛顿特区进行了为期两个月的访问,讲解了许多有关秘密墨水的间谍故事。美国战争部请柯林斯来帮助雅德利和

图 23：秘密墨水研究实验室

美国密码破译部门成立一个新的秘密墨水实验室。1931 年之前，没有人听说过柯林斯。有别于大众分析师米切尔，柯林斯并不是因为他的出版物而出名。不过，柯林斯的秘密墨水讲座中有许多德国间谍在英国活动的案例。[36]

事实上，柯林斯后被派往美国，对美军情报部门进行指导。此前也有多位美国军事情报官员在 1917 年访问英国的实验室。1918 年 5 月初，柯林斯来到纽约，参观了美国的邮政审查部门。该机构位于曼哈顿下城，由埃米特·K. 卡弗（Emmett K. Carver）上尉负责。这里的实验室大概只有一间浴室那么大。

图 24：秘密墨水检测室

5月底，柯林斯来到位于华盛顿的军情总部。在那里，他会见了总部的负责人拉尔夫·冯·德曼（Ralph Van Deman）上校。德曼上校正在重组战争部的军情部门，并急于成立一个科学部门。柯林斯在那里为约150名官员做了一场生动的讲座。

柯林斯随后回到纽约，将卡弗的浴室大小的实验室扩大为一个15米×9米的实验室，外加一个暗房，原来的小房间则用于一些特殊作业。这个部门又雇用了一位化学家和五位女助理。另一个独立但类似的实验室也在华盛顿设立。

8月初，柯林斯终于完成了他在美国的指导工作，回到了英国。

卡弗上尉与柯林斯一同赴英,试图在建立有效的检测部门方面获取更多的信息和建议。[37]

尽管柯林斯和雅德利分享了很多秘密墨水的知识,他从来没有提到使用柠檬汁的德国间谍。他可能不知道这类的案例,因为他入职后不久,德军开始改进秘密墨水配方。德国人不仅开始采用比果汁更先进的墨水配方,而且开始用药瓶、香皂和其他家用物品隐藏秘密墨水。由此,秘密墨水的拉锯战开始了。

一旦英国人发现了一种显影秘密信息的方法,德国人就用更好的隐藏措施和更安全的秘密配方进行回击。起初,英国用三四种不同的显影剂"刷拭"使秘密信息显影——这种方法有时又被称为"大不列颠三叉戟"。[38]如果信中有秘密书写的痕迹,往往会有一种显影剂可以奏效。但是,英国人开始使用这种方法后,德国人很快研制出了一种新的秘密墨水,这种墨水需要一种特定的显影剂来读取。换句话说,最不安全的墨水可以通过多种化学品来显影,因此,问题的关键在于找到只能通过很少的化学品甚或只有一种化学品进行显影的秘密墨水。这对盟军的秘密墨水魔术师提出了很大的挑战,他们的梦想是研制一种普适的显影剂,可以读取所有的秘密信息。

他们朝这个梦想迈出的第一步是碘蒸气实验。法国人、英国人、德国人都声称在第一次世界大战期间开发出了这种方法,但实际上,早在19世纪,比利时从事法务工作的化学家就曾用它来揭露诈骗犯的书信内容。古斯塔夫·布鲁朗(Gustave Bruylants,1850~1925)曾师从德国有机化学专家奥古斯特·克库勒(August Kekul),后者是当时欧洲最著名的化学家之一。他的同事、军事学院教授莱昂·戈迪(Léon Gody)发现:用碘蒸气熏蒸信纸时,有秘密书写痕迹的地方会变为蓝紫色。[39](参见附录)

不论信纸是用秘密墨水书写过还是刮蹭过,都能用碘蒸气有效

图 25：检测员在工作

显影。这种方法也被用来检测在粗糙表面上的指纹。当人们在纸上书写时，就会扰动纸张纤维。用这一方法，英国人可以读取许多秘密信件。但突然之间，这一方法不再奏效了。德国人命令间谍在秘密书写后再次用蒸气或烙铁使纸张表面归于平滑，或将纸张浸水，甚至在另外一张纸上写字，同时将信纸垫在下面形成复写。

德国人不仅改善了秘密墨水及其使用方法，还开始更巧妙地隐藏秘密墨水。在几个用药瓶装秘密墨水的德国间谍被抓现行之后，德国方面开始用秘密墨水浸透衣服，包括内衣、手帕、袜子、围巾、帽子、垫肩、吊带、外套衣领、领带和鞋带。

于是，在这场斗智斗勇的拉锯战中，天平又倒向了德国人一边。英国和法国只好开始拼命寻找一种真正通用的显影剂。尽管赫伯特·雅德利在他的解密著作里透露了许多秘密，但他没有揭示这种通用显影剂的成分，并声称那将是不道德的做法。现在，几乎一百年以后，这个秘密终于可以透露。令人惊奇的是，除了秘密档案之外，我们还可以在"一战"期间和此后二十年间的法国法医学公开出版物中找到这种通用显影剂的使用方法。

埃德蒙·洛卡尔（Edmond Locard，1872～1966）的办公室位于法国里昂的一所法院阴暗的阁楼里。这个身材纤长、皮肤黝黑的法国人长着鹰钩鼻和薄薄的黑胡子。他在1910年创造了第一个警察法医科学实验室。作为伟大的法医学先驱亚历山大·拉卡桑（Alexandre Lacassagne）的学生，洛卡尔学习了医学和法律，并成为拉卡桑在里昂大学的继任者。当他还是个孩子的时候，洛卡尔喜欢读柯南·道尔的"福尔摩斯系列"。当他成为一个知名的成人犯罪学家时，他被称为法国的福尔摩斯。[40] 他写就了法医科学领域中《圣经》般的著作——七卷本的《论犯罪》，其中最出名的是他的原则："每次接触都会留下痕迹。"

洛卡尔的实验室也参与了第一次世界大战的反间谍行动，包括检测隐形墨水。他的一个职员将碘化钾溶解在盐酸中，并加入碘、钠、氯化铝和蒸馏水（更危险的配方中还加入了甘油）作为普遍显影剂。[41]

用棉签蘸上这种红色液体刷过可疑信件，即可将隐藏信息显影。像碘蒸气实验一样，它可以显现出纸纤维受到干扰，即使这张纸被重新浸泡过。但说到底，几种显影剂中只有一种真正奏效。即使它被冠以通用显影剂的名字，它通常需要在其他显影剂和显影方法的协同作用下才能奏效。

在第一次世界大战期间，出现了另一种通用方法，调查人员可以在不必损坏或销毁信纸的前提下查看隐形墨水信件。间谍捕手慢慢地开始使用石英灯——或紫外线灯——使秘密信息显影。当囚犯们用尿液、唾液、柠檬汁或牛奶等秘密墨水写的信件被置于紫外线灯下，秘密信息会发出荧光，但很快会再次变得不可见，且不留一点痕迹。调查人员可以在字迹淡去之前拍照存证，并将之提交法庭。这些发荧光的秘密墨水信件的照片一旦交给陪审团，就会产生轰动的效果。[42]

发臭的墨水

英国的反间谍部门花了大量时间试图检测敌人的秘密墨水配方，同时英国对外情报机关军情六处也尝试自创新配方。其中一些配方极其复杂，但也有一些是简单的有机配方。情报人员特别喜欢用血液、唾液、尿液和精液等体液做实验，这些物质唾手可得。利用体液的一个优点是，这些物质不会构成罪证，但问题的关键在于用这些物质能否逃过万能显影剂碘蒸气这一劫。

军情六处的负责人曼斯菲尔德·卡明（Mansfield Cumming）开始向伦敦大学的同事寻求新配方。1915年秋天，作战总指挥部军情部门的副主任沃尔特·柯克（Walter Kirk）从卡明那里听到了一些有趣的消息。卡明告诉柯克，他认为"最好的隐形墨水是精液"。由于调查人员急于找到一种便于使用的天然物质，"C"先生在得知审查局副局长F. V. 沃辛顿（F. V. Worthington）发现精液不会被碘蒸气显影时十分得意（尽管后者没有提及精液在被加热或是被紫外线灯照射时都会显影）。

军情六处调查人员认为他们解决了大问题，男人们兴高采烈地

图 26：美国秘密墨水实验室

开始实践这个新发现。显然，产生精液的主要方式是自慰。发现精液可以作为秘密墨水的那位探员因被严重嘲笑而不得不转职。驻哥本哈根的一位探员严肃对待了这一新发现，他"把它储存在一个瓶子里"，"由于他写的信把我们熏到天上去了，我们不得不告诉他每次写信时都要用点儿新鲜的"[43]。

当然，懂得利用精液、唾液、血液和尿液等体液的不仅是间谍。囚徒们明显是最大的秘密通信群体，但他们无法获得更复杂的方法。在世界大战期间，战俘们是更原始的秘密书写方法的活跃用户。事实上，英国邮政审查局截获了数以百计的战俘信件。他们中许多人用牛奶写秘密信息。其他常见的物质是柠檬汁、氯化钴、明矾、尿液和唾液。信中描述了凶险的战俘营状况和他们所在国的状况，以及一些军事信息。

由于囚犯被禁止写难民营的条件，战争双方都用秘密墨水写下了他们的恶劣遭遇。1915 年，一个德国人用牛奶作为隐形墨水写信给家人："我们战俘营不怎么样，它此前是一座洗衣房。你不会在德国找到这样的战俘营：四壁不遮风，屋顶不挡雨。"他们不得不睡在铺着稻草的木板上，这个战俘营里共有 500 名囚犯。[44]

英国囚犯也抱怨了德国的条件。一个受伤的士兵抱怨说，他和其他战俘被看守鞭打、脚踢、石击，甚至还被妇女和儿童吐口水。他们只能吃面包、喝白水，不得不睡在地板上——且面包太硬了，有一次，看守切割面包时竟然弄坏了刺刀。[45]

第八章

美国加入秘密墨水战争

1916年秋天,英国的邮政审查员打开了一封信,它来自一名极耐人寻味的间谍。他的名字叫乔治·沃克斯·培根(George Vaux Bacon),是一名美国记者,1916年9月被驻纽约的德国特务机构派到了英国。年轻的培根来自明尼苏达州,他身材瘦高,皮肤白皙,下巴内凹,有着浅红色的头发和浅蓝色的眼珠。他戴一副金丝边眼镜,显得颇有些知识分子气质。他的记者身份可不是假的。在被德国特务机构雇用之前,培根曾是个作家,也曾是《电影剧》(*Photoplay*)之类的小报记者,还曾在一家纽约的电影制作公司做过公关代表。[1]

英国反间谍机构一直纳闷为什么德国没有向英国派记者间谍,他们逮捕的大部分间谍都用商人身份作为掩护。培根抵达英国后,英国审查员很快截获了他的信件,这封信件被寄往荷兰鹿特丹的一个地址，令审查员疑窦顿生。培根很不走运，因为这个地址早已在英国情报机构的监控之下，军情五处早先就接到军情六处的消息，德国情报机构正用这个地址作为掩护。像英国方面之前逮捕的一些德国间谍一样，培根计划前往鹿特丹，英国反间谍机构决定跟踪他的行程。对于培根的调查牵出了更多的间谍，军情五处将他们称为"一个重要的美国谍帮"。这些间谍都是由住在纽约的德国间谍头目阿尔贝特·O. 桑德尔（Albert O. Sander）和卡尔·温嫩贝格（英语写为 Charles Wunnenberg，德语写为 Karl Wünnenberg）派至英国的。两个间谍头目伪装成记者，自称为中央力量电影公司工作。[2]

尽管在桑德尔和温嫩贝格抵达的时候，美国还是中立国，但它也一直在向协约国提供武器和补给。为了切断美国对协约国的支援，德国在美国东海岸进行了大规模的破坏行动。德国甚至将沃尔特·舍勒（Walter Scheele）博士等人派驻新泽西州霍博肯（Hoboken）市。舍勒曾发明香烟炸弹，他和他的间谍团伙涉嫌制造了 1916 年 7 月的黑汤姆岛爆炸案（Black Tom Explosion），这次爆炸震动了半个纽约，更将新泽西海岸最重要的军火库毁于一旦。舍勒事后逃往古巴。[3]

黑汤姆岛大爆炸后，温嫩贝格开始在纽约以戴维斯为化名与培根接触。他问培根是否愿意去英国为德国政府收集一些情报，主要的搜集方向包括英国的防空系统、军队动向、士气以及新战舰的情况。培根一开始顾虑间谍在英国的命运，但当间谍头目承诺给他一个可以自由开支的账户和每周 25 英镑的报酬后，培根答应了。[4]

培根询问如何将情报传递给位于纽约的间谍头目。"英国的审查员肯定会看到。"他紧张地说。"不会的，"桑德尔回答，"我会给你一个秘密武器，完全可以骗过审查员。"那个秘密武器其实就是一种新型的隐形墨水。在柠檬汁失败后，德国化学家发明出这种新墨水来增强安全性。

培根以为中央新闻社（Central Press）搜集战地照片为借口申领了一本护照。当他再次见到温嫩贝格时，对方问他："你有一双黑色的羊毛袜子吗？"

培根狐疑地看着温嫩贝格说，他有许多袜子，但刚好没有黑色的，于是他专程到商店里买了一双。随后，温嫩贝格拿出一管类似牙膏的东西，对他说："给我你的袜子。"培根看着温嫩贝格挤出棕色的膏体，在袜子的顶部厚厚地涂了一层。

"好了，这就是英国人永远不会发现的秘密墨水。"温嫩贝格信心十足地告诉培根。他指导培根将袜子的顶部泡在水里，再把水挤掉，那些挤出来的水就可以用来给荷兰写信了。他还告诉培根要用圆珠笔写，这样可以避免过多划痕；信纸要用糙纸，这样墨水更容易被吸收。[5]

现在培根已经全副武装准备好在英国做间谍工作了。抵达伦敦的第二天，他就试了试这种墨水。他"将袜子上有墨的一端浸泡在一杯水中，制成了颜色如苏格兰威士忌的浅棕色液体"。用这种秘密墨水，他把英国的情况详细地告诉了他在荷兰海牙的同事。几周后，他到荷兰与这名同事接头。那年秋天剩下的时间里，培根给纽约的杂志写了几篇文章。11月和12月，他在爱尔兰待了很长一段时间，一边躲避监视，一边搜集爱尔兰独立运动的情报传给同事。正当培根在爱尔兰时，英国反间谍机构行动了。培根收到了一封来自伦敦警察厅的来信，要求他为"秘密事务"去一趟。最初，英国的政府官员只是希望利用这次会面"把他吓跑"[6]，但培根觉得港口官员也许已经收到拦截他逃跑的通知，于是在12月9日准时出现在了伦敦警察厅。

尽管被警方再三逼问与荷兰人通信一事，但培根一口咬定完全不知道他们是特务。培根说,他只是想卖电影给那些荷兰人。警方完全不相信培根,并以疑似德国间谍为名拘留了他。[7]

警方搜查了培根的行李,之前的怀疑变得板上钉钉。他们发现了一些足以列为罪证的书写工具,包括浸着隐形墨水的袜子、圆珠笔、一瓶隐形墨水和一些糙纸。类似的证据还有培根的支票、他下榻的荷兰酒店的账单,他的笔记本里甚至还有荷兰特务头目的代号:丹尼斯。

培根此后被关押在伦敦南部的布里克斯顿监狱,突如其来的牢狱之灾让培根几近崩溃。最终英国人获得了出人意料的进展。1917年2月,培根主动写信给英国政府要求供述。伦敦警察厅的官员到达监狱时,培根表示如果能和盘托出所有秘密,他会好受许多。

培根向伦敦警方供述了他如何被桑德尔和温嫩贝格招募为间谍,以及在他们指导下用特殊的交流方式躲避审查。像其他间谍一样,他坚称自己并没有发送过有损英国的情报,他只是想通过与德国人合作来写一个关于间谍的有趣故事。

至于如何制作秘密墨水,培根自己也不清楚。他只知道如何通过浸泡袜子来获得墨水。英国人必须用光谱分析法来获知秘密墨水中的物质,从而尝试配比墨水溶液。通过分析,化学家认为培根和其他间谍使用的是一种含有银盐的蛋白物质,这种可溶性浅棕色粉末在市面上的名字是阿基洛(Argyrol)。阿基洛也用于除菌防腐。20世纪40年代,在磺胺药物和抗生素发明之前,阿基洛被用于防治淋病。当调查员拿着一瓶阿基洛审问培根时,他坚称只是用它作防腐剂,且不知道药粉怎么沾到了袜子上。

"袜子墨水"事件标志着德国的秘密墨水制法发生了重大变化。此前,英法反间谍机构曾发现过成分更简单的秘密墨水,比如藏在一块肥皂里的铁氰化钾和氯化铁,他们还在搜查可疑过境人员时发现有人在香水里藏匿醋酸铅。

但是现在德国人开始用复合成分制作秘密墨水了，两军之间比拼智力的拉锯战由此达到巅峰。德国化学家制作了超低浓度的溶液，它们的浓度范围在 1∶50000 到 1∶500000 之间。在如此稀释的溶液中探测到秘密墨水的成分已经十分困难；更麻烦的是，化学分析在这里也派不上用场，因为那些金属分子不会在普通显影剂作用下显现。

英国特勤机构随后雇用了著名物理学家托马斯·拉尔夫·默顿（Thomas Ralph Merton），他曾因健康状况不理想被拒绝入伍。柯林斯给了他少量的液体样本。默顿用光谱探测出微量的银，这正是涂在培根袜子上的秘密墨水的成分。[8]

与此同时，法国方面也发现了一些人的袜子和鞋带上藏有秘密墨水，其成分是有机蛋白银（主要成分与阿基洛相似）。法国和英国后来似乎在破解秘密墨水工作上有过合作。柯林斯领导英国邮政审查局化学部门奋力工作时，巴黎司法鉴定部则在"大调查官"加斯东·埃德蒙·培尔（Gaston Edmond Bayle，1879~1929）的领导下率先取得突破。[9]

培尔在 1915 年 1 月加入了法国警察局。此前，他曾经主修化学并在巴黎巴斯德研究所和法国铁路公司工作。[10]就在柯林斯的调查结果将数个德国间谍送至伦敦塔接受处决时，培尔的团队也将一些德国间谍送至巴黎文森地牢。德国人将之归咎于那些间谍之间互相背叛。不过，法国特勤机构的夏尔·卢先多（Charles Luciento）则鄙视地将其归咎于"德国化学家的笨拙"。他警告德国人，不要把那些"带着铁氰化钾肥皂和醋酸铅厕纸的间谍派到外国"[11]。

法国化学家用电解法——一种用电分离化学物质的方法——来使隐形书写显现。纸张是绝缘体，如果纸上有一丁点儿金属物质

（来自秘密墨水），电解时在新生金属介质的作用下——法国人在这里使用的是硝酸银和一种还原剂——那些物质都会沉积，由此显现出秘密信息。[12]

培尔在法国法医学界是个英雄。他聪明过人，用科学的方法解决了一个又一个悬案。当法国情报机构担心自家的信息安全时，培尔发明了特殊的秘密墨水，情报人员需要以固定的顺序用四种试剂写就信息。1918年5月，培尔将这种方法提交给法国战争部。至今没人能破解这种墨水，而这种墨水的成分也从未被公之于众。[13]

培尔喜欢"解开聪明的骗局"。他的这种破解能力使他在国际上享有盛誉，同时，那些被他用科学方法揭发的人也对他怀恨在心，一些人更是完全否认他们的罪行。1929年，培尔发现一个叫菲利博耐的游商通过伪造文书骗取了房东的钱财。为了报复，菲利博耐一大早就到警察局等着培尔。当培尔上楼的时候，菲利博耐对着他的后背连开三枪。培尔摇晃了一下，随即滚下楼梯，最终脸朝下四肢摊开趴在了地上，他的嘴里和地板上到处都是血。培尔当场死亡。当警察给菲利博耐戴上手铐时，他说："我的文件是真实的！我的遭遇足够让这个五个孩子的父亲死去！"[14]

尽管培根是个失败的间谍，英国人仍然认为他的墨水是"一流的"，而且是第一次世界大战期间制造出的最好的隐形墨水。而破解这种墨水也成了重大突破，邮政审查局因此建议国王和王后用这种墨水写一封密信，并在视察审查局的时候带给他们，作为对他们努力工作的感谢。国王和王后接纳了这个建议，他们的签名在显影剂的作用下成为棕色，化学家用硫代硫酸钠对信纸做了二次处理，以保证上面的文字永不褪色。如今，这封信已经被装裱起来，挂在英国反间谍部门的办公室里。[15]

柯林斯关于培根的秘密墨水的证词直接导致培根被判处死刑，他的罪名包括"帮助敌国搜集情报"和"与间谍来往",他最终被判处了绞刑。但美国官员力劝英国方面将之减为无期徒刑,从而保证培根能在审判其他间谍时出庭作证。英国国王同意了这次减刑。[16]

1919年,纽约法庭利用英国政府透露的信息判处温嫩贝格和桑德尔两年有期徒刑。两人先是坚称无罪,但当助理区检察官约翰·C. 诺克斯(John C. Knox)出人意料地出示了一份证据后,两人不再上诉了。司法部没收了桑德尔的所有纸张,包括一些空白纸。诺克斯向陪审团演示了德国秘密墨水的原理。当他将一张白纸浸入显影溶液时,纸上出现了许多字母;几分钟后,纸上完整地显现出桑德尔给位于荷兰的特务头目的工作报告。[17]

培根最终在美国被判处了一年有期徒刑。法官"非常反感把一个聪明的年轻人送进监狱"。[18] 这三个间谍都在亚特兰大的联邦监狱里服刑。培根在监狱里的编号是7097,他的入狱照片显示,那个六个月前满脸无辜远赴伦敦的培根已经一去不复返了。[19]

美国的第一个秘密墨水实验室

由于担心德国间谍在美国境内使用秘密墨水,美国军事情报部门的负责人拉尔夫·冯·德曼上校请哥伦比亚大学有机化学家马斯顿·T. 博格特(Marston T. Bogert,1868~1954)找人加入秘密墨水之战。博格特是在华盛顿新成立的国家研究委员会的主管。他找到了哈佛大学教授、诺贝尔化学奖获得者西奥多·威廉·理查兹,而理查兹又把这份差事转给了他的一个待业学生埃米特·K. 卡弗。24岁的卡弗来自爱荷华州,刚刚在理查兹那里拿到博士学位。1918年11月,卡弗在纽约的邮政审查办公室设立了一个临时实验室,这比军情部门在华盛顿开展密码暗号工作的时间还要早。不过此前,该部门也尝试

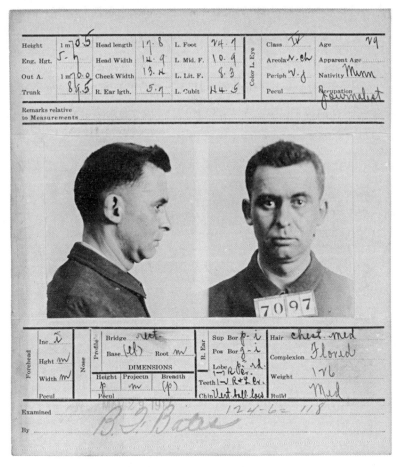

图 27：乔治·沃尔斯·培根的囚犯卡片

过发明秘密墨水，他们的得意之作是用稀释的血液，用它在纸上写的字迹不会被看到。[20]

　　密码暗号实验室直到 1918 年 7 月才正式投入运营。柯林斯也前来访问，并带来了英国秘密墨水实验室的具体规划。几个月后，狂热的卡弗就成功破译出了堪称美国历史上最危险的间谍的隐形书信。此时，卡弗和挂名的 A. J. 麦格雷尔中尉已经拥有了最先进的墨水实验室。从成立之初到 1919 年 2 月，实验室的技术人员以平均每周 2000 封的速度检查书信，并从其中 50 封里破解出秘密信息。在秘密墨水界，这样的成功率已经相当不错！[21]

美国军情八处的代号是 MI8，这是为了与英国的军情（MI）系统标识保持一致。军情八处一直在努力加速推进密码、暗号、速记和秘密墨水方面的工作。另一方面，美国伊利诺伊州一家私人研究机构河岸实验室（Riverbank Laboratory）也早已在这方面开展工作。实验室的所有者乔治·费边（George Fabyan）曾宣称莎士比亚的戏剧作品都是弗朗西斯·培根写的；为此，他成立实验室，请研究员从那些作品里找出蛛丝马迹来证明这一观点。费边是一个成功的棉花商人，还继承了一些财产，他对科学兴趣广泛，他的私人实验室也进行了一些基因研究。

费边雇用了一个刚从康奈尔大学毕业的博士生威廉·F. 弗里德曼来研究基因问题。不过很快，费边的兴趣转移到了密码和暗号，这让他成为美国首屈一指的密码破译和密码分析专家。第一次世界大战之初，河岸实验室帮助战争部破译了德国和墨西哥的密码和暗号。1917 年秋天，为了支援作战，实验室对 80 个学生进行了密码暗号破译培训。弗里德曼还编写了一些密码破译技术手册，这些手册由河岸出版社（Riverbank Publications）出版。[22]

1918 年，河岸实验室暗号部的一位技术人员也编制了一本关于秘密墨水的手册。这本手册令隐形信件的破译者和秘密墨水的发明者都十分受用。可以说，由于这本手册非常深入，调查员可以直接依据上面的内容开展检查工作。书中指出，大部分隐形信件都可以在加热、照射或用硝酸银处理时原形毕露；反过来说，发明秘密墨水的第一要义是避免被探测或是被怀疑。[23]

第八章　美国加入秘密墨水战争

金发的玛塔·哈里？

培根是德国人派到英国的间谍，最终被英国反间谍机构抓获，但是德国人同样在美国派驻了间谍（例如温嫩贝格和桑德尔）。作为与美国日益扩大的间谍战的重要部分，纽约市更是被德国情报部门重点关照。美国历史上最危险的间谍之一是一个略微发福但相貌标致的金发女子，她有一个西班牙人的名字——玛丽亚·德·维多利卡（Maria de Victorica）夫人。由于情报官误以为她是安特卫普间谍学校的负责人施拉格穆勒（Schragmüller），维多利卡也常被人误传是"从安特卫普来的金发美女"，后者的代号是"医生小姐"，是第一次世界大战中与玛塔·哈里齐名的最著名的女间谍。

维多利卡不是施拉格穆勒，也不是阿根廷人，尽管她的姓氏容易让人如此猜想。她生于一个普鲁士贵族家庭，家风严苛，富有责任感。在贵族学校里，她被要求喜怒不形于色，视金钱如粪土，热爱自己的国家。[24]她的父亲汉斯·冯·克雷奇曼（Hans von Kretschmann，1832~1899）是一个严厉的壮汉，有明亮的蓝色眼睛，白皙的皮肤，金色的头发，还有海象式的小胡子。他作为将军在普法战争中一战成名。虽然他不富有，但在与热罗姆·波拿巴（Jerome Bonaparte，拿破仑的幼弟——译注）的孙女珍妮·冯·古斯特（Jenny von Gustedt）伯爵成婚后，晋升为男爵。[25]

这对夫妇有两个性格迥异的女儿。大女儿丽莉·布劳恩（Lily Braun，1861~1916，出生时姓氏为冯·克雷奇曼）成为20世纪德国社会变革中最著名的女性。她是早期的女权主义者，提倡女性经济自由。作为家庭中的叛逆者，她与父亲逐渐疏远。她的父亲也不喜欢她抛头露面，蛊惑人心。

而1878年出生在东普鲁士的玛丽亚（Maria，也被称为

Mascha）比她传奇般的姐姐整整小 13 岁。童年的玛丽亚十分听话，遵从父母的价值观，并没有丽莉那样的叛逆倾向。[26] 她尊重并爱戴她的姐姐，后者的人生哲学和生活方式对她产生了深远影响。她也在姐姐家里住过很长时间，还在那里遇到了来自柏林大学的社会改革家和启蒙家。[27]

在大学时代，玛丽亚对现代艺术产生了浓厚的兴趣，还遇见了引领德国新艺术运动风潮的著名画家、图形艺术家奥托·艾克曼（Otto Eckmann）。他们结婚后，玛丽亚对丈夫百依百顺。她效仿姐姐在社会改革运动中的行事方式，在家里为先锋艺术家办起了沙龙。玛丽亚夫妇将蜜月目的地选在阿根廷的布宜诺斯艾利斯和智利的圣地亚哥。在那里，玛丽亚遇到了唐·奥古斯托·马特（Don Augusto Matte），此人是个对硝酸公司兴趣浓厚的银行家，后来成为智利驻柏林的大使。结婚四年后，艾克曼死于肺结核，玛丽亚开始享受自由身。由于前夫传染的一些慢性病，玛丽亚从此开始使用吗啡。她环游世界，学外语，还在德国的大学里获得了好几个学位，为杂志撰稿，还编写默剧剧本。[28]

在海德堡学习期间，她遇到了她的第二任丈夫。不过，后来她也坦承，这次婚姻颇为愚蠢。对方是智利裔的法国医生帕布罗·西蒙。结婚九个月后，西蒙精神崩溃并宣称谋杀了他的所有病人。玛丽亚离开他到智利游历五年。在那里她继续从事记者工作，此前，她在柏林时就已经在媒体界事业有成。她写倾向于德军和智利军的报道，还促成了好友马特的硝酸公司与德国政府的一桩交易。在此期间，德国外交部给了她一份"外交间谍"的工作。[29]

回到柏林以后，她继续为报纸撰稿，并成为德国当时唯一一位女编辑。她还为信息宣传局效力，这个部门后来也被外交部接管。此外，她还挤出时间给外交部的形象宣传片写剧本。

第八章　美国加入秘密墨水战争

1913年，她在汉堡与何塞·曼努埃尔·维多利卡（Jose Manuel Victorica）成婚，对方是一个英俊、神秘、曾周游列国的阿根廷绅士。他们并非因爱结缘，相反，他们几乎不认识对方。这桩婚姻无疑是驻汉堡的德国情报机构促成的，维多利卡这个姓氏让玛丽亚听起来像一个中立国的国民，这让她更容易伪装。[30]

1917年1月，维多利卡被派到纽约，她的上级是赫尔曼·韦塞尔斯（Hermann Wessels），一位化名为卡尔·罗迪格（Carl Rodiger）的间谍。她在1月21日从瑞典乘坐"伯根斯弗约德"（Bergensfjord）号抵达纽约港。她的围巾、丝袜上都沾着秘密墨水，她还带着笔、瓶装墨水和阿根廷护照。她的工作是写倾向德国的新闻报道，支持反英国的爱尔兰民族主义者，并发展间谍组织，最终在英国和其他协约国的战船上安放炸弹。此外，她还要给其他间谍配备她带来的秘密墨水。美国宣布参战后，她的间谍团伙开始策划偷袭美国的军工厂。[31]

直到1917年秋天，英国给雅德利和他的审查部门透露的消息才最终使维多利卡暴露。消息里并未提到维多利卡本人，而是一个纽约的地址。纽约刑警开始调查这一地址，并发现一些令人不寒而栗的隐形信件，他们立即将这些信件交给位于格林威治村华盛顿街的秘密墨水实验室。但这些信里的名字都是代号，很难对应到具体的人。

这是美国秘密墨水实验室接手的第一桩大案。在破解了一封接一封的秘密信件后，实验室里的人们惊讶地瞪大眼睛。从德国邮递员处截获的信件，法国、英国情报部门与美国共享的信件以及美国邮政部门截获的信件源源不断地被送到卡弗的办公桌上——这些信都在策划一起爆炸。有些信由于墨水停留时间太久难以破解；有时显影剂也不起作用，但卡弗最终找到了一封关键信件。这看似无辜的信表面上在讲述一个叫弗兰克的人的病情和恢复状况，但在间谍的暗语里，这往往是指一个间谍受到了监视，不再安全。检察员认为，这封信中可能有秘密信息。

卡弗在信上涂上了常用于破解德国隐形信件的显影剂。此时,他的团队也围拢过来,焦急地观望,但什么也没出现。卡弗随后换了一支毛刷蘸取了另一种试剂再次刷拭信纸表面。如此重复三次后,卡弗终于看到了微弱的字迹。他兴奋地宣布:"这是用'F'型墨水写就的,这里有秘密信息!"[32]哥伦比亚大学德国语言文学讲师朱莉安娜·哈斯科尔(Juliana Haskell)博士被临时调至审查部门工作。在她的帮助下,信件内容水落石出:写信者告诉收信人如何炸毁码头、爆破水银矿厂,并提供了六个中立国的掩护地址。[33]

阴谋并未就此终止。当卡弗和他的同事们在一堆信件中搜寻秘密情报时,他们又发现了一个令人不寒而栗的策划:一个德国间谍请她的领队向神父线人购买塑料神龛。他们计划把德国新研制的高性能定时炸弹放在其中的一个神像里,而找到那个可疑的神父几乎是不可能完成的任务。[34]

审查员很难确认这些信件的作者的身份,因为她的签名一再变化,有时是法国女名玛丽·德·福西耶,有时则是娘家姓冯·克雷奇曼,还有她第一任丈夫的姓氏。这位女子穿着貂皮大衣和长裙,戴着围巾、阔边帽子,手上还有镶着两颗钻石的戒指,流连在纽约各大时髦的酒店之间,成功躲避了警方的视线。

同时,调查局(联邦调查局的前身)的职员一直从截获的信件里找线索。在经历数个虚假爆料和失误后,他们终于获得突破性进展。

1918年4月3日和4日,助理检察官本杰明·A. 马修在亚特兰大的联邦监狱里探视了温嫩贝格和桑德尔。为了争取转到军事监狱服刑,两名囚犯供述了更多细节信息。温嫩贝格供出了同伙韦塞尔斯,后者的代号包括罗德、施罗尔、施罗杰等;而且他提到曾和维多利卡短暂会面。他透露,那次会面发生在尼克博克酒店(Knickerbocker

Hotel），当时维多利卡刚刚抵达纽约，她的任务是煽动爱尔兰人反对英国。马修很快把这些情况告诉了约翰·C. 诺克斯，并通报亚特兰大调查局和司法局。调查局很快派人巡查了尼克博克酒店，但维多利卡早已不见踪影，她只是在刚到纽约时在那里短暂停留。调查员又挨家搜查了纽约的酒店，寻找那个打扮浮夸、总是重金傍身、能用现金一次性支付房费的女人。

温嫩贝格的供述最终导致韦塞尔斯和维多利卡被捕。雅德利在1931年的著作中将其归因于成功的调查工作，这是不符合事实的。[35]

有趣的是，在温嫩贝格供述之前，维多利卡早就提醒过她的同事，温嫩贝格是"一个被捕后什么都会说出来的人"[36]。

据雅德利的记录，1918年4月18日黄昏时分，刑警们跟踪了一个16岁的少女。此人名叫玛格丽特·苏利文（Margaret Sullivan），是维多利卡的女佣。她带着一份报纸走进了宏伟的圣帕特里克教堂——这座教堂占据了纽约第五大道上50街和51街之间的街区。刑警们看到女孩在30号座位上跪地祈祷了片刻，随后把报纸留在了座位上，离开了教堂。当时教堂里唯一的朝圣者是个上了年纪的银发男子，他也拿着一份报纸，随后他走到女孩刚才的座位上，拿起了她留下的报纸。

这个男人离开教堂后，特勤人员对他进行了跟踪。他乘着一辆出租车到达了纽约宾夕法尼亚车站，随后乘火车前往长岛。据称他出站后走进了长滩上豪华的拿骚酒店，坐在富丽堂皇的大厅里吸了半小时的烟，然后离开。一个穿着黑色丝裙的金发女郎随后拿着一叠报纸来到大厅，她随手拿起了刚才男人留下的神秘报纸，若无其事地翻阅，然后起身离去。刑警们当即将她扣押，并在1918年4月27日依总统令正式将她逮捕。她的间谍头目在那叠报纸里给她和其他的间谍以及破坏分子塞了20000美元。[37]

探员艾玛·R. 珍泽（Emma R. Jentzer，调查局的第一位女探员；在一些报告里也用 E. R. 珍泽代替）和她的先生哈里·珍泽（Harry Jentzer）在旅馆里见到了维多利卡。维多利卡告诉他们，她在来美国之前就已重病缠身，还给他们看她的伤疤和淤青。她的医生后来报告说她必须从刺伤处释放出"大量的脓血"。她当着他们的面"在胳膊皮下注射了一支吗啡"，并解释她必须一直使用吗啡，否则无法走路。艾玛·R. 珍泽发现她"病情看来十分严重"。[38]

在她的房间里，探员们搜出了几支圆珠笔（当时在间谍圈外圆珠笔并不常见）和两条围巾。秘密墨水实验室后来在围巾上探测出了"F"型墨水。[39]雅德利的记录一半是虚假的，一半是真实的，主要是强调了那名不副实的"成功调查"。

柏林的华特·纳斯特（Walter Nernst）物理化学研究所曾给维多利卡配备了两条沾着秘密墨水的围巾。那里的化学家教给她用冷水浸泡围巾，再把围巾拧干。她还可以用醋溶解碘片制成墨水。[40]著名物理化学家约翰·艾格特和物理学家、科技历史学家汉斯·施曼克在战争时期都为这个研究所工作过。他们发现这种新型的墨水已经被德国海军用了很多年。[41]

对于雅德利的实验室来说，能使维多利卡的秘密墨水现身的显影剂也不是什么新鲜事。在他们截获并阅读的一封维多利卡的信件中，她提到"碘化钾"，并问她的"朋友"是否喜欢这种"特产"，因为"这比其他药好"。[42]

军情局认为维多利卡夫人和她的间谍团伙是美国加入第一次世界大战以来破获的最重要的案件，而那封关键信件则是他们遇到的最重要的情报。因为这些情报，他们得以提早通知战时工业委员会对全国的水银厂加强戒备。

秘密墨水局发现的情报也导致了许多人被逮捕，但其中被定罪的并不多。维多利卡在被捕之初向调查员提供了许多真实的线索（比如韦塞尔斯的代号），但也撒了不少谎。调查员后来威胁，如果她不将实情和盘托出，就不再给她供应吗啡。当时维多利卡的毒瘾已经非常严重，她一周三次开车去纽约领取吗啡。她的同伙，一个叫耶利米·奥利里的爱尔兰人也知道她的毒瘾，但他认为剥夺吗啡可能会起到相反的效果："那些该死的荷兰药水，已经彻底征服了她，如果你不给她那些药，她可能胡说八道。"[43]

维多利卡在许多案件中出庭作证，但她自己的案件最终没有进入法庭审理程序。当被关进伊利斯顿监狱后，她莫名其妙地染上肺炎，另一个德国间谍也有相同的遭遇。有传言说德国情报机构秘密感染了这两个暴露了同伙的叛徒。

不同于玛塔·哈里，也不同于在法国的无数女性间谍以及那些在英国用柠檬汁书写的间谍，维多利卡没有被处决，只是被关押在监狱里。1920年8月12日，她死于肺炎二次感染，死后被葬在纽约州肯斯科市（Kensico）的天堂之门墓园。尽管诺克斯和马修"从她身上获知甚少"，但"出于尊重"还是出席了她的葬礼。[44]

玛丽亚·冯·克雷奇曼被捕后，坊间即流传开关于这个"金发的玛塔·哈里"的各种传言，这主要是她自己散布的。雅德利的不实记录也助长了她的神秘性。她不停地撒谎，坚称自己是阿根廷人，还告诉调查人员她生于阿根廷，在少年时期移居德国。调查人员还真上钩了，并把这些信息原原本本地告知媒体。但只要他们去一趟图书馆就能看到玛丽亚的父亲在普法战争中给她母亲的书信合集。这些信是她和她姐姐1904年整理出版的。只要调查人员看到这本书，就会知道她是德国的冯·克雷奇曼家的女儿。关于冯·克雷奇曼的传言至今还在媒体上发酵，[45]而玛丽亚·冯·克雷奇曼的故事其实比小说还精彩。作为一个自由女性，她在文学和政治圈里的成就超过了许多身处更优渥环境中的女性。尽管她一直处在更加才华横溢的姐姐的阴影下，但作为德国当时唯一的女编辑以及一个运用才智而非身体的间谍，玛丽亚确实是个了不起的女性。

玛丽亚那沾着秘密墨水的围巾以及一些书信成了她曾从事间谍活动的证据。然而，一些德国间谍从始至终都没有被抓到。他们的自我隐藏方法往往要比复杂的化学式还要巧妙。

他们不仅用领口、鞋带、袜子、胸罩等衣物保留墨水，有些还直接用身体做信纸。导致的结果是，无辜的旅行者有时也被要求脱光衣服，并用喷雾检查他们身上是否藏有秘密信息。一位美国总领事和他的夫人就在德国和丹麦的边境遭到了这样的搜查，这令他们大为恼火。德国的边检员用一种化学制剂喷洒在他的衣服和身体上检查是否有隐形墨水，最终一无所获。[46] 间谍们甚至会把秘密信息刻在脚指甲上，这些则可以用煤粉检查出来。[47]

如果说在第一次世界大战期间，隐形墨水技术的发展比过去三百年还多，这可能并不夸张。协约国和德国的科技水平加速发展，化学家也发明出更巧妙的方法来制作、藏匿和显影秘密墨水。这是个完美风暴：化学获得了跨越发展，新的调查、情报和反间谍机构雇用了大量取证专家。协约国和德国的战争成了秘密墨水加速进化的催化剂。秘密墨水技术慢慢地与"大哥"密码学看齐了。

但这个故事还有更多意义。从英伦三岛到南、北美洲广袤的大陆，德国人将间谍网络沿着战争的东、西前线扩展。尽管许多间谍在英国和美国被捕，特工的工作在实际上拓展了外交的边界。[48]

德国外交部部长在所谓的"齐默尔曼电报"中邀请墨西哥在美国参战后加入同盟国。这封电报常常被视为美国加入战争的动因。但美国和英国联手在幕后上演的秘密间谍战早已使美国偏离了中立的立

场。伍德罗·威尔逊总统发表的参战讲话中引用了德国在美国开展的间谍破坏行动作为原因,而这与"齐默尔曼电报"同样重要:

> 普鲁士贵族不曾是也永远不会是我们的朋友,(因为)从这场战争开始,他们就用间谍给我们那邻里和谐的社区和政府办公室笼罩上了犯罪疑云。[49]

威尔逊是在培根、温嫩贝格和桑德尔被捕的几周后发表这番讲话的。他还赦免了培根,并把这个年轻人犯下的错误归咎于邪恶的普鲁士人设下的圈套。这些戏剧性的事件一定对威尔逊有所影响,促使他最终在1917年4月6日对德国宣战。

第九章

看得见的纳粹

Visible Nazis

  1941年3月18日晚上10点,纽约街头,两个操着外国口音的男子争论着怎么穿过车水马龙的街道走到对面的时代广场。年纪略大的男子不耐烦了,不顾交通灯指示强行冲进第七大道。他身材魁梧,皮肤黝黑,黑发,戴金丝边眼镜,看起来有五十多岁。很快,他迷失在时代广场不息的车流、混乱的交通灯和鼎沸的喇叭声中。走到一半,他不得不退回去。正在这时,一辆黄色出租车迎面撞上来,他在地上翻滚了几下,又被另一辆车撞晕过去。路人围拢过来,而他的同伴——一个身材矮小、金发、戴着厚厚的眼镜的北欧长相的男子——却在混乱中匆匆取走了他的棕色公文包。金发男子满脸通红,四下张望寻找出路。随后他回到人行道上,弓起身体离开了现场。[1]

  警方很快封闭了道路,把伤者抬到旁边的

商店里等待救援。十五分钟后,救护车赶来,把他送到了圣·文森医院。警方认定,伤者名叫唐·胡里奥·洛佩兹·里多(Don Julio Lopez Lido),是一个西班牙人。次日下午 4 点 30 分,里多不治身亡。²

如果不是那位同伴后来打电话到里多生前下榻的塔夫特酒店(如今的米开朗琪罗酒店),这次事件看起来只是一次普通的交通事故。塔夫特酒店是纳粹的最爱,由四座 22 层的摩天大楼组成,占据了第七大道上 51 街和 52 街之间的广阔空间。酒店外观原本平淡无奇,但因为底层挂着被誉为"电影大教堂"的洛克希剧院的华丽牌匾变得引人注目。由于内部空间巨大,塔夫特酒店被纳粹视为理想的藏身之所,不过这里很快就要被暴露了。

打电话的男子是一个纳粹间谍,名叫库尔特·弗雷德里克·路德维希(Kurt Frederick Ludwig)。他担心警方在里多的房间里找到定罪证据。当塔夫特酒店的夜班经理询问路德维希的身份时,他匆忙挂掉电话。这名经理随即叫来警察对里多的房间进行搜查。警方发现了一些没有商标的衣服和一些用德文而非西班牙文写就的文件,这惊动了联邦调查局。房间内的文件显示,死者的真名是乌里希·冯·德·奥斯顿(Ulrich von der Osten),他还有一个弟弟,住在丹佛。联邦调查局随后审讯了他的弟弟。在位于纽约洛克菲勒中心的英国安全协调局的帮助下,联邦调查局认定死者是德国军情和反间谍部门的少校,服务于阿勃维尔(Abwehr,德国军情机构——译注)。³

德·奥斯顿是阿勃维尔的高级情报官,曾被派驻西班牙,指挥美洲的纳粹间谍开展重要行动。他后来到过中国上海,并从那里途经夏威夷抵达纽约。联邦调查局截获了一份他用化名"康拉德"写的信件。这封要寄给"史密斯先生"的信里罗列了夏威夷珍珠港的防卫措施,包括地图和照片,详细程度令人毛骨悚然。德·奥斯顿在信中写道:"我们的日本盟友应该会对这感兴趣。"⁴

与此同时，在百慕大公主酒店的地下室里，英国审查员们截获到一些用隐形墨水写的秘密信件。写信人是一个化名为乔的神秘男子。他的最后几封信写于3月和4月，正是时代广场交通事故发生前夕。乔定期给中立国西班牙和葡萄牙的几个地址写信，有些信则寄往柏林和慕尼黑。这引起了审查者的怀疑。1940年12月一封寄往柏林的加密信最为可疑。尽管收信人是洛萨·弗雷德里克（Lothar Frederick），但信上的地址已经被认定属于臭名昭著的纳粹党卫军的头子海因里希·希姆莱（Heinrich Himmler）。英国百慕大审查站把这个消息转告给美国联邦调查局。[5]

百慕大审查站位于汉密尔顿海滩上庞大奢华的公主酒店。第二次世界大战爆发以来，酒店就被英国邮政审查局占用着。它也被称为"热带的布莱切利"。布莱切利位于英国伦敦西北，"二战"期间，英国人在那里成功破解了纳粹的恩格玛密码系统。1200名审查员驻扎在百慕大，他们的工作十分繁重——在醒着的大部分时间里，他们都在仔细钻研每一封途经百慕大的可疑信件和电报。出于健康和生活质量的考虑，他们偶尔也游泳，打网球和高尔夫球。当女审查员们穿着泳衣站成一排时，看起来简直就像百慕大版的火箭女郎舞团。[6]

位于大西洋上的百慕大岛是泛美航空欧洲航线的中转加油站。航线使用的波音314客机能在水上降落，酷似游轮，也被称为"飞行的船"。机舱里有许多存放信件的空间，中转时，飞行员会把信送到公主酒店接受审查。百慕大是英国殖民地时期审查系统中最成功的前哨站。而在"二战"的头几年里，信件审查在美国仍然是个禁区。这也是美国人的一个悠久传统，用一句话概括："绅士不会偷看别人的信件。"相反，英国人从第一次世界大战的秘密墨水战争中已经发展出相当发达的审查、侦察技术。

负责乔的审查员是纳迪亚·加德纳（Nadya Gardner）女士。她怀疑纳粹间谍在用支离破碎的英语通风报信。乔在信中常用与德语同源的英语词来表达隐藏的含义，比如用英语的大炮（cannon，德语kanone）来指代一支枪。即使是一封简单的商务信函也可能有隐藏的含义。乔伪装成皮草商人，在信中写道，由于手头吃紧无法兑现订货，而他真正的意思则是无法执行上级的命令。

年轻的加德纳对间谍活动有敏锐的第六感，她进一步怀疑这些信件上还有隐形墨水写的信息。她将这些信送到百慕大科技部的查尔斯·恩里克·邓恩特（Charles Enrique Dent，1911~1976）博士那里化验，结果是否定的。她再次"将信件寄到秘密墨水实验室，请他们检查是否有隐形书写"。尽管"不断收到否定的回复"，她"还是不懈地坚信信上面肯定藏着什么东西"。"我就要把实验室逼疯了，"战争结束多年后她如此回忆道，"他们说：'你看，你又不是科学家，我们才是懂技术的，我们已经尝试了所有该死的办法，这些信里什么也没有。'"她强力要求实验室进行碘蒸气实验，"对方说：'哎呀，这都是老掉牙的办法。'我说：'不妨试试看。'"实验室最终按她说的做了，"显而易见，信上有秘密书写的痕迹"。7

用来秘密书写的物质后来被认定是氨基比林（Pyramidon，简称PON），是一种常用的头疼药。选这种药制作秘密墨水有点奇怪，因为德国人在第一次世界大战期间就已经这么做了，英国人甚至还发现了它对应的显影剂是氯化铁（也可通过碘蒸气实验，尽管后者有时无法有效显影，不如氯化铁好用）。不过英国人好像已经把这些在第一次世界大战中取得的成就抛于脑后。氨基比林是一种在德国药店里随处可见的处方药，在一些美国药店也有出售。8

神秘的乔用氨基比林给他的纳粹上司和他住在慕尼黑的妻子写了上百封信。他常常在打印信件的背面用隐形墨水写信，还在纸上标明

"PON"字样或在邮票下方做记号,表明信中有秘密信息。乔在西班牙和柏林的上司曾详细地指导他:"所有询问命令、报告行动、要钱和其他帮助的信件通通用'PON'。"[9]

乔在四个月的时间里写了 200 封信,其中的 100 封被截获,这当中最重要的 20 封中用过隐形墨水。这其中一半的信上都有可见的线索——钢笔划痕、信纸潮湿——都表明乔可能在用隐形墨水写信。[10]当百慕大审查站执着于信件细节的时候,联邦调查局正为逃离时代广场事故现场的男子的身份绞尽脑汁。

很快,百慕大的审查员得到了一个出人意料的线索。他们截获了一封乔写于 1941 年 3 月 25 日的信,信是寄给马德里的曼努埃尔·阿隆索(Manuel Alonso,据说就是臭名昭著的纳粹头子海因里希·希姆莱)的。信中描述了时代广场事故,语气很是紧张。乔强调两个撞人的司机都是犹太人,还透露了一些其他细节:撞人的车牌号码、德·奥斯顿被送至的医院名称以及西班牙领事领走了死者遗体。百慕大审查站立即将这封信转交给了联邦调查局,调查就此展开。[11]

联邦调查局得到的所有线索都表明,乔是一个纳粹间谍。他在信件中常常提到两个人物:"戴夫叔叔"和"罗尼阿姨"。事故发生后,他慌忙写信给德国上司说"戴夫叔叔和罗尼阿姨卖掉了商店",意指他已经停止在纽约进行间谍活动,但这为时已晚。联邦调查局的调查员在德·奥斯顿的遗物中发现了一个电话号码,号码的主人正是戴夫·哈里斯和罗尼·哈里斯夫妇。他们还发现了一个地址,对应的业主是德·奥斯顿的侄子——路德维希。路德维希的笔迹与乔的笔迹吻合,这让他们最终认定这名纳粹间谍名叫库尔特·弗雷德里克·路德维希。[12]

为了搜集更多与路德维希的间谍组织、行动目标的有关的信息,联邦调查局并没有马上抓捕他，而是先跟踪了五个月。在此期间，路德维希到纽约港口参观货轮，搜集海军和船运动向的情报。他还带着只有18岁的女秘书在东海岸沿线驱车侦察军事驻地。他的秘书叫露西·博姆勒（Lucy Boehmler），来自纽约皇后区的玛斯佩斯街区，是个貌美如花的金发女郎，堪称整个间谍团伙里的玛塔·哈里。她在酒吧和大兵们搭讪，让他们带她去参观防卫设施，而路德维希试图进入这些设施时都被门卫断然拒绝。5月，他们开车去佛罗里达参观海军基地，还去了设计军备生产的工厂、军营和机场。博姆勒用牙签蘸着氨基比林溶液记录路德维希的所见所闻，准备汇报材料。

1941年夏天，警方抓捕了另一个纳粹间谍团伙。尽管路德维希不在其中，但他还是十分担心，一路开车向西去。联邦调查局也在荒凉的西部公路上一路跟踪。他很快注意到一辆黑色的四门轿车一直跟着他。车上的联邦调查员戴着经典的窄边帽子，穿着精干的西装。当两辆车同时在伊利诺伊州的一个加油站停靠时，他上前去问："不好意思，你们为什么跟着我？"联邦调查员比尔后来在报告中写下他的回答："你怎么回事？疯了吗？"此后联邦调查局的跟踪车与路德维希小心地保持距离。很快，路德维希抛弃了轿车，乘坐公共汽车逃跑。联邦调查局8月23日在西雅图抓捕了路德维希，当时他正准备乘船逃往日本。调查员在路德维希的行李中搜出了几瓶氨基比林。对此，路德维希辩解说他需要服药医治他的慢性头疼病。但这个借口很快露馅儿，因为调查员又搜出一瓶形似眼药水的显影液。他们还发现了一些末端呈棕色的牙签，这些牙签曾用来蘸取药粉，然后将之溶解在酒精里。[13]

随后，联邦调查局了解到了代号为"乔"的间谍的更多个人信息：路德维希1903年生于俄亥俄州弗里蒙特市，是一对德国移民夫妇的儿子，两年后随父母回到德国；他已婚，有三个孩子。路德维希在 1920~1930 年几次访问美国，不过他在美国长期居住还是由于阿勃维尔的委派。1940 年 3 月，阿勃维尔派他来组织间谍团伙。我们很快就会看到，他并不是唯一一个被纳粹雇用的德国裔美国人。

初到纽约时，路德维希在皇后区里奇伍德街的德国人聚居区找到了一间廉价旅店。他伪装成一个皮草商人，开始从德裔美国人同盟里发展间谍。德裔美国人同盟是一个美国本土的纳粹团体，致力于宣传纳粹政府的正面形象。他雇用了八名间谍，其中之一就是露西·博姆勒，她加入是为了寻求新鲜刺激。[14]

让博姆勒耿耿于怀的是，路德维希从未像承诺的那样付给她每周 25 美元的报酬。在 1942 年 2 月开始的庭审中，博姆勒因此成了金牌证人。3 月 13 日，法庭判定路德维希团伙的同谋间谍罪成立，九名间谍被判二十年有期徒刑。路德维希最初和其他八人一样被关押在亚特兰大联邦监狱。一年后，由于被认定为一个麻烦制造者和反美间谍，他被转到戒备更为森严的阿尔卡特拉茨岛（Alcatraz Island）监狱。当亚特兰大监狱接收他的时候，发现他急需大量的牙科治疗和一副新眼镜。作为间谍，他的薪水一直不足以支付医疗开销，这些治疗最终只得在监狱里进行。1954 年，路德维希获得保释，他在纽约摩根图书馆找了一份保安兼管理员的差事。在美国联邦政府的允许下，1960 年 5 月 11 日，他踏上"不来梅"号客轮，八天后抵达德国不来梅，从此消失无踪。他的保释也在 1961 年终止。[15]

另一个写过大量秘密信件的纳粹间谍就没这么幸运，住在哈瓦那的海因茨·吕宁（Heinz Lüning）在古巴秘密军事法庭接受了审判。法庭判定他传播盟军航运的关键信息，随后，他死在了古巴行刑队员的枪口下。32 岁的吕宁是德国、意大利混血儿，他眉峰紧锁，肤色黝黑，性格鲁莽，看起来也像是个西班牙人。在被枪决之前的一年多的时间里，吕宁在古巴开了一家服装店。这位笨拙的间谍在古巴只待了一个月就被发现了。[16]

吕宁的人生似乎是由一系列灾难组成的。小的时候，他的母亲因重病去世，他因此一蹶不振，功课不及格，后又辍学。18岁时，他的父亲自杀了，从此他成了孤儿。既不聪明也不好学，吕宁每晚和朋友靠着女孩和啤酒打发时间。他的朋友告诉联邦调查局"他的唯一追求就是女孩、女孩和更多的女孩，以及酒精"。[17]

后来吕宁与出身芝加哥名门望族的继妹结婚了。当时他想去洪都拉斯度蜜月，却付不起护照钱。战争爆发后，他想尽办法逃兵役。在朋友的建议下，他加入了阿勃维尔，在汉堡的间谍学校接受了培训。他在那里也不是一个好学生，但还是学到了用无线电、秘密墨水和微缩胶片通风报信的基本方法。

汉堡阿勃维尔学校的谍报官教给他三种秘密墨水的使用方法。当他在信里用四位数表示年份时，如1942，他就用"1942型"墨水来写信。这种墨水含有半盎司的酒精和10滴柠檬水。当他用两位数表示年份时，如41，就用"1941型"墨水写信。据说这种墨水含有半盎司的尿液和10滴柠檬水。最后一种，也是成分最复杂的墨水是硫酸锌，用它写信时，要用罗马字来表示数字，比如VI。问题是，这种复杂的墨水需要大量时间来准备。吕宁需要把信纸在硫酸锌溶液中浸泡10~12小时之后开始写信，所以他也只有三四次用到这种墨水。[18]

在吕宁短暂的间谍生涯中，金丝雀或许是他最好的救命稻草。尽管他常常用错墨水或者用错误的方法拼写数字，他还是坚持每周在哈瓦那的小房间里写信。有人敲门时，他就借口金丝雀正在满屋乱飞来拖延时间，快速藏起秘密墨水和无线电设备，然后开门。[19]但最终让他败露的并不是访客，而是英国百慕大审查站的地毯式审查体系——他们截获了吕宁在1941年10月发送的信件。

图 28：库尔特·弗雷德里克·路德维希在阿尔卡特拉茨岛监狱的服刑照片

第九章　看得见的纳粹

美国审查部门曾宣称吕宁案是他们第一次取得的重大成功。但事实上,战无不胜的百慕大审查站早于美国方面几周就开始了追查。百慕大的审查者随机从一大包邮件中抽出一封信,送到化学家那里试验。瞧好了,就像魔术一样,一封不起眼的从哈瓦那寄往中立国葡萄牙的信上出现了字迹。阿勃维尔在里斯本部署了许多情报官。机警的审查员很快发现了字迹相似的书信,信上的秘密信息描述了古巴水域的航运动向。当审查员发现一封描述美军在古巴关塔那摩基地行动的信时,美国已经加入了战争。吕宁一共写了48封隐形书信,审查员截获了43封,其中的一封上还有吕宁的地址。1942年8月31日,古巴警察破门而入逮捕了吕宁。两个月后,行刑队员对他的头部和胸部各开一枪,他应声倒地,暴尸在古巴的太阳之下。[20]

路德维希和吕宁都是因为大量使用秘密墨水而被抓捕的。当阿勃维尔训练间谍使用秘密墨水时,他们没想到敌人会发现那些牢不可破的绝密墨水配方。秘密墨水不像密码和暗号那样从一开始就暴露了邪恶目的,因此间谍们觉得秘密墨水写的信息是隐藏的、看不见的,能给他们匕首般的危险行为穿上一件隐身衣。于是,他们用秘密墨水想写多少就写多少。

英国人破解隐藏信息依靠的不只是纳迪亚·加德纳的坚持和化学家们的精湛技艺。1940年秋天,一个代号为哈姆雷特的德国间谍被派到莫桑比克首都执行任务。他用氨基比林、阿司匹林和比亚特(Beate)溶液这三种秘密墨水写信给柏林,主要内容是敌方的航运信息。

哈姆雷特毫无障碍地使用这些墨水。可问题是,当他接到同样用秘密墨水写就的指示时,由于没有显影剂的配料,无法读取。阿勃维尔原本派了另一个间谍给哈姆雷特送显影剂,但那名间谍未能抵达。情急之下,哈姆雷特只好写信向柏林求援。

由于事出紧急，阿勃维尔间谍部门的负责人汉斯·皮艾肯布洛克（Hans Piekenbrock）上校决定用电报把配方传给哈姆雷特。电报是用绝密密码在德国外交部长的办公室发送的。1940年10月11日，皮艾肯布洛克发送了以下急电内容："命令你在当地获取化学品，因为我们无法从这里运送。"他随后附上了氨基比林秘密墨水对应的显影剂的配方，这个复合配方的第一部分是1%的氯化铁水溶液加上25%的食盐；第二部分是1%的亚铁氰化钙水溶液加上25%的食盐。

皮艾肯布洛克上校告诉领事馆的间谍，"告诉哈姆雷特在配制溶液时这样做：用同样剂量的两种溶液（比如，都是一茶匙），混合并短暂地搅拌后即可使用，方法是用棉签蘸着溶液擦信纸"。[21]

皮艾肯布洛克不知道，英国审查部门已经截获了这封电报。现在阿勃维尔最为珍视的秘密已经是英国人的囊中之物。不久后，他们就能破解这封情报并且得出线索。

代号"流浪汉"

尽管阿勃维尔还不知道英国人已经截获了绝密隐形墨水的配方，但他们已经开始用显微技术设计新的更加复杂的方法来隐藏更大量的信息。间谍会觉得隐形的墨水比现形的密码和暗号更加安全，但如果想要发送更长的信息，隐形墨水就显得捉襟见肘。解决这个问题的一个方法是给秘密信息拍个照片，然后把图像微缩成一张邮票甚至一个句号那么大，收信人可以用复式显微镜来阅读信息。这样，海外的间谍就可以给柏林送去更多信息。

很快，阿勃维尔开始在汉堡的间谍学校里开设显微课程。最早上这门课的学生之一是一个1922年移民美国的德国人，威廉·乔治·德布洛克希（Wilhelm Georg Debrowksi）。

德布洛克希1899年生于莱茵河畔一个脏兮兮的工业城市米尔海姆（Mühlheim）。"一战"期间，15岁的他曾加入过皇家部队。战后，德布洛克希对战争抱有强烈的反感，决定乘船周游世界。在美国德克萨斯着陆后，他给自己改取了一个非常美国化的名字，威廉·G.赛博尔德（William G. Sebold），"一战"后他加入了移民美国的大潮。他在加州的团结飞机公司找到了工作，并在1934年娶了一个纽约姑娘，从此加入美籍。[22]

赛博尔德患有慢性胃溃疡。1938年，他接受了手术，并决定回米尔海姆的家中疗养。1939年2月，他在时代广场附近的纽约港登上"德国"号远洋轮，旅途一路顺利。但就在他将要下船的时候，两个穿着绿色制服的男人扣留了他的登陆证，并盘问他在团结飞机公司的工作内容。几个月后，他才知道这两个人的工作性质。

胃溃疡痊愈后，赛博尔德很快在当地一家发动机工厂找到了工作，过上了平静的生活。9月，第二次世界大战爆发，尽管当时美国是中立国，他还是决定留在德国。但很快，他收到一封来自奥托·加斯纳（Otto Gassner）博士的神秘信件，签名栏处还写着"希特勒万岁"。

加斯纳是德国秘密警察组织盖世太保的官员，他读过那两个身着绿色制服的男子写的关于赛博尔德的报告。他在信里邀请赛博尔德到杜塞尔多夫和他讨论事关德国未来的重要事务。赛博尔德觉得他有美国护照作为保障，无视了这封信件。

很快，他又收到了一封信。这一次，加斯纳威胁了赛博尔德。赛博尔德回信说他没兴趣。加斯纳没有放弃，他第三次写信，警告赛博尔德如果他不来，会面对来自国家的压力，信中还描述了他出席赛博尔德葬礼时会穿什么衣服。

加斯纳最终赢了。他调阅了赛博尔德的犯罪记录，发现赛博尔德移居美国的几年前曾卷入走私和其他一些重罪。加斯纳以此要挟他与纳粹合作，作为间谍派驻美国。[23]

与许多加入美籍的人一样，赛博尔德对新祖国比对出身国更加忠诚。但由于害怕加斯纳暴露他的犯罪记录，他还是答应与盖世太保合作。盖世太保将他送到阿勃维尔，他在那里接受间谍培训。阿勃维尔正想雇用一个德裔美国人负责纽约的秘密无线电通信站。阿勃维尔的兰金博士面试了赛博尔德，并认为他是无线电站负责人的不二人选。

赛博尔德急切地想与美国官方取得联系。他告诉兰金博士自己需要寄钱给远在美国的太太，此时他正要去汉堡接受为期四个月的间谍培训。赛博尔德说服兰金博士放行他到科隆的美国领事馆寄钱。领事馆很快把这起事件通报给联邦调查局，后者表示会等赛博尔德几个月后到美国后再联系他。[24]

赛博尔德把各方面都打点好后，阿勃维尔把他送到汉堡的间谍学校。学校位于克劳普斯托克街上一栋不起眼的街角楼房里，旁边还有一栋小楼供间谍们休息。赛博尔德学会了使用莱卡相机并将图像微缩成邮票大小。当其他学生学习用炸弹和毒药搞破坏的时候，赛博尔德学习的则是编制密码，组装和使用短波发报机以及秘密墨水的使用方法。[25]

他发现"兰金博士"其实是阿勃维尔汉堡站的负责人尼古拉斯·阿道夫·弗里茨·里特尔（Nicolaus Adolf Fritz Ritter）。他中等身材，头发略呈金色。里特尔曾是美国政府的官员，还曾出任纺织部门的高官，后来到汉堡帮助德国开展针对英美的无线间谍活动。[26] 他常带新学员去阿尔斯特湖畔的咖啡馆小酌，以此博取信任，甚至安排他的得意门生入住五星级的四季酒店。

为期四个月的训练后，代号"流浪汉"的赛博尔德被叫去与间谍学校的校长面谈。校长询问他有关美国秘密装置的情况，包括诺登投弹瞄准器。[27]

里特尔打算让赛博尔德成为纽约四个纳粹间谍的通信联络员。1940年2月，赛博尔德乘美国客轮"华盛顿"号从意大利热那亚出发，经过十一天抵达纽约。他带着一个秘密手表盒，里面装着五个被微缩成邮票大小的长文件。其中的三个文件是纳粹间谍和破坏分子在美国的详细行动指示，要送给丽莉·斯坦恩（Lilly Stein）、埃弗雷特·罗德（Everett Roeder）和弗里茨·迪凯纳（Fritz Duquesne）。另外两个文件赛博尔德留作自用，其中的内容是如何用密码与汉堡通信，以及送信人的联系方式。他的新护照上的名字是威廉·G. 索耶（William G. Sawyer）。[28]

当赛博尔德的船抵达纽约港时，联邦调查局的人员已经在甲板上等着了。刚过海关，他就被带到了联邦调查局总部。调查员拷贝了赛博尔德带来的微缩文件。联邦调查局对纳粹的谍报技术很感兴趣，尤其是总部对海外间谍传达命令的方法。时任局长的埃德加·胡佛曾自夸联邦调查局"因为不断破解敌人新的通信技术"而将德国、日本间谍拒之门外。[29]

胡佛听完了赛博尔德的汇报后感到十分惊讶。赛博尔德在间谍学校的最后一天，校长在告别演讲中说：在美洲的德国间谍在与总部联系时曾遇到一些麻烦，"这些都是由美国方面制造的"；但是我们已经成功地解决了这些问题，方法几乎可以拍成一部谍战惊悚片："很快我们就会在世界范围内沟通无碍。我不能解释这个方法，但是你们要留心那些小圆点，许多许多的小圆点。"[30]

赛博尔德手上有一些微缩图片，但还没有"许多许多小圆点"。1941年秋天，英国双料间谍才给联邦调查局演示了微缩点技术，其中的内容改变了历史的轨迹。

尽管联邦调查局的高层对赛博尔德带来的新型谍报技术十分感兴趣，但也对他保持警惕。在他抵达纽约的头一两个月里，一直有一位调查员与他同住，他的一举一动都被密切监视。获得联邦调查局的信任后，赛博尔德正式在纽约安顿下来，拿着阿勃维尔的工资，执行联邦调查局的行动指令。他先是在新闻周刊大厦给他的"柴油研究公司"租了一间办公室，在这里与人接头。[31] 联邦调查局则租下了隔壁的房间，在两个房间之间装上单面透视玻璃镜，并从那里拍摄赛博尔德和其他纳粹间谍的会面过程。一个用 16 毫米胶片的小相机对准一面镜子，上面能反映出赛博尔德的办公桌后面的钟表和日历，这样拍摄的图像上自动标明了日期和时间。几个麦克风藏在赛博尔德办公室的角落里，录下对话。之后的十六个月里，调查员用普莱斯托盘式录声机录下了几百盘。[32]

赛博尔德在长岛的中心港的一座与世隔绝的小木屋里建立了一个发报站，用来把里特尔间谍集团在纽约的动向发回汉堡。其实，信息是由联邦调查局在长岛上的一个秘密机构里用一台更强大的短波发报机发出的。[33]

赛博尔德在纽约最重要的联系人是当地间谍团伙的头目弗雷德里克·茹贝尔·迪凯纳（Frederick Joubert Duquesne），简称弗里茨·迪凯纳。他是一个虚张声势的南美人，因为布尔战争而对英国耿耿于怀。迪凯纳与赛博尔德第一次见面的地点选在他最爱的啤酒吧——小赌场餐厅。这家位于曼哈顿约克维尔东 85 街的小餐馆在挨挨挤挤的咖啡厅和零售店中间显得很不起眼，这里是纳粹间谍的老巢和接头交换情报的常用地点。迪凯纳喜欢和间谍们在这家餐厅见面。他手下有 32 个间谍，负责收集美国的国防机密，再将它们通过无线电短波、"飞船"航班上的送信员和秘密墨水信件传回德国。[34]

从外表看，小赌场餐厅是二十世纪三四十年代纽约常见的移民

图 29：纳粹漫画

聚点，德国人和德裔美国人喜欢到这里来：可以听到舒缓的德国音乐，啤酒桶里有好喝的德国啤酒，还能吃到正宗的德国菜。饭店的老板艾琛劳斯个性随和，他默默地给客人们打啤酒，还会给熟客奉上炸小牛肉片。1941 年 6 月的一天，他和其他散落在纽约的德国间谍一起消失了。他们都是联邦调查局的抓捕目标，这次行动网罗了迪凯纳手下所有的间谍。这些人在后人看来简直像希区柯克惊悚片里的人物：除了艾琛劳斯，其他的间谍还包括一个考察过诺登投弹瞄准器的制图员、一个斯佩里陀螺仪公司的工程师、一个泛美航空欧洲航线的服务员、一个模特，以及一群工作各异的德国人和德裔美国人。[35]

1942 年 1 月 2 日，里特尔－迪凯纳间谍团伙的 34 个成员被定罪，有期徒刑总计三百年。胡佛盛赞这是美国历史上最重要的间谍抓捕行动。而让联邦调查局成功找到这个富矿的金牌双料间谍正是威廉·G. 赛博尔德，真名是威廉·乔治·德布洛克希，化名是威廉·G. 索耶，代号"流浪汉"。

当皮艾肯布洛克给里特尔看了《纽约时报》的头条时，里特尔大声喊道："猪猡！这个叛徒！"

"但是，里特尔，"皮艾肯布洛克说，"就算用你的标准，'流浪汉'也不是叛徒，更不是间谍。他只不过是一个为自己的新祖国效忠的人。"[36]

从海上来的纳粹间谍

1941年路德维希和里特尔－迪凯纳间谍团伙的败露以及1942年冬天的审判让美国人民真真切切地感觉到纳粹间谍正在大举侵袭。

而1942年的另一件事再次让美国人大吃一惊。1941年，美国加入第二次世界大战，希特勒需要面对这个经济实力强大的战争机器。为了钳制美国的战备生产，纳粹开始训练间谍，密谋破坏美国的工厂和铁路。德国海军不愿给人当便车，但还是用潜艇运送了八名阿勃维尔训练的间谍到美国。

这次代号"帕斯托瑞斯"的破坏行动的主谋是个喜欢夸夸其谈的胖子，名叫瓦尔特·卡佩（Walter Kappe），他在美国生活了十二年。这次行动的代号取自最早移民美国的德国人之一——弗伦茨·丹尼尔·帕斯托瑞斯（Franz Daniel Pastorius）。他在1683年到了宾夕法尼亚，在那里建造了一个德国城，并将之建成门诺派和贵格会教徒的聚居地。卡佩找到了一些在美国居住过但经历并不愉快的德国人，也找到了一些有一定的美国经历的纳粹，他们可以轻松地融入美国社会。总之，这些德国人必须能够驾驭炸药，同时真心愿意搞垮美国。[37]

卡佩不仅需要找到合适的人选来为他工作，还要训练他们成为可以采取破坏行动和秘密联络的熟手。勃兰登堡的昆西湖位于柏林以西40公里处，旁边的农场可以作为风光绮丽的校园，那里是理想的致死致残的狂欢训练场。

苹果树围绕的昆西湖农场离勃兰登堡火车站只要十五分钟。那里有许多家畜，一间种蔬菜的温室，一栋小木屋和一个两层楼高的带马厩的谷仓。但仔细看，这座农场已经被改造成一个训练破坏分子的学校。农场上最主要的建筑是一座矮小的农舍。这座两层楼高的石砖房里有十二个房间，看起来就像一个乡村俱乐部。旁边的谷仓里有一间教室。车库则是化学实验室，新学员在那里学会了制作炸弹的方法和秘密书写的技巧。他们用泻药溶液写字，字迹在被烟灰水涂抹时会呈蓝色。老师们教他们用 Ex-Lax 牌泻药和阿司匹林溶液配制秘密墨水。[38] 去美国前，学员们在纳粹最高指挥部进一步学习了隐形墨水的使用方法。他们在丝绸手帕上写信，寄往一个里斯本的地址，从而与最高指挥部沟通；还用隐形书写与一个住在新泽西州的间谍取得联系。[39]

1942年5月，这些间谍钻进潜艇，向美国东海岸进发。1942年6月13日午夜，四个德国人从潜艇爬出来，将一个炸药箱放在长岛的阿玛根赛特海滩上。当时一个年轻的海岸警卫队员正在海滩上巡逻，间谍团伙的头目乔治·达施（George Dasch）迎面走上前，谎称正在寻找渔夫。海岸警卫队员并不相信他，他只好花260美元贿赂对方。乔治·达施是整个团伙中最早被聘用的间谍，他曾在美国当服务员，到处漂泊十二年。高大结实的达施只有30岁，但已经头发花白，面容憔悴，常常自作聪明地跟人抬杠。

或许是因为海滩事件，或者是因为对纳粹德国的看法有所改变，达施临阵退缩了。他对同事恩斯特·布格尔（Ernst Burger）倾诉了这个想法，发现他也想甩手不干，携款逃跑。第二天，达施就联系了联邦调查局纽约分局。尽管已经接到报告会有破坏分子来美国，但联邦调查局并没有把达施当回事，反而骂他是疯子。几天后，达施来到华盛顿，再次联系联邦调查局，这次他要求见胡佛本人。他用几个小时向联邦调查局汇报了所有破坏分子的名字，并告知另外四个破坏分子将于 6 月 17 日在佛罗里达州的杰克逊维尔登陆。

达施还给特工杜安·特雷诺（Duane Traynor）提供了一条手绢，上面用隐形墨水写着联系人的姓名和地址。唯一的问题是，达施不记得如何让隐形书写显影。特雷诺随后把手帕送到联邦调查局实验室，在那里，专家用氨气（氢氧化铵）熏蒸手帕，最终让笔迹显现了出来。[40]

7 月 8 日的一个军事委员会上，华盛顿的联邦调查局技术实验室的化学家 J. W. 马基带着实验手绢出庭作证，这是第一个呈堂证物。总检察长请马基用氨气处理手帕，像变魔术一样，红色笔迹出现在陪审团和总检察长的眼前。这意味着隐形墨水使用的化学物质是酚酞，是一种仍在泻药中使用的成分。[41]

八个破坏分子都被判处了死刑，但是富兰克林·罗斯福总统却赦免了布格尔和达施，改为三十年监禁，因为他们供出的情报帮助联邦调查局抓获了六名德国间谍。1942 年 8 月 18 日正午，这六名间谍在哥伦比亚特区监狱的电椅上被执行死刑。人们管这个电椅叫"斯帕奇"（Sparky）。[42]

对破坏分子行刑也标志着美国联邦调查局整个抓捕行动的圆满结束，但这并没能阻止德国向美国的其他盟国派间谍。联邦调查局不知道，汉堡和柏林的德国间谍头子已经向美国的姐妹之国英国输送了大批间谍。与联邦调查局不同，英国的反间谍部门更倾向于把他们变成双料间谍，而不是直接逮捕。

第十章

微缩影像的奥秘

The Mystery of the Microdot

1941年8月,一个怡人的夏日,29岁的南斯拉夫人达斯科·波波夫(Dusko Popov)在纽约公园大道入口处下了出租车,走进了华尔道夫酒店。他的公文包里装着7万美元现金,一个药瓶——里面装满用于制作隐形墨水的白色晶体,以及四封电报——其中藏着十一个微缩影像,里面的内容足以改变历史进程。[1]

当波波夫乘着电梯抵达装饰豪华的酒店房间时,已将改变历史的想法抛于脑后,此时的他只想看看纽约。他来时乘坐的泛美航空客机从里斯本出发,在百慕大经停加油。在那里,英国安全协调局的人跟着他一同乘机来到纽约。他们认为波波夫会在二十二小时的飞行后稍事休息。相反,波波夫冲了一个清爽的冷水澡,让客房服务生送了一个俱乐部三明治,随即出门漫步公园大道。[2]

波波夫离开酒店时并不是孤身一人。几天前，美国联邦调查局已经接到线报。尽管英国军情五处强烈建议他们"在波波夫下榻华尔道夫酒店期间只进行非常谨慎的秘密监控"，但美国联邦调查局的探员已经迫不及待地开始了跟踪行动。[3]

联邦调查局有一万个理由跟踪波波夫，至少他们自己是这样认为的。在路德维希和里特尔－迪凯纳团伙败露的几个月后，阿勃维尔派出了间谍"伊万"，让他在美国发展一个新的间谍团伙。联邦调查局想跟踪、逮捕和起诉波波夫即将联系的每一个德国间谍。相反，英国反间谍机构已经成功把波波夫变成了一名双重间谍，他们认为最好的计划就是秘密地玩双重间谍的游戏，不将任何信息公之于众。在英国军情五处策反纳粹间谍的这盘大棋中，波波夫是一枚重要棋子。对于美国联邦调查局来说，他只是不起眼的"ND-63号机密线人"，对于这样的现行犯不能给予任何信任。而在英国军情五处看来，他是有两名下属、代号为"三轮车"的明星间谍。对于阿勃维尔来说，他则是王牌间谍"伊万"，曾将有价值的信息从英国源源不断地发往中立的里斯本——"二战"期间的谍战之都。

代号的作用通常是掩盖间谍的身份，然而英国方面却欢乐地无视了这条规矩，并广泛地用双关、戏谑或者暗示来取代号。塔尔·罗伯逊（Tar Robertson）是英国间谍策反系统的创造者之一，他最初给波波夫起的代号是 SKOOT（与 scoot 同音，意为溜走——译注），而波波夫也与词组"逃脱"的发音相近，罗伯逊认为他可能会匆匆离开。[4]几个月后，罗伯逊将这名金牌间谍的代号改为"三轮车"，就像一个轮子领着两个轮子的三轮车一样，当时波波夫已经有了两名下属间谍。这个代号还有另一层意思——英国情报官员了解到，波波夫是个花花公子，喜欢与两个女人一起睡觉，这一嗜好即便到了美国也毫不收敛。

为了追美女，波波夫首先需要一辆样式新奇的汽车。在他漫步纽约的第一天，就在百老汇的汽车经销店里买下了一辆栗色的别克辉腾敞篷车，内饰红色真皮座椅和黑色天窗。不到一周，他就搬出了华尔道夫酒店，入住公园大道530号的一套复式公寓，还雇用了一位男仆。[5]

波波夫来自杜布罗夫尼克（克罗地亚南部港口城市——译注）的富商家庭。在联邦调查局监视他的同时，美国海军情报办公室和陆军G-2情报部门也迅速介入，在他抵达美国的两天后对他进行了突击审讯。波波夫误以为这些人来自联邦调查局，这引起很大的混乱和误解，而联邦调查局的人在一周后才与波波夫见面。

在部门内斗结束后，联邦调查局派出纽约办事处助理署长E. J. 康奈利（E. J. Connelley）于1941年8月18日与波波夫见面。在首次会面中，波波夫避谈公文包、神秘微缩影像，更对珍珠港威胁只字不提。这些都记载在1974年出版的由他人代写的《波波夫回忆录》中。[6]

最近解密的联邦调查局通信和备忘录等文件显示，波波夫在与联邦调查局的第二次会面中才供出了秘密墨水的样本。这些样本是伪装成弗吉尼亚·伍尔夫的小说《夜与日》的行动手册，以及两封电报。这次会面的地点在林肯酒店的一个房间，联邦调查局将会面的官员改为查尔斯·兰曼（Charles Lanman）。正是在这个会面中，波波夫提到了四封电报中包含着十一个微缩影像，他还提供了包含在影像中的指令的打印副本。康奈利随后写信给胡佛，信中称他"能在显微镜下检查出几个这样的微缩影像，这确证了波波夫的供述。微缩影像中包含着德语指令"。几天后，他给好奇的胡佛展示了这些微缩影像。[7]

联邦调查局的专家们对于这种新出现的微缩影像谍报技术十分感

兴趣。微缩影像是一张标准文本纸张的极度缩小版本，通常只有一个句号那么大。胡佛认为这是"间谍杰作"。在联邦调查局与波波夫会面的几个星期中，胡佛给白宫写了一封信，详述了微缩影像的通信方法："我认为总统和你（指总统秘书）可能对德国间谍机构与它下属的间谍的通信方法感兴趣。"虽然胡佛的信中涉及隐藏在微缩影像中的内容，但重点还是强调了谍报技术方面的发现，尤其是联邦调查局技术实验室需要将这些微缩影像放大400倍才能读取内容。信的附加内容是关于美国生产和交付的飞机以及英美飞行员培训的调查表的一部分。一个月后，胡佛自豪地宣布，联邦调查局已经开发了一种比德国方面更小的微缩影像。当时，他对隐藏在波波夫的微缩影像中的实际内容表现得毫无兴趣。[8]

但波波夫的美国问卷中约三分之一的问题与夏威夷和珍珠港有关。日本偷袭珍珠港以后，这些问卷成为争议的焦点。德国给波波夫的信息涉及弹药、地雷库、锚地、潜艇站以及夏威夷和珍珠港的码头，但胡佛从未注意到这些信息的重要性。[9]

波波夫很快就对联邦调查局失望了：他们拒绝给他提供任何可以误导阿勃维尔的情报，还拒绝了他去夏威夷出差的请求——他想去那里一边会女友，一边假装为德国搜集关于珍珠港的情报。于是，波波夫开始了醉生梦死的生活。他经常光顾名人云集的史托克俱乐部（胡佛对此感到沮丧，因为这是他最喜欢的俱乐部之一），在那里喝酒、跳舞到深夜。[10]

在此期间，波波夫通过一个奥地利朋友结识了情人特里·理查森。他们一起开着他的别克敞篷车到佛罗里达来了一次阳光沙滩之旅。联邦调查局则一路跟随，并威胁要根据"曼恩法案"起诉波波夫——该法案禁止为"不道德的目的"与女性一道跨州旅行，因此这对情侣不得不住在两个单独的房间。[11]

回到纽约后,波波夫一直没能建立一个无线电发报站,于是他开始用秘密墨水给阿勃维尔写信。在里斯本,他的上司曾教他在酒杯中加入四分之三杯水,混合少量的隐形墨水晶体,制成隐形墨水。在纽约,他用氨基比林加水制成墨水,给他德国上司的秘书兼女友伊丽莎白写密码信。然而由于百慕大审查站巨细靡遗的审查,只有少数的信件顺利抵达。[12]

波波夫很快厌倦了这种无法与德国沟通的状态。1941年11月,他坐飞机到巴西里约热内卢,想在那里与阿勃维尔的官员碰面,但对方一直没有出现。于是,他开心地下榻在有白色外墙的科帕卡巴纳皇宫饭店,这栋豪华酒店正对着著名的科帕卡巴纳海滩。整整一周,他都在海滩上悠然漫步,遍访酒吧。终于他不耐烦了,径直走进了德国大使馆。曾在柏林指导波波夫工作的助理海军武官赫尔曼·伯尼满腹狐疑地会见了他。不过,当伯尼听到"伊丽莎白"的暗号后,又安心下来,收下了波波夫的照片和资料,还给了他1万美元。

在大使馆,波波夫抱怨他和德国方面沟通不畅。伯尼对此表示了同情,并让他自己建立无线电发报站和里斯本进行沟通,与此同时继续将秘密墨水信件寄往里斯本。波波夫离开里约热内卢前,伯尼还把两幅微缩影像贴在波波夫的酒店的登记表上,里面包含进一步的指示。伯尼还说,里斯本方面会再寄信给波波夫,信封襟翼下会藏有微缩影像,里面会有进一步的消息。[13]

波波夫随后搭乘,"乌拉圭"号客船返回纽约市。1941年12月7日,波波夫在船上听到了日本偷袭珍珠港的消息。12月中旬,波波夫的船抵达纽约,兰曼早已在码头上等他了。战后,波波夫写道,他在那次会面中希望谈论珍珠港事件,但兰曼却只想了解他在德国大使馆看到的一个蝴蝶纹木盘。1941年联邦调查局的备忘录则显示,船抵达时,波波夫马上告诉兰曼有关蝴蝶纹木盘的事情,但对珍珠港只字未提。[14]

胡佛确信那种木盘里藏有秘密信息。联邦调查局上下对这一想法深信不疑,并截获了所有从巴西运抵美国的蝴蝶纹木盘。胡佛在阅读了关于波波夫里约热内卢之行的报告后曾潦草地批示:"这非常重要。找到那些微缩影像,并把副本呈送给我。要确保蝴蝶纹木盘不能进入美国的任何港口。"联邦调查局在波波夫乘坐的船上搜出了500个蝴蝶纹木盘,全部送到实验室检验。次年,该实验室又检查了从里约热内卢运抵的数以百计的蝴蝶纹托盘。经过细致分析,专家们在托盘上没有发现任何隐藏的消息,只能原样返还给美国海关。至于那两幅微缩影像里的信息,内容包括获取一个无烟硒鼓粉化合物的指令,以及有关船舶动向、美国军火生产和建筑施工的调查表。[15]

波波夫则坦言,听到偷袭珍珠港的消息后,他对联邦调查局的希望彻底破灭了。他又过上了醉生梦死的生活,并辩称这都是为了保持他在欧洲树立的花花公子形象。冬天,他在爱达荷州的太阳谷滑雪;夏天,他在长岛的蝗虫谷度假。整整一年,他都混迹在不同的情人之间。与特里·理查森的恋情结束后,他又与战前在巴黎相识的前女友、演员西蒙娜·西蒙旧情重燃。显然,波波夫为此耗费了大量的金钱。他很快就用尽了阿勃维尔给他的 7 万美元,只能靠向联邦调查局贷款来维持他花花公子的生活方式。

每个参与波波夫美国之行的人都被卷入了一场灾难。他曾在九个月内花费 86000 美元,还欠了联邦调查局 17500 美元。1942 年 10 月他离开美国前,不仅欠下了巨额债务,德国方面也开始怀疑他已经被敌人控制了。

然而,波波夫并没有去伦敦投入英国军情五处的温暖怀抱;而是飞回里斯本,会见了他的德国上司卢多维科·冯·卡尔斯托夫(Ludovico von Karstoff)。在一番艰苦的讯问后,他竟然说服了阿勃维尔：他的美国之行失败的原因是没有足够的钱！

作为战争结束后的马后炮，许多英国反间谍部门官员认为，波波夫曾用那十一个微缩影像郑重地警告过美国珍珠港被袭击的可能性。英国间谍策反项目负责人约翰·马斯特曼（John Masterman）爵士是位爱写神秘故事的人。1972年，他出版了一本特别的书，声称波波夫带到美国的微缩影像中包含有珍珠港调查表，这是"严重但不被重视的警告"[16]。塔尔·罗伯逊则指责联邦调查局做了错误判断："从来没有人想到胡佛是个大傻瓜。"他还承认："我们的错误是没能拿到关于珍珠港的信息，并直接发送给罗斯福。"[17]其实，没有证据表明英国人看到过什么珍珠港调查表，事实也并不像他们战后描述的那么耸人听闻。

当时英国情报部门和反间谍系统中没有人警告过胡佛、丘吉尔抑或罗斯福总统珍珠港可能被偷袭。德国的调查表从未明确提到袭击珍珠港，而是简单地要求间谍提供相关的情报信息——这包含在阿勃维尔提供给间谍的数百份调查表中，而其他问题则涉及其他港口码头的航运动向。珍珠港被袭击后，那份调查表才产生了如此重大的意义。这份调查表隐藏得比英国情报部门之前截获的数百张邮票大小的微缩影像都要巧妙。

英国和微缩影像

对德国的新型谍报技术深深着迷的不只是美国联邦调查局。英国皇家审查局在世界各地发现的秘密通信方法同样令人眼花缭乱。无数的微缩影像被藏在手指甲或脚指甲之下，在袖口和领口里，在衣服衬里、肩垫和接缝处，在行李箱的锁、搭扣、把手上，在眼镜的框架和镜片上，在珠宝首饰上，在书脊里和信封襟翼上，在刀片、钢笔和铅笔刀里，在书面材料里的句号和字母"O"上。[18]

1941年8月6日，就在波波夫收到微缩影像指示的同时，英国军情五处的反间谍负责人盖伊·利德尔（Gay Liddell）在日记中写道："'彩虹'已经收到来自葡萄牙的信。其中一个句号里面含有几百字的消息。对方告诉'彩虹'，以后将以这种形式进行通信。这种技术就是微缩影像。"微缩影像里的内容是秘密墨水的配方。[19]

"彩虹"是伯尼·基恩纳（Bernie Kiener）的代号。像波波夫一样，基恩纳也是一个双重间谍。他告诉军情五处，阿勃维尔的官员让他注意很多的"点"。类似的，位于汉堡的阿勃维尔分校也曾指示赛博尔德注意"很多很多的小点"。

几天后，利德尔与英国审查部门的负责人埃德温·赫伯特爵士共进午餐，随后将他带回办公室查看那些"点"。赫伯特被深深震撼了，他认为这将"彻底改变审查方法"。他将尽一切努力对敌人隐瞒这一新发现。但是，利德尔有点担心美国人会在对间谍的庭审中公布这个新发现以及秘密墨水的配方。于是，他决定只将这一发现小范围地告知里斯本和百慕大的一些审查官。英国情报人员还计划给美国人施压，让他们"保守秘密"[20]。

困扰利德尔的另一个问题是，他怀疑美国人没有与英国情报部门及时分享有关微缩影像的情报。此时，美国的反间谍部门和刚成立的战略服务办公室（Office of Strategic Services，简称OSS，中央情报局的前身）还在依靠经验更丰富的英国老大哥。事实证明，尽管之前美国联邦调查局抓获的德国间谍赛博尔德曾经提到微缩影像技术，他们也只是在波波夫到美国后才亲眼见识了微缩影像。

"彩虹"和"三轮车"是第一批接收到微缩影像指示并及时通知英国反间谍部门的德国间谍。但英国方面在深入了解后发现，他们的"终极秘密的来源"——德国的恩格玛通信系统早在1940年

11 月就提及过"点"。

到了 9 月初,利德尔确信,未来的谍报方式将是秘密墨水和微缩影像。而一如既往的挑战是,如何在成堆的信件和包裹中找到无形的秘密通信。

从此以后,人们常常无法清楚地区分一般意义上的显微摄影技术与这种特殊的微缩影像技术的差别。这两种技术都涉及用显微镜观察图像,但微缩影像的尺寸要小得多。一般意义上的显微摄影自 19 世纪以来一直存在,从某种意义上说,它就是微缩影像技术的前身。在一大批潜在的发明者中,英国配镜仪器制造商约翰·本杰明·丹瑟尔(John Benjamin Dancer)被认为在 1840 年率先发明出显微摄影技术。摄影术发明后不久,他将 38 毫米焦距的显微镜镜头连在照相机末端,用来放大图像。最初,这种发明被认为是轻浮而缺乏实用价值的。人们主要用这一技术来处理画像、纪念碑碑文、祷文和其他新奇的流行物件。[21]

1870~1871 年的普法战争期间,显微摄影摇身一变,成为一种重要的通信工具。当时德军包围了巴黎,切断了包括公路、铁路和电报在内的所有通信渠道。将消息送出巴黎的唯一途径是气球或鸟类。由于信件往往非常笨重,巴黎摄影师勒内·达格隆想了一个办法:用显微照相机拍下文件,再让信鸽把缩影照片带出巴黎。每张 10 厘米见方的照片上可以容纳 3000 字的消息。[22]

不过,直到 1940 年秋天,阿勃维尔才开始在间谍行动中广泛使用微缩影像。阿勃维尔一度将文本小型化到一张邮票的大小,但到了 1940 年,他们已经可以完美地将影像微缩成一个句号的大小,并将它附着在句号上或者字母"i"的小点上。

这一切引出了一个谜团——谁是这种让军情五处和联邦调查局如此惊讶和着迷的非凡技术的真正发明者。多年以来,瓦尔特·察普(Walter

Zapp，1905～2003）教授被认为是微缩影像的发明者，因为胡佛在1946年春天赋予了他这项荣誉。胡佛发表在《读者文摘》上的文章中对这款"敌人的间谍杰作"大肆宣传。在赞扬德国人的聪明才智的同时，他也美化了联邦调查局的形象，为此不惜将真实与虚构掺杂在一起。

胡佛声称"巴尔干花花公子波波夫在德累斯顿理工大学师从微缩影像技术的发明者察普教授"。事实上，察普教授没有发明微缩影像，波波夫也从未在他手下就读于德累斯顿理工大学。胡佛作品中的真真假假旨在炫耀联邦调查局自封的政绩。正如影片《92街的房子》虚构并夸张了迪凯纳间谍团伙的故事，胡佛也夸大了各种真实情况，虚构出"敌人的间谍杰作"，来创造出巨大到疯狂的神话效应。故事中某些线索是真实的，但也充满了虚假的修饰。

胡佛的神话故事重复了一遍又一遍，直到微缩影像史的权威威廉·怀特（William White）指出：发明微缩影像的是移民到德国的俄国裔犹太科学家埃马努埃尔·戈德堡（Emanuel Goldberg，1881～1970），而非察普。早在1925年，戈德堡就在巴黎的第六届国际摄影大会上提出过微缩影像技术，并称之为"mikrat"。他的公开微缩影像代表作是法国摄影先驱约瑟夫·尼塞福尔·涅普斯（Joseph Nicephore Niepce，1765～1833）的相片，后者被认为是世界上第一张照片的拍摄者。这幅微缩影像被放置在类似CD或DVD的一块圆形显微镜片上。人们必须依着箭头的指引才会注意到那个只有0.03毫米的小点。这幅微缩影像被装在一个小皮盒里。据说，戈德堡可以将"50本《圣经》的内容放在6.45平方厘米的微缩影像里"。但是，即使在1925年，追捧这种技术的也不是宗教领袖。当他听说微缩影像技术已经"开始为各大国的间谍部门服务"时，戈德堡自己也感到惊愕。[23]

和许多人一样，威廉·怀特认为胡佛将微缩影像的发明者认定为瓦尔特·察普是错误的，其实察普是著名的米诺（Minox）微型间谍相机的发明者。瓦尔特·察普本人也否认了曾在战争期间研究微缩影像。他声称，1940年他从家乡拉脱维亚逃难到柏林，在德国电器公司（AEG）研究显微镜。在一段视频独白中，他提及1943年德国电器公司被炸，随后与蔡司·依康公司合并，之后他继续在那里工作。不过，他确认蔡司·依康的总部设在德累斯顿，而胡佛笔下的那个神秘的"察普"以及德累斯顿理工大学就在那里。没有多少人知道他在战争期间的个人生活。人们猜测，著名的瓦尔特·察普在蔡司·依康工作期间可能承接过纳粹党保安服务处的合同，但这也只能是猜测，没有任何战争时期的档案能证实这一说法。[24]

实际上，"察普"的故事是有事实依据的，只是有诸多修饰、扭曲和失真。1986年，联邦调查局解密了一位德国间谍约翰内斯·鲁道夫·齐尔斯多夫（Johannes Rudolf Zuehlsdorff）的审讯记录，其中提到他曾经接受过微缩影像显影机的操作培训，而这种机器的发明者是库尔特·察普（Kurt Zapp）。这位传说中的察普住在莱比锡，但后来在德累斯顿微缩影像设备厂工作。但在纳粹的档案中没有任何关于库尔特·察普的线索。他可能是一名纳粹党保安服务处的官员，而"库尔特·察普"只是用来与间谍沟通的化名。[25]

德累斯顿理工大学在战争期间曾经承接过军方的合同，并积极参与微缩影像微型化的研究。据说，库尔特·察普曾在科学摄影研究所工作，内容是完善戈德堡的微缩影像技术，使其为间谍活动服务。根据联邦调查局线人提供的信息，库尔特·察普确实曾做过微缩影像设备方面的工作，他研制的仪器后来被称为"察普盒"。齐尔斯多夫曾抱怨这个装置太大，库尔特·察普又试图将其减小到一块砖大小。[26]

库尔特·察普穿梭于德累斯顿和柏林之间。1945年5月，齐尔斯多夫曾在纳粹党保安服务处的柏林办公室遇见察普。当时他正准备去印度执行秘密任务，去见察普是为了获得伪造的身份证件。察普隶属于 VIF 集团，该集团为纳粹党保安服务处的外国情报部门做过通信技术支持工作。这个单位位于绿意盎然的柏林郊区格鲁内瓦尔德。纳粹党保安服务处在德尔布吕克街 6A 号"买下"（从未付钱）了一栋旧的灰色豪宅，别墅的主人是犹太人。在纳粹党保安服务处接管前，这栋建筑一直是纳粹党卫军的培训学校。VIF 集团占用了从地下室到三楼的所有空间。战争结束后，臭名昭著的 VIF 集团才为众人所知：它不仅是一个假钞印钞厂，还生产假护照、假身份证，以及无线电发射机和微型摄影机。[27]

需要再次说明的是，波波夫与库尔特·察普从未谋面，也从来没有得到他的训练，更没有在德累斯顿师从察普。他没有像胡佛声称的那样在 1941 年 8 月与兰曼会面时把微缩影像交给美国。联邦调查局声称他们在搜查波波夫的行李的时候发现了含有微缩影像的信封。当实验室的技术人员对着光线举起信封时，发现"突然有微小的聚光"，那正是微缩影像反射的光。胡佛倒是详细地描述了这位技术人员是如何"极度小心"地用皮下注射针的针尖把微缩影像挑出来。当他们将它放大 200 倍后，看到了"令人毛骨悚然的文件"，这次的内容无关偷袭珍珠港，而是表明纳粹正在努力获取原子能。[28]

纳粹永远不会承认，微缩影像的发明者戈德堡是一个犹太人，但要为间谍活动所用，还需进一步调整和缩小戈德堡版本的微缩影像。于是，在 1937 年，德国陆军兵器局开始招标购买微型摄影机。他们联系的一家公司是位于柏林弗里德瑙的阿斯卡尼亚－沃克公司。这家公司专门从事军事用途的光学精密机械生产。阿曼－布拉斯博士是这家公司负责微缩影像项目的工程师。他向陆军兵器局的感光乳剂化学专家海因里希·贝克博士做了展示，后者领导着阿勃维尔的秘密通信部的微缩影像部门。阿斯卡尼亚－沃克公司制作的微缩影像与戈德堡的极为相似,但尺寸已经大幅缩小。该公司使用相同的玻璃板涂抹火棉胶,但产出的图像不需要再次显影。从玻璃板上剥离了包含微缩影像的薄胶棉片后,可以直接用一根皮下注射针将微缩影像挑出来。

1939年德国入侵波兰之后,阿曼－布拉斯逃离柏林,回到他的家乡瑞士。1942年在瑞士伯尔尼总司令部的一次会议上,他展示了450倍微缩影像的样本。阿曼－布拉斯离开后,戈德堡在德累斯顿成立的公司蔡司·依康,继续致力于微缩影像的发展。[29]

和许多前人一样,联邦调查局特工和胡佛似乎都被这个新技术给迷住了。它的确是一个真正的技术奇迹。出人意料的是,联邦调查局并没查阅任何微缩影像的技术期刊,如果他们有,他们会发现微缩影像的真实历史:一个被边缘化的犹太人发明了它,这种技术至少从1925年就已经存在。

抛去所有这些半真半假和不实陈述,有一件事是肯定的。成功的沟通是间谍活动的核心。揭露和掌握新的谍报方式无比重要。历史经验一次又一次证明,在破解敌人的通信方式后,很容易瘫痪其整个间谍系统。该成果如今同样适用于破解基地组织开发的高科技数字隐写系统。

拉丁美洲和墨西哥的微缩影像间谍圈

尽管波波夫的任务失败了,但双重间谍确实把微缩影像的知识带到了美国。这让联邦调查局成功挫败了德国间谍在南美洲的主要行动。当时,微缩影像技术已经得到了广泛的应用。

1940年6月,美国联邦调查局在拉丁美洲成立了特别情报局(SIS),以监控在南美洲、中美洲和加勒比海域的德国间谍。特别情报局在洛克菲勒广场的 RCA 大厦租下办公室作为总部，并伪装成一家进出口服务公司。[30] 尽管联邦调查局只是一个反间谍的国内安全机构，但已经开始介入处理拉丁美洲情报，此时战略服务办公室负责在欧洲和亚洲搜集情报。

联邦调查局已经与曼哈顿第五大道上的英国安全协调局建立合作关系。尽管偶尔会争夺地盘，但双方还曾一起在大英帝国的百慕大审查站检阅截获的微缩影像。联邦调查局在百慕大汉密尔顿设立了一个分部，一旦百慕大审查站截获了微缩影像就会得到通报。1941 年 11 月开始，百慕大审查站下令开始寻找和检测截获的邮件中是否包含微缩影像。在接下来的几个月里，审查员发现了"21 封信件里藏有致命的微缩影像"。这些信件来自墨西哥。1941 年 12 月 6 日，他们发现了最重要的微缩影像之一，这直接导致墨西哥最大也最重要的德国间谍团伙败露。[31]

数以万计的德国人居住在拉丁美洲，他们已成为当地商业和经济发展的中流砥柱。他们维持着良好的社会关系，广泛结交当地的高级军官和政府官员。阿勃维尔汉堡分部在 1939 年 5 月派出了第一个常驻拉丁美洲的间谍。此前，这个地区还是一个沉睡的前哨。这种情况在 1940 年春季发生了巨大变化，那时德军已经征服了西欧的大部分地区。到了秋天，英国已经成为德国的强大天敌，美国也开始给英国提供军事和情报支持。德国纳粹党保安服务处负责政治情报工作，他们与阿勃维尔一道，在南美洲展开间谍合作。1944 年，阿勃维尔的领袖威廉·卡纳里斯（Wilhelm Canaris）因参与暗杀希特勒的计划而被处死（一些人相信他是被钢琴弦绞死的）。此后，纳粹党保安服务处全面接手了阿勃维尔的工作。

阿勃维尔和纳粹党保安服务处在南美和墨西哥开展行动时急需与德国总部沟通，于是成立了短期的技术组织"Orga T"，负责管理关键发报站和用微缩影像通信。留着小胡子的古斯塔夫·乌金格尔（Gustav Utzinger）是一个聪明的年轻人，他刚刚完成了他的电子博士学位，进入德律风根（Telefunken，德国著名的家庭电器生产商——译注）公司工作。很快，他被派到德国的情报部门，远赴巴西。此时，正值巴西政府抓捕德国间谍团伙，于是他逃到阿根廷，加入了布宜诺斯艾利斯的间谍集团。德国人在那里买下偏远的农场，隐蔽地发送秘密消息。他们甚至买了350只鸡，还安装了一个孵化器，并在四周种植树木，以掩人耳目。他们甚至在鸡窝里挖了一个洞，把发报机埋在里面。[32]

"Orga T"还在布宜诺斯艾利斯附近的贝拉维斯塔（Bella Vista）的一个乡村小屋里成立了微缩影像实验室。一名27岁的奥地利摄影家和他的妻子住在这里，并制作了大量的美国出版物的微缩影像。纳粹党保安服务处在阿根廷的头目——约翰内斯·贝克尔随后通过邮政和快递把这些微缩影像发回德国。[33]

起初，间谍很大程度上依赖于秘密短波无线电接收器和发射器。1942年，巴西政府关闭了在巴西全境的德国秘密发报站，间谍们开始在阿根廷的布宜诺斯艾利斯用无线电发报机与柏林、汉堡和科隆通信。这条秘密情报产业链是这样运作的：美洲的线人收集信息，并将其中最紧急的消息编成代码通过无线电发报机发出，接收方再将整篇报告制成微缩影像，通过船运快递经西班牙中转最终寄往德国。[34]

微缩影像允许德国间谍将大量的信息发回德国。发送长无线电报是非常耗时和危险的，因为消息必须被秘密编码，而无线电信息也很容易被拦截。虽然秘密墨水容易伪装，但写长消息也是困难且耗时的。微缩影像一举解决了这些信息收集和发送的问题。将整个图书馆的信息量放在一只行李箱中的梦想业已成真。现在，纳粹可以在几十个微缩影像上凝聚数千页的秘密信息。

压缩大量信息是微缩影像最吸引人的一点，但隐藏信息则是另一回事。微型照片可以被隐藏在邮票上、信封封口处，塞进书脊或者缝进衣物中。微缩影像也被藏进数百封电报、企业通信和情书的句号中。最重要的是，它们伪装了令人脊背发凉的消息，包括炸毁缴获船只、军工生产情况、巴拿马运河船只活动，乃至袭击珍珠港中破坏美国的石油储备等。

"二战"期间，墨西哥城成为规模最大的德国间谍团伙的老巢。50名间谍分别受雇于阿勃维尔柏林分部、汉堡分部和科隆分部。这些人主要通过微缩影像沟通。他们曾使用代码、秘密墨水和秘密发报站，但在墨西哥政府关闭发报站之后，他们都不得不更多地依赖于微缩影像。德国间谍主要用微缩影像接收指令，但他们不能用它来发送消息，因为制作过程过于复杂。

但墨西哥城的间谍团伙是幸运的，有一个受过专门训练的间谍为他们制作微缩影像。他的名字叫约阿希姆·鲁格（Joachim Rüge）。1933年以来，他一直是一家德国汽车公司在墨西哥城科尔庭分公司的总经理。与赛博尔德的案例（见第九章）极其相似的是：鲁格1939年8月回德国出差，阿勃维尔随即招募了他。作为一名参加过第一次世界大战的退伍军人，鲁格是一个爱国的德国公民，同意为军队工作，但他很快就被转移到阿勃维尔。经过八个月的微缩影像技术培训，他在1940年7月通过西伯利亚大铁路、日本和美国夏威夷抵达墨西哥，负责为墨西哥城的间谍团伙制作微缩影像。

鲁格抵达墨西哥城后加入了以乔治·尼古劳斯（Georg Nikoclaus）为首的间谍集团。这个蓬勃发展的集团受雇于阿勃维尔柏林分部，而尼古劳斯被认为是拉丁美洲最好的间谍领导者。除了作为总经理在公司主持日常工作，鲁格现在还是阿勃维尔间谍，代号"Y2983"。回到墨西哥后，鲁格和他的妻子在时尚的洛马·德斯查普尔特佩克区买了一套新房，但间谍的工资不够他们开销，于是鲁格要求加薪。按说尼古劳斯不会容忍这样的要求，但他需要鲁格。鲁格是唯一懂微缩影像技术的人，于是尼古劳斯满足了他的加薪要求。鲁格随后买了一辆凯迪拉克轿车。他不是唯一一个提出奢侈要求的间谍。尼古劳斯的前任——史里布鲁格男爵，开着奔驰车，名下有多处房产，这些都是用阿勃维尔的钱买的。阿勃维尔为满足间谍们的消费需求而撒下的钱简直是天文数字。即使有稳定的经济来源，在墨西哥的间谍也不需要个人账户，所有开支都用随身携带的现金。这很可能是因为阿勃维尔在用德尔布吕克街 6A 号和萨克森豪森集中营里制造的假币资助他们。[35]

尼古劳斯对信息有贪婪的胃口。他订阅了三十多份报纸和技术期刊，对美国军工生产尤其感兴趣。他不必自己消化大量的信息。他手下的几个间谍都精通英语，可以为他阅读、翻译和整理相关资料。[36]

1941 年 4 月，第一台微缩摄影机运抵墨西哥。发货方是德国首屈一指的爱克发（Agfa）电影公司，他们将微缩摄影机申报为貌似无辜的照片放大机。机器由德国控制的意大利洲际航空公司运到巴西，当地一位名叫腓特烈·威廉的商人作为中间人将其再次转运给鲁格和尼古劳斯。收到机器后，鲁格和尼古劳斯租了一套公寓，在那里将间谍们搜集的信息制成微缩影像。4 月底，鲁格和尼古劳斯将微缩影像寄往巴西、智利和瑞典，这些信件均通过中间人再转发到里斯本或柏林。如果信息很短，则往往通过无线发报机传播。[37]

对于尼古劳斯的间谍生涯来说，4 月是一个重要的月份。当月初，已婚的尼古劳斯（他的妻子和孩子都在德国）甩掉了他的墨西哥女友特雷莎·金塔尼利亚，结束了两人持续八个月的恋情。金发的尼古劳斯长得并不帅气——中等身材并且秃顶——金塔尼利亚对此相当宽容。她以为他是认真的，因为他搬进了她的公寓。到了月底，尼古劳斯又找到了一个德国情人。金塔尼利亚立刻通知墨西哥当局，称尼古劳斯是一名纳粹间谍。她还为当局提供了间谍团伙成员的名字，以及关于"唐·卡洛斯"运营秘密发报站的信息。当局认定"唐·卡洛斯"是卡洛斯·雷特尔斯多夫（Carlos Retelsdorf），然后关闭了他的发报站。[38] 这使得团伙更加依赖微缩影像。

1941年12月6日开始，百慕大审查站不断地截获从墨西哥寄往德国的微缩影像信件，类似的信件源源不断，直到1942年1月才告一段落。几个星期后，墨西哥警方逮捕了尼古劳斯。随后不久，鲁格也被拘留并送往韦拉克鲁斯监狱。这也标志着第一批微缩影像信件流的结束。

与此同时，尼古劳斯被送到美国，准备与其他239名德国间谍一同遣返回国。墨西哥政府已经同意，只要通过瑞典客船"多特宁霍尔姆"号从纽约遣返间谍，就可以保证他们脱离联邦调查局的管辖权限。联邦调查局急于拘留和审问尼古劳斯，但苦于没有证据证明他是间谍。在尼古劳斯登船之前，联邦调查局的探员对他进行了搜身。他们发现他的右鞋的鞋舌下藏着六个微缩影像。联邦调查局技术实验室的专家放大了这些微缩影像后，看到了令人胆寒的内容：美国潜艇逃生舱口的蓝图。有了这个证据，联邦调查局拒绝遣返尼古劳斯，并在战争期间将他扣押在美国的战俘营里。[39]

鲁格则更为幸运。他贿赂了墨西哥内政部的官员，被无罪释放。但他的麻烦并没有因此停止。现在，联邦调查局正热切地寻找一个代号为"Y2983"的神秘间谍。

尼古劳斯被拘留后不久，百慕大审查站在一封截获的信件中发现了三十多个微缩影像。这封信是"Y2983"从墨西哥寄给柏林的古赛克（Gusek）的。尼古劳斯曾付钱给"Y2983"，但联邦调查局不能审讯尼古劳斯，因为美国国务院就此向墨西哥政府做出过承诺。同时，又有七个微缩影像被拦截，但内容却是代码。而此时，美国已经参战了。

让英国安全协调局在纽约的负责人威廉·斯蒂芬森感到失望的是，联邦调查局想保留微缩影像。他认为这会给德国通风报信，让他们知道联邦调查局已经截获他们的通信。结果是，美国联邦调查局只保留了一部分微缩影像，而放行的另一部分已经难以辨认。

百慕大审查站后来截获了从欧洲寄往墨西哥城的一封信，"Y2983"的身份也开始水落石出。英国安全协调局与联邦调查局一起调查这宗案件。他们发现这个邮政信箱属于约阿希姆·鲁格。联邦调查局还在卷宗里发现了一封两年前从夏威夷寄往柏林万湖区的信，收信人克拉拉·鲁格正是约阿希姆·鲁格的母亲。探员们由此知道"Y2983"就是约阿希姆·鲁格。[40]

1941年以来，美国联邦调查局就已经得知墨西哥的德国间谍网的消息。因为间谍团伙的无线电发报员卡洛斯·雷特尔斯多夫曾使用过双重间谍赛博尔德设在长岛的发报机（见第九章），而这个发报机正是由美国联邦调查局提供的。联邦调查局将墨西哥的微缩影像案称为"木屐案"。鲁格的败露也牵出了整个墨西哥的德国间谍团伙。[41]

鲁格好像是有九条命的猫。尼古劳斯被捕后，鲁格在墨西哥城接手了他的间谍工作。他的团伙在谍报系统严重受损的情况下继续发报，直到1944年。这几年特别情报局利用截获的信件一一确定了其他间谍和线人的身份。最终，这些线索导致布宜诺斯艾利斯以及南美洲其他城市的更多的德国间谍败露。

战争结束后，美国说服墨西哥政府逮捕并遣返生活在墨西哥的德国人。在墨西哥居住的德国人中有21个人牵扯到了微缩影像案件。1946年8月2日，墨西哥警方试图逮捕鲁格。那时他已经是墨西哥郊区一个养鸡场的老板。看到警察来到家门口,鲁格高举手枪,威胁要杀死任何试图逮捕他的人。第二天,支援警队也到了,人们发现鲁格已经自杀,他在遗言中写道:不希望被遣回德国。[42]

这些谍战故事表明,英美调查员对纳粹的谍报方式已经了如指掌。调查员破解了纳粹的密码系统,拦截了纳粹的秘密消息,还发现了微缩影像技术。纳粹成功开发出戈德堡微缩影像的进化版,自认为已经解决了大批量发送情报的难题。但当英国反间谍机构、美国联邦调查局和南美洲警察关闭或控制了所有重要的无线电通信后,纳粹变得更加依赖于已被敌人破解的微缩影像系统上。纳粹为拉丁美洲的行动倾注的大量资源最终都显得一文不值。尽管联邦调查局传统上负责国内安全和反间谍工作,但他们在拉丁美洲设立了一个真正的外国情报机构——特别情报局。在与精明而经验丰富的英国情报部门和反间谍机构合作后,特别情报局也开始取得一些成绩并破获了一些间谍团伙。然而,直到现在,这些成功的抓捕行动背后的英美调查员的身份依旧不为人知。

第十一章

隐身的间谍捕手

Invisible Spy Catchers

众多默默无闻的间谍捕手中，有一人是在百慕大群岛的公主酒店的地下室里工作。在那里，他取得了秘密谍战中一系列意义重大的胜利。这位生化学家沉默寡言，身材修长，戴眼镜，回避媒体，尤其避谈他在这场秘密战争中承担的工作。即便他到纽约为库尔特·弗雷德里克·路德维希的庭审提供证据，美国媒体也没能得知他的姓名。尽管如此，他和英国特勤局的同事还是对"美国媒体对庭审的大肆宣传"感到失望，因为其中"披露了美国联邦调查局和英国百慕大审查员在谍战中的制胜方法"。他担心，"美国的庭审一旦让德国人改变了自己的方法，我们将不得不从头来过"[1]。

他叫查尔斯·恩里克·邓恩特，是英国帝国审查局科技部门的负责人，而他的办公地点就在百慕大群岛的汉密尔顿。他的父亲是

图 30：查尔斯·恩里克·邓恩特

一位英国化学家，曾在新加坡为政府工作。他的母亲是西班牙人，在新加坡怀孕后回国生子。一年后，他们一家搬到了英国。邓恩特的职业生涯非同寻常：十几岁的时候，他辍学到一家银行打工；后来又到一个实验室做技工，再之后回归校园，在伦敦帝国大学读书。在那里，他获得了化学学士学位。1934 年，因在铜酞菁（即市面上的酞菁蓝颜料）方面的研究，邓恩特获得了博士学位。随后，他进入英国帝国化学工业集团的染料化学公司，并为自己的酞菁蓝染料申请了专利。这是一种美丽明亮的蓝绿色染料，用于制作墨水和印刷品。几年后，他又到医学院求学，但战争打断了他的学业。

20 世纪 30 年代中期，邓恩特已经研究了隐写技术。他认为英国将不可避免地再次卷入战争，到时候，他的化学研究和染料发明将会派上用场。应征入伍后，他先是随英国远征军来到法国，负责一个检查军中通信的小型移动实验室。远征军撤退后，他又回到医学院学习。1940年末，他再次入伍，领导百慕大的新实验室。前几章提到的几宗秘密墨水侦察的幕后策划人正是邓恩特。仅在1942年上半年，他的团队就截获63封间谍通信，并以此将27名间谍绳之以法。[2]

因在第一次世界大战期间的出色表现，英国帝国审查局首席技术官斯坦利·W. 柯林斯被称为是"世界上最伟大的秘密墨水专家"。但盛名之下，他工作的实质内容几乎无人知晓。相反，邓恩特后来却成为一位有名的生物化学家和医生。在百慕大服役两年后，邓恩特回到英国完成了医科学业。在此期间，他还被派去美国，协助当地情报部门建立秘密墨水实验室。1945年，他出任大学附属医学院的助理，被派往刚刚解放的卑尔根－贝尔森集中营，研究氨基酸混合物在治疗饥饿中的作用。一年后，他获得洛克菲勒奖学金，到纽约州罗切斯特大学学习。在百慕大期间，邓恩特结识了同样服务于情报部门的玛格丽特·露丝·科德（Margaret Ruth Coad）。两人于1944年结婚，并育有六个孩子。[3]

大西洋上的审查堡垒

百慕大岛上有八百多名女性审查员，邓恩特的未婚妻是其中之一。她们当中的大多数并不像玛格丽特·露丝·科德这样有幸坠入爱河。在百慕大，女性人数远远超过男性。英国审查系统的男性领导者似乎认为最有效的间谍"捕手"是女性。他们认为这些妇女拥有的不仅是灵敏的第六感。一位男情报官在英国安全协调局的备忘录中一本正经地写道："整体来看，胜任工作的姑娘们也有好看的脚踝"，"显然，腿不好看的女孩一定是一个坏的'捕手'，工作时像方枘圆凿一样格格不入……没人知道腿在整个工作中扮演什么角色，这确实值得深究"。⁴ 显然，没人深入研究过英国情报界的性别歧视问题！

在百慕大工作听起来很美好：无尽的艳阳、随风摇曳的棕榈树、优雅的热带庭园、蔚蓝的天空和度假村般的气氛。阴沉沉的伦敦比这里差远了。但对于女审查员来说，百慕大也很沉闷，因为她们的男同事大多是繁忙的已婚中年人。一首《处女的挽歌》很好地体现了这些女性的感受：

> 我只是军情五处的一个女孩，
> 正前往处女的坟墓，
> 是我的双腿帮我进入这里，
> 而我仍然等待我的罪行。⁵

奇怪的是，《生活》杂志在同一时期对这八百多名女性的描述与上述男情报官描述的情况并不相符：这些妇女年事已高，腿上都是蚊虫叮咬的痕迹。富丽堂皇的公主酒店也已变成了"名副其实的审查系统的内部堡垒"。无数的游客曾下榻该酒店，在院子里的游泳池里畅游，在热带花园中漫步。但如今，这间粉色调的、七层楼的酒店已经变成了一座写字楼，里面的活动仅限于审查。

大部分审查员住在另一个叫"百慕戴安娜"（Bermudiana）的酒店。这栋黄色建筑坐落在一座小山头上，从那里可以俯视汉密尔顿港。这些审查员从住处出发，沿海岸步行约 400 米就能到达办公地点——这条小路被称为"牢骚小道"。尽管他们常常抱怨严苛的工作环境，但还是饶有兴致地组织了合唱团和话剧社，在一起打乒乓球，玩桥牌，学习舞蹈。一名女审查员甚至会选择游泳横跨海湾去上班。⁶

帝国审查局在阳光灿烂的百慕大安营扎寨之前，英国情报部门已经开始在纽约的摩天大楼里开展情报协调工作。1939年9月，战争在欧洲爆发，英国全国上下充分动员，还扩充了军情五处和六处。1940年，一个听起来冠冕堂皇的联络机构——英国安全协调局在纽约设立。数以千计的间谍从第五大道的阿特拉斯雕像前经过，进入洛克菲勒大厦，乘电梯到位于35楼和36楼的办公室，与他们的上司会面。[7]

英国安全协调局的负责人是威廉·史蒂文森（William Stephenson）。他被称为"安静的加拿大人"，因为他一直退居幕后，躲避媒体。他的代号是"无畏"。作为一位事业有成的商人，史蒂文森看起来不太可能是王牌间谍，而商人身份恰恰成了他最好的掩护。更不用说，美国许多王牌间谍并不是科班出身，而是从商界、法律界或者学术界进入情报界的。美国战略服务办公室的负责人威廉·多诺万（William J. Donovan）就是一名律师。多诺万保持着高曝光率和极其浮夸的公众形象，因此被戏称为"野蛮比尔"，而"小比尔"的别称被留给史蒂文森。

丘吉尔首相对充斥着"斗篷和匕首"的间谍世界十分着迷。他授权史蒂文森"确保（美国）对英国的支持，共同对抗敌人在整个西半球的颠覆计划……最终将美国卷入战争"。[8]在"护照检察官"身份的掩护下，神秘的加拿大商人史蒂文森成功地达到并且超越了丘吉尔对他最疯狂的期待。他加强了与胡佛（联邦调查局）的合作关系。此外，美国总统富兰克林·罗斯福也积极巩固英美合作关系，他甚至告诉史蒂文森："联邦调查局和英国情报机构应该尽可能密切地联姻。"[9]这是一段怎样的婚姻啊！联邦调查局在反德国间谍方面的技术和经验甚少，几乎完全依赖英国，而这种依赖很快产生了富有成效的合作。

1941年，英美两国联手破获了路德维希案件，这就是成功合作的结果。而这正是在英国安全协调局的斡旋下达成的。两国机构把时代广场的车祸与乔的秘密墨水书信联系起来，轻而易举地识别出间谍团伙。截至此时，美国国内还没有审查机构，只能依赖英国的审查系统，特别是百慕大审查站。

从西半球到中东，从非洲到澳大利亚，英国的帝国审查系统已经铺天盖地。百慕大、特立尼达和牙买加是大西洋和加勒比海群岛上最重要的审查站，拦截着从西半球到饱受战争蹂躏的欧洲的邮件和电报通信。与在布莱切利成功破解恩格玛密码系统相比，这些天堂岛屿上的审查活动则充满异国情调。从20世纪30年代开始，百慕大就是飞机和轮船的中转加油站；但直到欧洲战争爆发，对通信的审查才变得必要。美国在参战前一直无法开展审查工作，这一方面是由于严格的中立法律，另一方面也是出于美国民众对侵犯隐私行为的强烈反感。[10]

英国情报部门敏锐地意识到，秘密通信是纳粹德国的"阿喀琉斯之踵"。纳粹战争机器在很大程度上依赖于秘密通信来润滑和驱动。英国人在布莱切利截获的大量电报都是由德国引以为豪的、看似坚不可摧的恩格玛机编码的。而在百慕大，捕手们的专业是拦截和审查邮件。他们在情报界声名鹊起的原因是找到并破解了秘密墨水信，并发现了微缩影像的秘密。

英国人认为抵抗德国的唯一方式是解密德国所有的通信方法。因此，史蒂文森一直努力争取美国的情报部门、反间谍部门和调查机构的帮助。尽管美国国会坚持中立的孤立主义立场，国务院也禁止这种合作，但富兰克林·罗斯福还是支持了英国安全协调局和联邦调查局的秘密合作。

在伊恩·弗莱明（Ian Fleming）笔下的"詹姆斯·邦德系列"小说中，百慕大、特立尼达和牙买加等充满异国情调的热带岛屿占有重要地位。这并非偶然。"二战"期间,弗莱明和英国其他情报人员曾在这些天堂岛屿工作、逗留或途经,并成功开展了一系列大胆的行动。当然,高度浪漫化的詹姆斯·邦德并不存在(尽管达斯科·波波夫与邦德有些相似,常被认为是詹姆斯·邦德的原型)。弗莱明利用这些天堂岛屿的布景,创造出英国英雄大战恶人的黑白分明的传奇。其中,维纳斯般的美女会突然从海上走来,邦德有时还向美国中央情报局特工菲利克斯·莱特寻求支持。显然,这些天堂岛屿更适合度假,而非艰苦工作。弯腰审查信件,其难度不亚于在茅草堆里寻找一根针,但这就是英国1200名审查员在战争期间的工作内容。

像联邦调查局的报告一样,弗莱明也修饰、扭曲、改造和虚构了事实。二者唯一的区别是,弗莱明写的是小说!尽管没有真正的邦德执行从百慕大公主酒店顶楼套房发出的命令,但安静的加拿大裔英国人、王牌间谍史蒂文森确实多次途经百慕大。(弗莱明和史蒂文森后来也都在牙买加生活过。)尽管没有邪恶的邓恩特教授与"诺博士"(Dr. No)联手对付詹姆斯·邦德,但确实有一位查尔斯·恩里克·邓恩特博士领导着百慕大审查站中战功卓著的科技部门。

为了与联邦调查局搞好关系,史蒂文森安排联邦调查局的调查员到伦敦参观英国帝国审查局,听取关于纳粹间谍手法的报告。他还安排他们参观英国军情六处设在拉丁美洲的办事处,并邀请美国联邦调查局到那里开展类似的行动。由于与帝国审查局的领导关系密切,史蒂文森还得以派遣经验丰富的美国联邦调查员赴百慕大学习开合信封的技术。

同时,一位百慕大审查站的女专家加入了史蒂文森的纽约团队。她建议联邦调查局培训和招聘女性,因为英国人认为她们不仅"心灵手巧",还有"好看的脚踝",这让她们成为审查工作的最佳人选。当联邦调查局助理局长开始在华盛顿总部面试女性时,许多候选人不禁纳闷为什么"一个大龄政府职员"在初选时要检查她们的脚踝。当得知这份工作需要她们到布宜诺斯艾利斯和里约热内卢出差时,她们纷纷要求保证,这不是她们想象中的那种工作![11]

当然,并非所有的秘密墨水调查员都能在充满异国情调的英国殖民地开展工作。斯坦利·W. 柯林斯在伦敦精心策划了他的殖民地秘密墨水帝国,军情五处也在幕后努力,依据拦截到的通信来抓捕和审讯德国间谍。

伦敦帝国理工学院的无机化学教授H. V. A. 布里斯科(H. V. A. Briscoe,1888~1961)是军情五处的科学协调官,领导着秘密墨水部门。"一战"期间,布里斯科就曾与柯林斯合作抓捕德国间谍。"二战"期间,他再次被聘用,并一直在帝国理工学院继续工作。除了研究秘密墨水,他还承担了大量的战争工作,包括重水研究、钍与稀土金属的化学反应研究。他还是一个"摩托车发烧友"[12],比大多数出租车司机更熟悉伦敦的道路。

每当英国情报官从德国双重间谍那里获得关于秘密墨水的有趣信息时,就会将之转发给布里斯科。军情五处曾在服务于阿勃维尔的挪威矿工尼古拉·汉森的牙槽中取出秘密墨水胶囊。英国牙医取出了纳粹医生放在胶囊中的物质,并检测出它的成分。[13]汉森持有的秘密墨水是奎宁(一种生物碱,俗称金鸡纳霜)。汉森的纳粹上司告诉他,他只需要用拇指和食指揉搓奎宁就可以制成一支秘密墨水笔。与其他一些富有创意的秘密墨水一样,这种墨水看起来并不很实用,因为间谍们需要在使用它前先去拜访牙医。

布里斯科从军情五处收到这个独特的消息后"产生了浓厚的兴趣"并"狂热于任何其他类似的细节"。此前,他刚与同事编写了

图 31：尼古拉·汉森把秘密墨水藏在牙槽里，他看起来像个牙疼患者

一本小册子《寻找秘密通信的证据》，其中包括如何寻找隐藏的秘密物品。但汉森的案例是他们第一次发现间谍居然在牙齿里隐藏秘密墨水。[14]

绅士不看彼此的邮件

第二次世界大战之初，美国人还没有准备好与德国间谍玩猫鼠游戏，美国社会的开放结构和民主文化是一个障碍。秉承"绅士不看彼此的邮件"的精神，美国人厌恶最有效的间谍抓捕工具——像英国的审查机构一样的大型而高效的审查组织。另一个问题是，美国没有反间谍机构。

随着战争在欧洲进一步展开，美国军界认为有必要开始审查工作。1941年6月，美国建立了战时审查项目组。日本偷袭珍珠港促成美国宣布参战，之后罗斯福总统迅速成立了审查办公室。1941年12月，方脸、少白头、声音柔和、双眸犀利的印第安纳州人拜伦·普莱斯（Byron Price）担任办公室主任。作为美联社前执行主编，他深知美国人对审查的深恶痛绝，并宣称只有讨厌审查制度的人才应该"被允许行使这项权力"[15]。

"二战"期间美国招募了约15000名匿名审查官，他们不太可能都不喜欢审查制度。不论他们自己是否愿意，这些"没人待见的生物"每天都要打开数以百万计的国际信件，偷听数不胜数的国际电话，"编辑"电影、书籍、广播节目和摄影胶片。[16]

即便在战争时期，美国人也没有同仇敌忾地拥抱审查制度。阿拉斯加州的州长厄尔内斯特·格里宁（Ernest H. Gruening）就发起了"茶壶风暴"，在参议院司法委员会抗议授权审查美国国内的邮件。显然，普莱斯用成功拦截危险通信的谍战故事纾解了这种担忧。普莱斯充分认识到审查只是一种临时措施，并一直对他的工作人员强调这一点：打开邮件"在平时是犯罪行为，在任何时候都是非美国式的行为，但在战争时期至关重要"。[17]

一部分审查任务是防御性的。数以千计的物品被认为损害国家安全，无法出现在报纸和电台中。寄往柏林、东京或仅仅是寄给一个士兵妻子的信件里一旦含有潜在情报，相关内容都会被部分涂黑。审查程序还留下了其他明显的痕迹，诸如在信封上贴上"已被开封审查"的贴纸或者直接剪切书信。审查部门禁止邮寄棋牌类游戏或填字游戏类的内容，因为它们可能隐藏信息。[18]

另一部分审查任务则是攻击性的。如果美国人知道了那些保密的审查工作的细节，一定会勃然大怒。在培训能破解秘密墨水信件和密码信件的化学家和密码专家方面，美国进展缓慢。尽管联邦调查局在 1932 年设立了一个强大的技术实验室，但其首要职责还是打击敲诈勒索、绑架和抢银行等犯罪案件。实验室只有笔迹分析师和打字专家。联邦调查局逐渐扩大了他们的职责，包括在战争期间进行间谍活动。总体上，联邦调查局希望用列黑名单的方法来抓捕间谍，但新成立的审查部门认为审查那些不在黑名单上的人的可疑邮件才更为有效。[19]

1942 年 7 月，美国审查部门在邮政局训练了几个人。1942 年 11 月，两个化学家和两个密码专家终于可以在华盛顿一个正式的实验室里开展工作。[20]

但主要问题在于，审查员不希望他们的工作局限于简单的分拣。他们不愿意按照黑名单拦截邮件和物品，然后转交给联邦调查局做技术分析。这样的部门利益之争阻碍了反间谍技术的研发，并造成两个机构之间关系紧张。

美国公众对审查表现出一些宽容之后，审查办公室的下一个任务就是正确地开展工作了。1943 年 5 月，拜伦·普莱斯认为审查办公室在反间谍方面并没有挖掘出"全部潜力"。为了"检测敌人的通信"并改善与美国其他反间谍机构及盟军其他反间谍机构的联络工作，1943 年 8 月，他又成立了一个独立的部门。普莱斯想为这个新的间谍抓捕部门找掩护名称，他曾开玩笑地将其命名为"林业和牧业部"；最终，他采纳了更得体但同样不起眼的"技术运营部"（Technical Operations Division）这一称呼。[21]

进取的陆军预备役军官哈罗德·R. 肖（Harold R. Shaw）上校被任命为技术运营部的负责人。他主要负责遏制秘密墨水使用和检测密码、代码等反间谍工作。和平时期，肖是一名灌溉工程师。在战争爆发之初的几个月里，他领导了当地的邮政审查站。由于持有土壤物理学、化学和水力学学位，肖得以在夏威夷瓦胡岛的一个甘蔗种植园中当灌溉管理员。这也是一个很好的掩护,谁还会怀疑一个灌溉工程师会成为审查技术部门的负责人!1941年秋,肖和另外几名预备役军人参加了为期两个月的密集培训,他们随后成了邮政审查系统的核心力量。肖对军事情报有浓厚的兴趣。培训期间,他还听了美国最伟大的密码破译专家威廉·F. 弗里德曼的讲座,学到了诸多审查技术。[22]

技术运营部下辖两个分支。技术实验室的负责人埃尔伍德·C. 皮尔斯(Elwood C. Pierce)博士战前是马里兰大学的化学讲师。秘密墨水实验室则由马里兰大学的讲师威拉德·布雷昂(Willard Breon)博士和乔纳森·怀特(Jonathan White)博士领导。他们在战争爆发时加入了审查办公室,编写检测秘密墨水的手册,训练审查人员,记录间谍案件。上述秘密墨水分部的两位负责人又聘用了四名化学家——一名单身女子及三名已婚妇女,其中一人是埃塞尔·皮尔斯(Ethel Pierce),她正是埃尔伍德·C. 皮尔斯的妻子。[23]

技术运营部被安置在审查办公室总部的办公楼内。这个位于宾夕法尼亚大道的三角形的建筑隶属于联邦贸易委员会,临近联邦调查局、海军情报办公室、战略服务办公室的临时办事处和英国安全协调局位于康涅狄格大道的办公室。技术运营部的两个分支占据着联邦贸易委员会大楼顶层的无窗办公室。每个部门都有自己独立的入口,访问他们需要通过层层安检和诸多限制。[24]

出人意料的是,成立新的审查部门的原因之一是有太多东西需要保密。由于审查"对大多数美国人来说是一个肮脏的字眼",审查部门不仅要保密情报,还不得不隐瞒工作内容。审查部门的领导认为技术运营部可以解决驻外机构与总部之间因沟通不足造成的冲突。结果却恰恰相反,"实验室对保密的重视几乎超出常识的限度,由此产生的误解使协调合作变得更困难"。尽管审查部门的领导决心保护技术运营部,但也不想让这种"与世隔绝保密的光环……继续发展"。从成立到1945年1月,短短一年半的时间,秘密墨水实验室的工作人数就翻了3倍,从190人增加到560人。[25]

审查办公室毫不退让地承担着检测秘密通信的工作。那些领导崇拜英国帝国审查局在百慕大取得的成就,并感谢他们敦促美国关注德国针对西方的大量间谍活动。他们截获的内容意义重大,复杂而隐蔽的秘密墨水和微缩影像技术也让调查部门震惊。美国审查部门渴望复制成功的英国模式,这意味着抛弃黑名单法,并加强对隐蔽信息的探测。[26]

美国调查员从前几章提到的间谍抓捕行动中吸取了教训。虽然联邦调查局成功打击了赛博尔德以及迪凯纳间谍团伙,但其他的案件还是需要依靠经验更丰富的英国审查部门及其在百慕大的审查站。为了向经验丰富的英国同行学习,技术运营部成立的当月(1943年8月),美国的审查部门在佛罗里达州迈阿密召开了一个"史无前例的"反间谍大会。战时反间谍机构的大约50位领导在市中心戒备森严的办公楼内出席了这场为期三天的会议。技术运营部秘密历史的书写者认为,这次会议的范围、意义(以及,可能你会想补充说"话题")在世界史中可谓空前绝后。英国审查部门在世界范围内开展的地毯式审查工作确实使之成为一个巨大的审查帝国。不仅如此,英国将截取通信视为击败敌人的主要手段。英国审查部门的负责人查尔斯·德·格拉茨(Charles de Graz)曾这样说:"通信是这个组织的生命线,审查部门必须面对敌方也可以运用盟军信息的现实。"他认为盟军可以控制世界各地的所有通信。[27]

从南非到加拿大,从世界各地赶来了一长串的参会者,其中包括斯坦利·W. 柯林斯博士和查尔斯·恩里克·邓恩特博士等秘密墨水专家。联邦调查局和海军情报局等美国机构也参加了会议。柯林斯总结了第一次世界大战期间秘密墨水发展和使用的历史。他指出反制措施是逐步发展起来的，秘密书写分析是需要预想的。他认为"一战"中发展出的最有效的检测隐写的武器是紫外线灯。[28] 英国在第一次世界大战中打击德国间谍的经验显然让新生的美国审查部门十分受用。

在这次会议上，英国再次提出最好让妇女负责邮件的分拣和审查。负责邮件审查的查尔斯·沃特金斯－门斯（Charles Watkins-Mence）爵士说："几乎每个女人都是一个潜在的间谍捕手。百慕大审查站三分之二的工作人员是女性。"英国人提到女性拥有第六感，但没有在正式场合提到她们美丽的脚踝。[29]

迈阿密会议结束两个月后，1943年11月，技术运营部的负责人肖上校和卡尔森中校参观了百慕大审查站。卡尔森的职责是关闭富有传奇色彩的百慕大站，让美国的迈阿密和波多黎各审查站取而代之，审查欧洲和拉丁美洲之间的跨洋通信。肖上校希望见到在百慕大实验室的技术人员，详细了解他们用来捕捉大量德国间谍的方法和技巧。尽管屈居于公主酒店的一隅，资源和设备有限，百慕大实验室还是获得了诸多成功，这一点令他印象深刻。技术实验室的负责人埃尔伍德·C.皮尔斯博士也花了好几个月的时间学习英国的技术，了解百慕大实验室侦破的案件。随后，技术运营部在纽约设立培训实验室，训练化学家参加实战。美国审查部门充分吸取了"一战"期间检测秘密墨水的经验，特别是在美国加入"二战"前英国方面积累的知识和经验。[30]

美国技术运营部成立时，英国已经截获了数百封浸渍着隐形墨水的信件，并因此抓到了无数的间谍。战争结束时，英国帝国审查局截获了219封意义重大的隐写信件，美国方面也截获了120封类似信件，两者加起来总共有339封。[31] 这个数字显示了秘密通信对德国的重要性，以及英美合作如何破坏了这种重要的通信手段。

技术运营部在"二战"期间的历史虽然短暂却引人注目。战争结束前的一年半里，技术运营部开展了许多令人眼花缭乱的行动，对秘密墨水的研究尤其深入而全面。美国审查办公室与英国及加拿大的化学家合作，也同美国联邦调查局及陆军通信兵团合作，但大部分工作都由技术运营部独立完成，或者承包给工业实验室和大学研究机构。

技术运营部的研究伙伴主要集中在东海岸，研究重点是检测秘密书写和微缩影像。纽约的贝尔实验室是最早对这项工作表示出兴趣的工业实验室之一。但审查办公室更加雄心勃勃，并向科学研发办公室（OSRD）进一步寻求帮助，后者由德高望重的万尼瓦尔·布什（Vannevar Bush）博士率领。科学研发办公室的前身是国防研究委员会（NDRC），后者是"二战"期间海军和陆军的国防科学军事研究实验室之外最主要的研发机构。这一机构因研制原子弹的"曼哈顿计划"而一举成名，同时还致力于研究雷达、声呐和近炸引信。1941年，科学研发办公室成立时，国防研究委员会的 19 个部门的排序方式由字母变成了数字，研究领域包括弹道、新导弹、炸药、光学、物理和军工冶金等。第 19 分部的负责人是查德维尔（H. M. Chadwell），这个部门也被称为"打杂游击队"。[32]

1944 年 1 月，美国审查办公室负责人拜伦·普莱斯要求将秘密墨水研究设为"与科学研发办公室协作的常规项目"。他希望技术运营部的实验室能承接科学研发办公室的项目。19 分部已经开发出破坏性武器，并提供给战略服务办公室。19 分部的第一分支在伊士曼柯达公司的里克特（G. A. Richter）博士的带领下在秘密墨水研究方面进展迅速。[33]

1944 年 6 月起，在位于剑桥镇牛津大街 12 号的哈佛大学马林克罗化学实验室的会议室里，肖和他的技术助手每个月都会组织会见由化学家和物理学家组成的"智囊团"。曾在"一战"期间协助西奥多·威廉·理查兹的秘密墨水研究的哈佛大学化学教授阿瑟·B. 兰姆

(Arthur B. Lamb）主持了这些会议。与会人员还包括他的同事、负责麻省理工大学的放射性实验室的物理学家罗博利·D. 埃文斯（Robley D. Evans），以及他的年轻同事桑伯恩·布朗教授，后者对美国独立战争期间使用的秘密墨水有浓厚兴趣。其他成员包括微量化学的先驱、贝尔实验室的贝弗利·克拉克（Beverly Clarke）博士，通用印刷墨水公司的埃勒里·哈维（Ellery Harvey）博士，理特咨询公司的伊顿（S. E. Eaton）博士和圣三一学院的年轻化学家洛思罗普（W. C. Lothrop）博士，后者是该委员会一位非常活跃的秘书。

加州理工学院没有派代表到东海岸参会，但承接了科学研发办公室的一些合同。莱纳斯·鲍林（Linus C. Pauling，1901～1994）和他的研究小组在开发新型秘密墨水及其防御措施的研究中发挥了积极作用。[34]

从化学到分子生物学，鲍林在众多研究领域都十分多产。他曾两次获得诺贝尔奖：1954年，他因在化学键方面的研究成果获得诺贝尔化学奖；1962年，他因强烈的反核立场获得诺贝尔和平奖。在被邀请为科学研发办公室协助战争工作时，他已经是加州理工学院的全职化学教授、化学与化工系主任、盖茨-克莱林化学实验室主任。虽然他拒绝参与原子弹研究项目，但他也曾承接了几十个科学研发办公室的国防合同。战争初期，他开发了一系列新颖实用的设备，也参与了炸药研究等传统战争工作，还精通秘密墨水的制作和检测方法。直到去世，他都没有透露过这些秘密工作。1991年，在接受传记作者托马斯·哈格的采访时，他只是做了些暗示：

> 鲍林：然后我遇到了一个问题，怎么能让一个愿意与政府进行沟通的人发送信件，在一张纸上写一封普通的信，但没有人能破译。

> 托马斯·哈格：一个牢不可破的代码。
>
> 鲍林：是的。所以，我有一个想法。我们就此研究了两三年，然后跟我一起做研究的人从我的视野中消失了。他被政府带走了。所以，我的隐写研究……我不知道发生了什么事。我依然不想说出秘密通信的方法。[35]

鲍林对秘密墨水最具创新性的贡献结合了他在生化和免疫方面的兴趣。鲍林与三位加州理工学院的同事合作，试验了肺炎双球菌产生的水溶性多糖胶——这种细菌是让人类患上肺炎的罪魁祸首！以多糖形式存在时，这种细菌显然无毒，但在免疫学意义上，它仍然是非常活跃的。这种免疫型墨水的巧妙之处在于，它需要一种特定的免疫试剂来显影。秘密书写后的纸张要先浸入这种多糖的抗体的溶液，再浸入滂酰紫 4B 溶液进行显影。[36]

这个免疫学实验是加州理工学院利用生物体制作秘密墨水的研究项目的一部分。鲍林还与一些斯坦福大学的同事研制了一些别的秘密墨水，其中包括诺贝尔奖获得者遗传学家乔治·比德尔（George Beadle）。后者曾与爱德华·塔图姆（Edward Tatum）一起发现了基因在调节细胞化学成分时的作用。加州理工学院只承担了隐写研究合同的四分之一，其他三家承包商分别是：贝尔实验室、通用印刷墨水公司和理特咨询公司。如今这四家仍然是秘密墨水制作和研发的主要机构，它们研究出了"二战"期间问世的大部分秘密墨水。

另一个为科学研发办公室做出了重大贡献的年轻物理学家是麻省理工学院的桑伯恩·布朗教授。他研发了可以大批量检测微缩影像的 X 光检测机。这种改良版的 X 光检测机大获成功，1944 年被安装在审查部门位于纽约的办公室。它可以在八小时内检查 4500～5000 封通信。布朗还会制作微缩影像，并声称他做的微缩影像比德国人的更薄。直到去世，他也没有说出这些战时的秘密工作。37

更令人震惊的是，麻省理工学院放射性实验室的罗博利·D. 埃文斯教授曾致力于制作和检测放射性同位素制成的秘密墨水。美国和英国的审查部门推测，德国人很可能使用放射性同位素进行秘密书写，他们希望找到探测方法。麻省理工学院的科学家认为盖革－米勒（Geiger-Müller）计数器可以检测放射性隐写。对这一发现人们一直严格保密，科学研发办公室的领导人从未在任何报告中提及具体的检测方法。当斯坦利·W. 柯林斯在演讲中提到，该实验室已经研制出新的机器，可以探测诸如用放射性同位素进行的书写，但他只是简单地说，美国的审查部门有一个"了不起的设备"可以进行这样的测试。38

盖革－米勒计数器是汉斯·盖革（Hans Geiger）在 1908 年发明的，1928 年瓦尔特·米勒（Walther Müller）进一步完善。作为放射性检测设备，它显然并不为人所知，直到战争结束后才声名远扬。除去已经在战争中投入使用的，在战争期间美国国内只有为数不多的便携式盖革－米勒计数器，麻省理工学院曾让审查部门使用这一设备。

罗博利·D. 埃文斯认为除了人造放射性元素，像钋这样的天然来源也可以应用在秘密墨水中。2006 年，前克格勃间谍利特维年科在钋－210 中毒几天后死亡，让钋元素上了头条新闻。人们更为熟知的人工放射性元素钴 57 是 γ 射线或 β 射线的发射体，而钋是 α 射线的发射体，无法穿透物体。20 世纪 40 年代，钋"几乎在所有的医院"有售，因为它是用"旧氡针"制成的。39

麻省理工学院辐射实验室还尝试用铕和镝元素进行中子活化隐写。40 战争结束后，英国审讯了前阿勃维尔的隐写部门负责人汉斯·奥托·亨勒（Hans Otto Haehnle）。他交代，只在第一次世界大战期间听说过挪威人使用了放射性同位素。

奇怪的是，对秘密墨水和微缩影像检测的深入研究是在1941～1942年秘密墨水的使用和检测高峰后才开始的。事实上，德国开始用微缩影像取代秘密墨水，一是因为它们能隐藏更多信息，二是因为英国人识破了太多他们的秘密墨水配方。

这项工作大部分仍处在实验室，并没有被应用。因此，技术运营部建议在和平时期也保留一个反间谍单位。大规模的秘密墨水研究中涌现出了新的检测方法，比如液体试剂的大规模应用、电子检测法和X光检测法。化学家开发出了一些新的试剂，并改良了旧试剂。他们还编写了一部全面的秘密墨水及其190种显影剂的技术手册。

沃利茨风琴

当美国科学家缓慢展开秘密墨水研究时，盟军在欧洲早已取得了一系列战术成功。英国双重间谍成功欺骗了德军，使其相信盟军1944年6月将在加莱海峡而非诺曼底登陆。德军在1944年8月巴黎解放后逃离了法国，他们的间谍机构留下了一些耐人寻味的仪器。法国情报机构在蒙帕纳斯大道一座废弃建筑的一楼无意中发现了一种仪器，它看上去就像一件家具，类似一个改装的滚顶办公桌，上面有屏幕、照相器材、紫外线灯和红外灯。他们把它送到一个光学机构进行检测，结论是：这个机器的基本原理是磷光。当一张纸被暴露于紫外线灯下时，红外线会熄灭紫外光活化后的磷光。想必这台机器会以传送带的方式检测秘密书信和违禁品。[41]

法国将这份报告转给了英国情报部门。布里斯科完全不为所动，虽然他认为法国人进行了深入调查，且得出了完善的技术结论，但他的判决是："整个事情对反间谍审查的实际需要完全无用。"[42]

这台机器被法国人发现时已经布满了灰尘，而且已被肢解，显然长期未被使用。当肖上校和技术运营部的团队在慕尼黑和汉堡的审查办公室发现同样的机器时则显得痴迷多了。他们称它为"沃利茨"（Wurlitzer，德国乐器品牌——译注），因为它酷似一架风琴。他们认为在汉堡发现的这台机器是"保存完好的奖赏"。这台机器给他们留下了深刻印象，他们把它空运到美国，送往马萨诸塞州剑桥进行分析。

科学研发办公室在麻省理工学院对这个大体量的机器做了一系列检查，把它拆开，再重新组合，以确定它对盟国是否有用。肖的团队还发现了一个羟基喹啉熏蒸机，这是审查部门使用的另一种标准设备。虽然肖对德国的技术印象深刻，但他发现德国审查人员"水准低"，极其政治化且缺乏训练。[43]

德国的敌人

很多被派往美国和英国的间谍远远未做好执行秘密任务的准备。他们的秘密墨水看起来十分原始，使用方法也很潦草。其实盟军一开始就对敌人的能力给予了积极评价，这一反差令人费解。原来，1941年，阿勃维尔是一个低效的、头重脚轻的军事情报组织，有超过21000名雇员，这还不包括间谍和线人。[44]

随着战争的进行，阿勃维尔及其领导人威廉·卡纳里斯在纳粹的领导层逐渐失去了公信力。虽然许多忠实的德国公民加入了阿勃维尔，但他们中的许多人也反纳粹，至少他们后来是这么声称的。1944年4月，阿勃维尔被并入了日益强大且更加政治化的纳粹帝国中央保安总局（RSHA）。后者由瓦尔特·舍伦伯格（Walter Schellenberg）领导。阿勃维尔首先成了纳粹帝国中央保安总局内的军事办公室，后来被其对外情报部门完全吸收，这个部门也是纳粹党卫队保安局第六分局。1944年7月,卡纳里斯因卷入暗杀希特勒的图谋而被逮捕,阿勃维尔的声望进一步下跌。[45]

阿勃维尔的命运改变之前,已经有了相当大的秘密通信部门。负责人是"小个头、圆滚滚的化学家"阿尔贝特·米勒(Albert Müller)。他在"一战"期间已经是秘密墨水化学家;在两次世界大战之间,他在工业界工作。1937年,阿勃维尔重整军备时再次雇用了他。这位50岁的队长[46]率领整个部门研发出新的秘密墨水配方,制造出微缩影像和小型照相机,试验并应用了紫外线、红外线和超声波,伪造了护照和货币。他们还为散落在德国各地的审查办公室开发出了检测技术。[47]

这个为阿勃维尔研发出大量秘密墨水的部门称为IG。I代表外国情报,G代表秘密。米勒手下有大约十五名工作人员。

德国人很难像第一次世界大战时那样开发新的秘密墨水。"二战"结束多年后,米勒回忆说,"一战"爆发时,秘密墨水领域是处女地,没有现成的文献可以参考。他的化学团队尝试了上百种不同的组合,才发现符合好的秘密墨水的标准配方:它不能被常见的间谍捕手使用的方法探测到,包括紫外灯、碘蒸气、加热或硝酸银。[48]

令人惊讶的是,一些在美洲被捕的纳粹间谍(如纽约的路德维希和古巴的吕宁)曾使用氨基比林和改良柠檬汁等劣质和不安全的墨水。事实证明,阿勃维尔的秘密外国情报部门曾根据间谍的等级分发秘密墨水。间谍的等级则取决于他的可信度以及他是不是德国人。显然,路德维希和吕宁算不上值得信赖的间谍,或者,路德维希的上级认为他在美国期间已经被腐化了。

级别最高的秘密墨水只给德国人,它包含了所有最安全的成分,可以蒙混过"所有已知的检测试剂"。其中,最先进的、最有趣的秘密墨水的代号是"阿尔贝特",它的使用方法类似复写纸。1942年,德国间谍在美国和英国遭受大量损失后，柏林发明家约瑟夫·穆莱森（Josef Mühleisen）博士为阿勃维尔开发出了许多新的秘密墨水。穆莱森在位于柏林达勒姆区施韦因富街57A号的阿尔贝特·米勒家中工作，他家建有实验室。他用一个棉球擦上粉状的巴比妥酸在一张纸上做圆周运动。"阿尔贝特"秘密墨水投入使用时，阿勃维尔命令维岑豪森造纸厂生产用这种粉末浸渍过的纸张，并确保粉末成分保密。间谍可以把这样的纸放在信纸上，在这张纸上直接用铅笔轻轻书写，秘密的内容就会被"复写"在信纸上。[49]

第五等秘密墨水是最不安全的，难以应付审查。在这两类墨水（第五等和第一等）之间还有可以应对碘溶液或蒸气显影剂的第四等墨水、可以应对某些显影剂的第三等墨水，以及可以应对除羟基喹啉之外的所有显影剂的第二等墨水。第二等墨水只提供给最优秀的外国间谍。

每个类别中的秘密墨水及其使用方法都有对应的代号。间谍给德国方面写信的方法用男性名字命名，德国方面给间谍写信的方法用女性名字命名。路德维希使用的水溶氨基比林溶液属于第五类，也就是安全系数最低的墨水。而溶解在酒精里的氨基比林溶液则属于更安全的第四类，它可以在氯化铁、氰化钾混合溶液的作用下显影。

早些时候，我们提到了一些使用牙签或火柴的纳粹间谍。原来，德国人从未使用圆珠笔或钢笔，他们总是让他们的间谍使用牙签、木棒或火柴。这种方法的代号是"约瑟夫"，主要在用第二类墨水书写时使用。这种方法就是约瑟夫·穆莱森博士发明的。先在火柴头部涂上硝酸银，再用易燃物质覆盖，这样处理后的火柴应该可以正常点燃。这些火柴是在德国位于莱茵兰（Rhineland）的工厂生产的。间谍需要刮掉火柴的涂层后用它进行刻写。为了避免压痕，刻写后的纸张需要重新蘸水、压制。这种巧妙的方法最终被叫

柏林阿勃维尔秘密外国情报处（IG）	
负责人： 办公室： 官员：	阿尔贝特·米勒中校，莱昂哈德（Leonhard）中校 文德利希（Wunderlich）上尉（继任者） 克劳泽上尉，波特博士
第二分部：	汉斯·奥托·亨勒博士（化学家） 柯斌（Koppin）小姐
第四分部：	海因里希·贝克博士（微缩影像开发者） 贝克先生（儿子）
第五分部：	内特林（Noethling）博士
IGF：	海因茨·路德维希博士、少校（化学家） 约瑟夫·穆莱森博士（化学家）
第二分部，后来的 IGF：	布拉特克（Bratke）女士、博士（后来加入纳粹党保安处）（化学家）
摄影师：	罗尔（Rohr）先生

来源：英国审讯亨勒的报告，28 页（NARA, RG 457, Box 202, VO-63; RG 226）

停了，因为火柴无法顺利地燃烧。[50]

　　第四等墨水中的另一种代号为"海因里希"的秘密墨水，其使用方法似乎更加成功。战争期间，英国已经从他们的双重间谍埃迪·查普曼（Eddie Chapman，代号"曲折"，Zigzag）和其他间谍那里获知了这种技术。这种刻写笔的做法是将奎宁直接熔合到火柴棒的顶部。它的显影方法则是用稀盐酸涂抹或将其转印到浸泡过稀硫酸的相纸上，然后在紫外线光下探测到书写痕迹。[51]

　　在纳粹德国，开发出新的秘密墨水的不只是阿勃维尔。在陶贝克（Taubeck）博士的领导下，纳粹党保安处也开发并使用了新颖独特的秘密书写方法，并对阿勃维尔保密。英美反间谍部门认为陶贝克是"一个有能力和巧思的爱好者"，尽管他是一个初学者。他们试图得到"可以让他们了解这种物质的任何信息或者材料"。还有一个有趣的方法是接触法：用蓝黑色墨水中的一种化学物质，通过一种干燥的介质将隐形字迹转移到另一张纸上。如此，秘密信息就隐形地印在了一张信纸上。[52]

在中东地区，英国人还发现了一些有趣的秘密墨水的使用方法。西班牙裔摩洛哥间谍用头巾隐藏秘密墨水写的信息，读取信息时只要用"冷水浸透头巾"就可以。中东其他地区的间谍还用口香糖藏匿秘密墨水。技术专家在6毫米左右的小球里发现了一种油灰一样的物质，它可以隐藏在指甲、齿缝或者头发里。一名间谍曾把秘密墨水物质藏在他的衣领标签、裤裆、裤子背面的接缝和夹克衬里上。专家们测定，口香糖里的秘密墨水成分是钒酸铵，它可以用石墨进行显影。[53]

从纽约市的摩天大楼到百慕大群岛的度假酒店，英国的间谍捕手不仅开展了一系列史上最令人印象深刻的反间谍行动，还协助培训了羽翼未丰的美国情报和反间谍组织，尽管当时美国还是中立国。美国参战前英美的情报合作在本质上违反了中立法，因此必须对公众保密。

联邦调查局取得了几次公开的成功，而英国则默默地将纳粹特工转化为双料间谍。即使盟军在战争期间成功截获秘密通信并公之于众，但大多数的幕后调查仍然不为人知。在与汉堡间谍学校和阿勃维尔的战斗中，盟军的间谍捕手基本上胜利了。不过在战争期间，双方都将对手的人名和组织藏在幕后，即使是间谍故事也很少提及幕后人物究竟是谁。

第十二章

"冷战"险境

Out in the Cold

1981年12月15日,冰雪覆盖的东柏林,沃尔夫冈·赖夫(Wolfgang Reif)在街角不起眼的黄色信箱里投了一封信。信箱离他的公寓有相当长的一段距离,他不希望任何人把他和这封秘密的间谍信件联系起来。为了御寒,他还裹着厚厚的大衣。他没有察觉,东德国家安全部(又名"史塔西")派出的可怕的秘密警察正在他的周围,[1]对他的监视已经持续了好几个月。

沃尔夫冈·赖夫是一名东德外交官,20世纪70年代初曾在雅加达的东德驻印度尼西亚大使馆工作。1971年,他到印度尼西亚不久就成了史塔西外国情报部门的间谍。不过,他的上司认为他的工作水准"无法接受",还发现他试图脱离组织。赖夫还加入了雅加达一个非法走私汽车的团伙。他滥用职权,虚报公务用车低价进口,再将其出售给出价最高者,随后从他的印度尼西亚同伙那里拿到大方的回扣。赖夫担心,如果美国中央情报局(简称"中情局")碰巧发现了这个赚钱的副业,可能会要挟他,于是他决定先发制人,主动联系了当地的美国大使馆——后来,他就是这么交代的。[2]

1979年1月,在雅加达希尔顿酒店,中情局招募了赖夫,给他代号"威廉"。赖夫的职责是为中情局提供有关东德大使馆和东方阵营外交政策的机密信息。他的中情局上司给他配备了一个微型微缩影像读取器和一些包含指令的微型微缩影像(也就是赖夫后来向审讯人员交代的"微芯片"),这些都隐藏在一支毡尖笔中。他还获得了一块书写板与五张复写纸,这让他可以用"冷战"时期标志性的"干转移法"书写秘密消息。中情局告诉他,可以用包括肉桂粉、蓝色粉笔灰或木头灰烬在内的深色粉末来为信件显影。[3]

与此同时,赖夫的个人问题堆积如山:他的婚姻亮起了红灯,酗酒,职业发展受挫。他向西德的同行倾诉了他的个人问题,表示想投奔西德(他后来辩称这是因为喝多了)。西德联邦情报局得知此事后,1980年4月,在雅加达招募了赖夫,给他代号"伯恩哈德"。不过就在此时,赖夫的婚姻状况有所改善,他又决定回归东德的怀抱。他甩掉了中情局,开始只为西德工作,用情报换取金钱。1981年春天,赖夫回到了东德。仿佛为这么多情报机构工作还不够,他继续为东德对外情报机构做翻译工作,由此他也成为"三料间谍"。

1981年5月,史塔西的邮件审查员拦截了一封笔迹异样的信件。借助新型秘密书写检测仪,审查员发现了书写压力不一致等其他疑点。这种新型检测仪的名称是NYOM,在匈牙利语中的原意是"线索"。NYOM与西方的静电检测仪原理相似。审查员判断这封信涉及情报活动,于是将之转交给技术服务部的秘密书写检测单位。

技术服务部的化学家刚开发出了检测秘密书写的新魔法:只要

用特殊材质的纸与信件接触，就可以让其中的秘密书写显影。机敏的化学家很快读取了这封信中的秘密字迹，并与办公楼里每个人的笔迹一一比对，由此锁定了赖夫。史塔西对赖夫的监视随即开始。终于，在1981年12月的一个大雪天，史塔西监视到他将一封信放入了黄色信箱。这封信的目的地是众所周知的西德情报部门的掩护地址，信上预先写好的样式也是众所周知的西德秘密谍报格式。

史塔西在赖夫的公寓中搜出了中情局提供的所有工具，包括10封预先写好的信、3张信纸、195张复写纸和隐形墨水的使用说明。他们甚至发现了许多已经写好的隐形墨水信件。这些都是间谍活动的证据。[4]

史塔西就中情局的谍报方法严厉地审讯了赖夫。他们对微型微缩影像读取器和毡尖笔里的"微芯片"尤其感兴趣。赖夫详细地描述了读取器的隐藏方法，包括它的长度和宽度。东德对外情报局的负责人马库斯·沃尔夫（Markus Wolf）把这次审讯做成了纪录片，介绍了这些通信手段，以及敌方情报机构对外国使馆和在资本主义国家生活的东德公民的攻击。赖夫被迫详细介绍了他被招募和利用的过程。[5]

赖夫是落入东德紧密编织的反间谍网的几十个间谍之一。邮件拦截部门和反间谍部门密切合作，在此过程中起了主导作用，他们取得了惊人的成绩，而赖夫案只是揭露秘密书写的众多案件之一。东方阵营，尤其是苏联国家安全委员会（苏联主要的间谍机构，即"克格勃"）在抓捕间谍方面相当成功。这归功于这些国家严格的人身监控和邮件审查系统。

有别于史塔西和克格勃，西方国家很少通过邮件拦截和地毯式的监视抓捕间谍。东方阵营在秘密信息拦截上更有优势，因为它们有更广泛的邮件审查网络。许多为西方效力的间谍是因为秘密通信而被逮捕，而为东方效力的间谍往往是因为叛逃者通风报信而被捕，而非由于他们的邮件被截获或秘密通信被破译。因此，为西方效力的间谍在发出谍报之后就被冷落在险境之中。

酷爱吹牛的东德国家安全部负责人埃里希·米尔克（Erich Mielke）在他比较清醒的时候曾向他的下属深刻地指出：沟通是间谍活动中最脆弱和最重要的部分，"它是神经中枢，同时是对于攻击最敏感的领域"[6]。

想象一下无法通信的情境。在如今的互联网时代，无法通信可能令人沮丧。但是对于间谍来说，通信是绝对必要的，否则就没有信息传送，没有约会见面。当然，大多数情报机构面临的问题是如何为间谍提供安全、可靠和保密的通信技术。代码和密码通过给信息加密确保通信安全，而秘密书写则通过使字迹隐形来逃避检测，从而保障秘密通信。

虽然"隐形墨水"听起来像童年的游戏，但在"冷战"期间，一如在两次世界大战期间，依然是一件严肃的事情。此时情报界不再用幼稚的"隐形墨水"称呼它，转而开始使用"秘密书写"这一术语。这就包括了大部分隐写技术，比如微缩影像和隐形墨水。

数千年前，秘密书写曾改变过历史进程。不过在20世纪，其"兄长"密码学显然风头更劲，取得了不少"改变历史进程"的成绩，比如齐默尔曼电报和恩格玛密码机。与之相比，秘密书写就显得逊色一些。秘密墨水和微缩影像确实为诺曼底登陆提供了便利，但在使馆和军事单位的日常工作中，代码和密码发挥了更大作用。

为了寻找敌方间谍、读取敌方并隐藏友方的秘密信息，秘密书写的制作和检测在"冷战"时期进入到了新的发展阶段。第一次世界大战期间拉锯式的秘密墨水战争在"冷战"期间发展成了东、西方阵营之间名副其实的军备竞赛。这也改变了秘密通信科学的发展轨迹。

秘密书写的创新基于化学技术的新发展，而"冷战"的紧迫性也加快了科学发展的速度。从某种意义上说，"冷战"可以说是第一次世界大战的一种重现，但涉及更多也更复杂的科学技术，持续了更长的时间。

20世纪50年代初，双方使用的秘密书写方法还相当原始。东方阵营的间谍与上司沟通的标准操作仍是在墓地中用"死穴"存取消息。他们会寻找一些看起来不起眼的藏匿工具，比如一个掏空的树干或者被丢弃的门闩。中情局则使用冻死并风干的老鼠来藏匿秘密信息。为了防止死老鼠被猫吃掉，他们还在里面添加了塔巴斯科辣椒酱。[7]最初的几年，东方阵营的间谍部门仍然使用邮局将秘密信件发到掩护地址。

"冷战"初期，两个阵营主要使用所谓的"湿写系统"：用笔蘸上隐形墨水书写，然后用化学试剂涂抹显影。这种方法不像用柠檬汁或热敏有机物质那样原始，但仍然是秘密书写的初级阶段。因为这种方法通常用的是普通的手写笔，这会留下深刻的划痕和大量的可用分光计等工具分析的墨水物质。另一个问题是，间谍一旦被抓住，他的隐形墨水就成为可以在法庭上出示的定罪证据。

伴随着"湿写系统"的发展，许多隐藏隐形墨水的巧妙方法出现了。人们不再用瓶子来分装墨水，除非为了伪装成香水瓶或者药瓶。据说，东德对外情报机构借鉴了纳粹将隐形墨水藏在牙齿里的做法，在中空的假牙里隐匿微缩影像和软胶片。间谍可以用针插入牙齿上的小孔打开假牙。中情局也效仿了德国曾经的做法：将脱水的热敏墨水伪装成阿司匹林药片等不同的样子。[8]

中情局的技术甚至比东方阵营更加原始。一位中情局化学家回忆道："利用秘密书写，我们发现了恺撒在高卢战争期间可能使用过的装置。我们还使用了第一次世界大战期间研发的装置。"这些研究秘密书写的化学家常常自嘲是"柠檬榨汁机"。[9]奇怪的是，中情局似乎对技术运营部在"二战"期间开展的大量秘密墨水研究没有任何记忆。部分原因是,中情局技术服务部的员工多是军事医务人员,而非化学家,且显然与政府其他部门没有联系。1951年,这种人事情况发生了变化,悉尼·戈特利布(Sidney Gottlieb)博士加入了中情局,并于1959年成为技术服务部研发项目的负责人。后来他因参与中情局的人脑控制实验而臭名昭著。

1951年,中情局的技术服务部只有约50名技术人员;十年后,这里有几百名科学家、工程师、艺术家、工匠和打印技术专家。尽管东德比美国小得多,但同一时期,东德国家安全部的扩张速度更为迅猛:最初只有50名技师,到1989年时已超过1000名员工。即使考虑到苏联疆土辽阔,克格勃技术人员的规模也大得惊人。[10] 20世纪50年代,两个阵营似乎都在秘密书写方面投入了巨大的人力物力。

至于方法上的突破,东方阵营和英国最早使用了"冷战"时期标志性的所谓"干转移"或"碳转移"法。"冷战"结束后,一位中情局的化学家回忆道,"冷战"早期和"二战"期间差不多,间谍需要熏蒸纸张,用木棒或棉签蘸上隐形墨水进行书写,再次熏蒸纸张、平整纸张,最后写上伪装的消息。

当这位不愿透露姓名的化学家进入中情局时,他的团队"得知俄罗斯和英国的做法有点不同,且更安全"。"我的猜测是,领导层终于意识到我们在秘密书写方面落后了……为什么我们还在用液体?我们为什么不能用干的方法?"[11]

我们可以把"干转移法"形象地称为"三明治"秘密书写法:间谍用一张被隐形墨水浸渍过的纸作为复写纸,将其放在两张普通纸的中间("二战"期间,德国阿勃维尔直接在浸渍纸上书写,将字迹直接复写到下面的纸上)。随后,将整个"三明治"放在一块玻璃或硬板上。间谍在最上面的纸上写字,字迹通过中间的复写纸直接印到底部的纸张上。

20 世纪 50 年代，东方阵营比西方更多地使用了"干转移法"，但双方似乎都忘记了德国在世界大战期间曾采用类似的方法逃避碘蒸气检测。中情局甚至在此时聘用了一个私人承包商来发明"干转移法"。[12]

直到 20 世纪 60 年代，双方都经历了技术革命并开始使用更先进的方法来制作和检测秘密书写。此前，利用加热、硝酸银、碘蒸气和紫外线灯四种标准方法检测敌人的秘密书写还比较容易。特别是东方阵营，通过邮件审查和检测抓到了很多间谍。但柏林墙建成后，在柏林这座间谍之城里，抓捕间谍变得越来越困难，因为双方都发展出了高度发达的谍报方法，这得益于"干转移法"的广泛应用。由于这种技术很少留下刮痕，纸张遗留的隐形墨水物质极少，因此很难通过化学试剂使其显影。"干转移法"的普及加速了在新的秘密书写方面的军备竞赛。

看起来，双方最具创新性的科学突破是：只使用极少量的化学物质进行秘密书写，这使得信息几乎无法被察觉。中情局化学家将这一突破比喻为"在超过一英亩的土地上均匀撒上一勺糖"[13]，但中情局从未对外公布这种神奇物质的详细信息。

扮演间谍捕手

中情局甚至连第一次世界大战期间使用的秘密墨水技术都拒绝公开，更不用说高端的"冷战"时期的技术了。由于美国有层层限制，我热切地盼望用东方阵营的解密档案重现"冷战"时期的秘密墨水制作方法。我在史塔西的解密档案里得到了秘密墨水的配方和使用方法。通过这个"后门"，我们或许可以窥见包括中情局在内的其他机构的秘密书写方法。

秘密墨水的化学配方可能有数百个，关键是要找到一个无法用四种标准方法检测到的配方。不同种类的纸张也使实验变得更加复杂。此外，化学物质散布在纸上的方式也是秘密书写方法的一部分。就像一次性密码学一样，确保安全的方式之一是不断变化配方和写法。另一种方式是找到一种用四种标准方法难以检测的物质。东德国家安全部和中情局都开发出了这样的方法。

我拿着史塔西的绝密文件回国后，就开始找化学家一起重现其方法。我隔壁办公室的瑞安·斯威德博士对此很感兴趣，我们很快做了一些有趣的实验。由于这个秘密文件不包括精确的浓度或用量，只包括一些秘密墨水的骨干成分，所以我们不确定是否能够成功。

20世纪70年代末，秘密墨水的主角是草酸铈，这是一种稀土金属化合物，以此作为秘密书写材料的好处在于，它有加快化学反应的催化功能，所以需要的用量很少。史塔西科学家推荐使用少量的草酸铈，即5毫克或者少于1/5000盎司的粉末，撒在纸片上，形成复写层。间谍随后在最上面的纸上书写就能把秘密信息复写到最下面的纸上。

接收消息的人在纸上刷上硫酸锰、过氧化氢、碳酸铵和乙二胺四乙酸二钠（一种将金属和非金属的原子结合为化学化合物的螯合剂）的溶液。随后，显影剂和草酸铈之间的化学反应会产生黄色的、可见的秘密信息[14]——我们的实验成功了！

获取线索

现在轮到间谍捕手们大显身手了。"冷战"初期，史塔西和其他东方阵营国家都成功地抓捕了使用秘密书写的间谍。到了二十世纪七八十年代，西方也开始使用这种"三明治"法，留在纸上的物质远远少于以前,寻找秘密书写已经变得不那么容易。于是,东方阵营开始寻求用物理方法来检查文件。这样的努力得到了回报。

同时,西方的法医科学家开发出了可以检测可疑文件压痕的静电检测仪器。刑事实验室曾用它检查匿名信,查看赎金字条,分析敲诈信,甚至检查看似普通的商业交易文件,在其中寻找可以穿透三四张纸的压痕。

法医将可疑纸张放在一个真空的青铜盘子上,在纸上盖一层迈拉膜片(Mylar,一种透明的非导电聚酯膜),随后让纸张带电,再将特制溶液倒在聚酯薄膜上,从而将压痕显影。作为查找秘密书写的方法,其操作性很强。事实上,20世纪80年代后期,取证科学家发现它可以揭示数十种类型的秘密墨水,包含盐、稀酸和大部分有机物质。调查人员认为他们已经取得了检测秘密书写的圣杯:一种普适的显影剂。[15]

为了检测秘密书写,东方阵营的情报部门似乎比西方更频繁地使用类似静电检测仪的设备。作为在史塔西业务部门工作的几名女性之一,雷娜特·穆克(Renate Murk)上尉是NYOM检测仪的热心用户。穆克负责检查邮政审查部门每年送来的几百份信封和纸张。她依据实践证实的步骤,判断纸上是否有敌人秘密书写的痕迹:首先,用肉眼检查可疑纸张上是否有划痕或者纸纤维的明显扰动;然后,用侧光机(Slanted-light machine)查看压痕,用紫外线灯从不同的角度检查是否有反光。最后,再用不同的分光仪和从近百种的试剂列表中选择的化学显影剂进行最后的检测。NYOM检测仪出现后,立即成为标准检测步骤,也使追捕间谍的行动大获成功。与化学试剂不同,NYOM检测仪利用物理方法,不会破坏纸张,也不会留下任何检测痕迹。收件人往往察觉不到信件已被拦截和检查。[16]

通过接触转移字迹的秘密墨水

当然，秘密书写军备竞赛不限于克格勃及其东方阵营对阵美国中央情报局。有些时候，超级大国会从小地方寻找方法。20世纪80年代中期，英国军情六处的秘密书写专家在一封来自俄罗斯的信的信封背面检测出了秘密消息。相同的位置本来有一些常规的信息，但是显影后，又出现了用隐形墨水书写的一个神秘的基辅的地址。

英国技术人员的结论是，间谍可能在信封上使用了一种可以通过接触转移字迹的秘密墨水，将信投入信箱后接触到了相邻的信封。他们好奇是否真的有这种可以通过接触转移的秘密墨水。军情六处随后"在世界范围内系统性地寻找神奇的笔"，派每一个驻站负责人到当地文具店购买所有可用的笔。他们认为，如果真的有这种神奇的笔，"那将是一种华丽典雅、简单又容易撇清关系的秘密书写的工具"。[17]

技术人员对世界各地搜集来的笔一一进行了测试。他们用每支笔分别写几句话，再拿一张纸压在上面，然后在纸上刷上显影剂。几个星期后，他们确定这种神奇的笔是派通（PENTEL）钢珠笔。军情六处把用这种笔进行秘密书写的方法称为"中立"法，用它来定期写间谍报告。[18]

好几个间谍机构都开发出了类似的方法——"墨水接触法"。20世纪80年代，这种方法像"碳转移法"一样普遍。事实上，大约有一半在东德落网的秘密书写者都在使用所谓的"墨水接触法"，另一半则用"碳转移法"。

西德情报机构开发的"墨水接触法"比英国的"中立法"更复杂：间谍将1茶匙食盐溶解在20茶匙的开水里，再加入50滴硫酸和40滴钢笔墨水；然后戴上手套用钢珠笔书写，避免将指纹留在纸上；字迹风干后，立即把一张秘密墨水浸渍过的信纸放在刚才的纸上；用重物压两个小时后，信件就可以发送了。[19]

反间谍邮件拦截

众所周知，从众多的信件中发现秘密书写堪比大海捞针。尽管如此，从第一次世界大战起，邮局和审查者就开始用化学显影剂、红外线灯、紫外线灯等检查信件。"二战"期间，14462名美国审查员每天打开100万封从国外寄来的信。其中，约4600封可疑信件会转给联邦调查局，约400封里会包含重要信息，或使用了隐形墨水。[20]

西方国家只在战时使用审查机制，而苏联及其东方阵营则因整个"冷战"时期开封审查邮件而臭名昭著。这不是什么秘密，在那里，每个人都知道所有的信都被审查过。

这并不表示中情局等情报机构不想拦截、阅读邮件。相反，他们渴望建立一个强大的邮件拦截程序。因此，1952年，中情局明知非法却依然推行了HTLINGUAL项目。大多数情报机构希望享有自由支配的情报部门，但是，美国的社会制度特别是实力雄厚的调查媒体对公民自由权的保护，使这些希望难以实现。（英国、法国和西德也是如此，但媒体披露不像美国那么普遍。）

蒸汽传送带

在包罗万象的国家安全机构的努力下，东方阵营开发出了高度发达的邮件拦截方法。最初，邮件开合几乎是纯手工完成，没有任何技术含量。20世纪70年代，史塔西引入了能有效地处理堆积成山的邮件的新技术。在一群金牌工程师的努力下，史塔西迎来了一个真正的技术奇迹：1975 年，10/10 型自动开信机第一次投入使用。为了与之配对，他们又开发了一个自动的合信机。

在东德，中央邮局密切配合史塔西的邮件审查部门过滤邮件。从数字来看，他们占据了压倒性优势：虽然史塔西在柏林的中心邮局只雇用 500 名工作人员，但 15 个区域办事处的工作人员加起来有 2177 人。20 世纪 80 年代，在决定哪些信需要进一步检查之前，史塔西每天检查的邮件数量高达 9 万封。新的全自动蒸汽传送带系统有效帮助预检了成千上万封邮件。

启动蒸汽传送带后，史塔西工人用托盘取出 300～500 封信，将每封信单独放上传送带。当机器内部的蒸笼温度达到约 100 摄氏度时，产生的水蒸气可以软化信封上的胶水。机器用气流松开信封的折翼，再用暖风干燥信件。全自动的 10/10 型自动开信机一小时可以打开 600 封信件。工程师们改善这一方法时，引入了创新性的冷蒸气，以避免加热使纸张结构发生变化。

打开邮件后，史塔西再用自动合信机将信封合上。然后，工人用扁平的镇纸按压信件。工程师们自豪地说，使用机器后，合信的速度翻了一倍：手动处理的速度是一小时 600 封，机器的速度则是每小时 1200 封。[21]

美式邮件拦截

"冷战"早期，中央情报局就很清楚东方阵营有效和全面的邮件审查制度。早在 1960 年，他们就推出了"探测"项目：技术服务部从苏联收发数百封测试信件，仔细记录收发信时间、信箱地点、目的地国、信件类型、是否是明信片、手写还是打印等，从而推测信件是否被打开和检查过。[22]

"探测"项目开始的几年之前，1952年，中情局安全办公室在苏联分部的要求下开启了一个秘密邮件拦截项目，最初代号为SGPOINTER，后来改为HTLINGUAL，内容是在纽约市拉瓜迪亚机场邮政支局拦截从苏联寄来的邮件。一开始，中情局代表只是复制信件的外观，后来为了更仔细地检查，他们打开了信封复制信的内容——这明显是违法的。

20世纪70年代，参议员弗兰克·丘奇（Frank Church）领导下的参议院情报特别委员会对中情局的非法活动进行了调查。当HTLINGUAL项目公之于众时，全美舆论哗然。但是，与东方阵营的审查和拦截活动相比，中情局的行动显得十分克制。早期，项目官员每天在曼哈顿的驻地办公室审查1800件物品，其中60件需要进一步审查（根据后来的估算，整个项目截获了215000封信件）——这是东德审查信件数量的五分之一，而中情局这个项目的雇员数量还不及东德两千多名邮件审查官的零头。[23]

该计划在1961年稍微扩大。中情局的技术服务部在曼哈顿的办公室开了一个实验室，中情局的特工们对此兴奋不已。实验室不仅有助于开展情报活动，更重要的是，提供了"一个工作室来测试一些技术服务处已经开发出的设备"。该实验室负责审查信件是否有"秘密书写、微缩影像和代码"[24]。

中情局发起HTLINGUAL项目五年后，联邦调查局还不知道中情局的行动，后者联系了邮政署署长阿瑟·萨莫菲尔德（Arthur E. Sommerfield），讨论设置邮件拦截程序。经中情局许可，邮政署署长披露了HTLINGUAL项目。此后，由于参与反间谍工作，联邦调查局也会收到邮件拦截的大部分材料。

最初，中情局反间谍人员罗列了一份三四百人的监视名单，联邦调查局在名单上也加入了一些姓名。早期的监控对象包括东方阵营

第十二章 "冷战"险境

国家的可疑公民、犯罪嫌疑人和苏联叛逃者。但后来这份名单迅速失控，20世纪70年代时已包括参议员和其他政府官员。中情局官员想过销毁这些名单，以防被记者发现后揭露整个项目："为了避免外界指责中央情报局对美国政府官员进行邮件监控，不妨从文件夹里清洗文件……并停止接收这种材料。"[25]

邮政署的萨莫菲尔德署长知道中情局项目的性质，但他只是批准复制信封封面，而非内容。最初，中情局确实是这么做的，但后来他们偷偷打开信封，然后把信件移交给曼哈顿的办公室仔细检查。邮政署的大多数官员甚至对中情局的活动毫不知情。

中情局非常清楚这种行为是犯罪。有些人可能会觉得中情局对此津津乐道，事实上，他们像戴着口罩穿着条纹衫的浣熊一样，鬼鬼祟祟地穿梭在纽约。他们在机场把可疑信件整理成一叠，偷偷装进口袋里，趁夜色将其带到曼哈顿的实验室。从下午5点到9点，他们用蒸气打开信件，复制内容，检测信中是否有秘密书写的痕迹，然后再次密封信件，第二天再把信带回邮局。中情局发起这一项目时明知"打开信封会立即让我们歇业"，并"可能遭到'政府机构非法滥用信件'的严重指控"。他们多次使用"偷偷摸摸"来描述这一项目，并承认其不具合法性："从本质上讲，有两种类型的邮件检查：常规检查是合法的，而第二种，秘密检查是不合法的。"后来，联邦调查局反对任何"秘密检查"，因为"它明显是违法的，而且如果走漏消息，很有可能会严重损害情报界业已付出的努力"。[26]

20世纪70年代，中情局噩梦成真——工作内容被泄露给新闻界，新闻报道引起轩然大波，检查项目很快被叫停，监控者被控犯罪。然而，中央情报局本身却存活了下来。

人们不禁假想：如果中情局的非法活动没有被曝光，会发生什么？中情局是否已经成为一头知法犯法的无赖的大象？（当提到东方阵营的拦截和分析项目时,从来没有人过问什么合法性。)毫无疑问,如果中情局能像东方阵营国家一样进行审查监控,必将占据优势地位。然而即使在1973年,中情局的项目比东方阵营的类似项目规模也小得多。再考虑到美国幅员辽阔,也让监视变得更加困难。

在中情局主要的反情报邮件拦截项目关闭的同时,东方阵营则继续发展,而且取得了巨大成功。随着更多技术的应用,东德的情报部门在1971~1982年之间抓获了十三名中情局和西德的间谍。即使没有这项技术,20世纪60年代,他们已经抓到七个使用邮局寄信的间谍。[27] HTLINGUAL项目并没有类似的斩获,1963年,来自苏联的罗伯特·鲍奇(Robert Baltch)夫妇被捕,后来因技术原因被无罪释放——因为联邦调查局不能使用非法窃听和非法截获获得的信息作为呈堂证供。[28]

罗伯特·格伦·汤普森和他的微缩影像

另一个为苏联工作的间谍就没有那么幸运了。美国顶级飞行员罗伯特·格伦·汤普森(Robert Glenn Thompson)出生于密歇根州底特律。与"鲍奇夫妇"不同,他的间谍故事开始于"冷战"前线、分裂的柏林,而非美国。1952年,17岁的汤普森从高中辍学,加入空军。他先是在不同的基地做技师,1955年被分配到滕珀尔霍夫空军基地西柏林特别调查办公室当美国档案管理员。他负责处理机密文件,但不是那种盖着"绝密"章的文件。[29]

汤普森在特别调查办公室的主要工作是归档7.6厘米×12.7厘米的卡片。最初,他不知道这些卡片的意义。后来他发现,这些卡片表明"老大哥在看着你"。原来,特别调查办公室与中央情报局合作,在柏林进行邮件拦截。他们用蒸气打开所有从美国寄到柏林的邮件,将内

图 32：罗伯特·格伦·汤普森

容拍照，在卡片上记录收信人与寄信人的名字。这些卡片最后由档案管理员罗伯特·格伦·汤普森归档。空军已经收集了大约 68000 张这样的卡片。[30]

最初几年，汤普森在柏林的工作进行得很顺利。声音沙哑、人高马大、满脸麻子的汤普森与一个名叫伊夫林的德国女人相遇并成婚，在柏林有了他们的第一个孩子，他很高兴。1957 年的一天，一位空军朋友找汤普森去酒吧和朋友喝酒，他同意了，但是这次酒吧之旅让他上了军事法庭。汤普森把枪丢在了酒吧，第二天，他从办公室重新领了一把枪，他被降工资、降职级。不久，和他喝酒的"哥们儿"给汤普森送回了那把丢失的枪。正当此时，白头发、满脸胡须、矮胖的上校发现汤普森的口袋里有两把枪。作为进一步的处罚，上校把汤普森的妻子和孩子送回了美国，留下满怀怨恨的汤普森独自在柏林。他只能在花天酒地里寻找慰藉。[31]

汤普森的问题并没有在军事法庭上结束。1957年6月的一个星期六，汤普森到办公室加班。由于是周末，他没有刮胡子，为了舒适，他还解开领带。之前惩罚过他的上校正在这时走进办公室，大声骂他不修边幅。我们不清楚汤普森是偶然不走运，还是平时装束就很随意。总之，这是压垮汤普森的最后一根稻草。

他冲出了办公室，中午时分到了他最喜欢的酒吧——在时髦的克罗伊茨贝格街区的曼哈顿酒吧。他的新女友也在那里。在喝了一大瓶白兰地并和女朋友发了一顿牢骚之后，他决定做一件大事：投奔东柏林。

此时，柏林墙尚未建立，他轻松地走过弗雷德里希大街，又闲逛到斯大林大街。在那里，他发现了一个电话亭。他拨通了之前在卡片上看到过的东德秘密警察的号码。值班员在电话里跟这个醉酒飞行员短暂交谈了几分钟后，东德秘密警察把他接到绿叶掩映的维本塞郊区，在史塔西总部北边给他找了一间安全屋。

最初，德国情报部门的官员认为汤普森只是一个不靠谱的醉汉，拒绝给他政治庇护。不过，他们很快就改变了主意，给汤普森配备了米诺克斯间谍相机，让他拍摄文档室里关于美国在柏林开展的间谍行动的文件。在后来的几个月里，汤普森不断地复制机密文件，将它们传到东德，并到安全屋和史塔西的代表见面。后来汤普森接到转移到蒙大拿州基地的调令。对于这个常规调动，东德方面比汤普森更担心。他们把汤普森移交给苏联，因为克格勃在美国的工作经验更丰富，在训练间谍技巧方面也更有手段。为了让汤普森在美国执行新任务，克格勃安排他到黑海间谍学校接受训练。

汤普森请了一个短假，表面上是在西德休假，实际上是在德国上司的陪同下飞到黑海边上的一个偏远小镇。那里有一个18世纪的华丽城堡，汤普森在此接受了秘密书写、微缩影像、代码和无线电通信技术等诸多培训。苏联也以建立信任和友谊为名，用佳肴、美女和伏特加款待了汤普森，甚至为他开了离别派对。

在用 VIP 待遇款待了新间谍后，苏联人很认真地训练汤普森，教他在美国期间进行安全谍报的方法。克格勃的高级专家会见了他，并教会了他秘密通信的神秘艺术。

汤普森在间谍城堡吃完第一顿早餐，一个中年妇女就给他展示了如何用"干转移法"进行秘密书写：在一张有硬玻璃板的桌子上，将信纸横着放置，将浸渍过秘密墨水的复写纸放在两张普通的信纸之间，用大写字母写秘密消息，然后将纸张竖着放置，写一封普通的可见的信。她把一些复写纸放在汤普森的地址簿里，供他带回国。[32]

汤普森掌握了秘密书写后，苏联人又教他使用短波电台以及制作、读取微缩影像，一个拄着拐杖、戴着厚厚的塑料黑框眼镜的男教授教会了汤普森这项神秘艺术。此时，苏联已经改进了德国在"二战"时期发明的被联邦调查局称为"间谍的杰作"的微缩影像技术。汤普森非常善于学习，他拿着 35 毫米单反相机，把它夹在椅背上部，将文档平放，再使相机与其平行，拍下照片。随后，他把冲洗过的底片放在两张载玻片之间。然后，用化学试剂对一张普通玻璃纸进行光敏处理。[33] 之后，他掏出微缩相机（他把它称为"微指针"）——约 3.8 厘米长的两端都有镜头的小黄铜管——将其放置在一张平坦的白纸上。然后，他把夹着底片的载玻片放在微缩相机上方 88 厘米的位置，再在上面放置一个放大镜。然后他用 100 瓦灯泡的光透过放大镜，照在底片和微缩相机上。底片上的内容被集中在白纸上，形成一个小点，他在那个点上做了一个记号。他关上灯，小心地将光敏玻璃纸放在记号的位置，再次开灯，等几分钟，再用一个普通的民用显影器对玻璃纸显影。一个只有句号大小的黑色的微缩影像就这样留在了玻璃纸上。[34]

尽管微缩影像的制作步骤听起来复杂得难以置信,但汤普森还是掌握了它。他发现最难的部分是将玻璃纸隐藏在明信片里。他花了好几天练习给明信片打开一条缝,将微缩影像塞在正确的地方,再用面粉和水重新密封,以应对紫外线灯的检查。[35]

在苏联完成间谍培训后,汤普森飞回密歇根州底特律与妻子团聚。他随后去了蒙大拿州基地,但不想再为苏联工作,也不和对方联系。这并没有阻止苏联方面派人去找他,并尝试再次策反汤普森。后来,他被调到拉布拉多,从那里光荣退役。20世纪60年代早期,他来到长岛的湾岸,和妻子开了一家热油企业。苏联人在那里说服他去窥探那些苏联感兴趣的人,并做汇报。

后来有一天,汤普森发现有人正在给他拍照,他知道,那是联邦调查局。他没有试图逃跑,等了又等,调查员终于出现在他家门口。联邦调查局已经监视他数月,这次探员们来到他家不是要拘捕他,而只是问他几个问题。汤普森告诉了他们一切,包括足以逮捕他的证据。汤普森在被捕前与联邦调查局会面二十次,他以为坦白交代会换来减刑,但最终,他得到了三十年监禁的判罚。在监狱里度过了十几年后,1978年,汤普森在一次间谍交换中获释,在东德情报部门的保护下来到东柏林。他用别名格雷戈尔·贝斯特(Gregor Best)为对外情报部门工作,在间谍行动中伪装成中情局的招聘人员。[36]

"汤普森案"第一次让美国公众有机会了解苏联真正的秘密通信技术。1965年6月,汤普森把他的故事告诉《星期六晚邮报》,随后这份报纸就此刊发了两个系列报道,包括微缩影像的照片,在美国掀起了一股间谍热。那个时候,三部广受欢迎的"詹姆斯·邦德"的电影已上映，包括《来自俄罗斯的爱情》。

秘密书写和微缩影像成了邪恶的间谍的代名词——这不是第一次，也不是最后一次。但是，就像在"二战"期间一样，美国联邦调查局只是兴奋地向在美国的德国间谍了解东方阵营的最新技术和方法，而往往忽视了信息内容本身的重要性。秘密书写并没有导致汤普森被捕，只是提供了他从事间谍活动的证据。苏联军队总参谋部情报部（GRU，又名"格勒乌"）驻纽约的副官迪米特里·波利亚科夫（Dimitri Polyakov）自愿为联邦调查局通风报信：找汤普森合作的是笨拙的苏联驻联合国三等秘书费奥多尔·库达什金（Fedor Kudashkin），此人很快被驱逐出境。[37]

"冷战"期间，克格勃并非唯一使用微缩影像的间谍机构，中情局也十分巧妙地隐藏微缩影像。20世纪60年代初期，中情局在一本名为《历史和测量地球的意义》的知名学术杂志上隐藏微缩影像。谁曾想到，微缩影像被隐藏在单词"invardrähte"第一个"a"字母里呢？不知疲倦的东德秘密警察在一次例行检查中发现了这个微缩影像。在目测该杂志的页面后，再用显微镜更仔细地观察，技术人员在页面最下方的一个字母周围看到一个长方形的黑色框架。进一步检查后，该字母周围的纸纤维有被干扰的痕迹。当用140倍的镜头放大了微缩影像后，他们发现了一条用大写字母打印的电报体消息，指示间谍在骑手雕像前见面。该消息还提供了全面的反监控方法：在一个火车站的时钟下停留十分钟，然后在城市里逛街，最后再和上司在雕像前见面。如果间谍觉得他被监视了，应该把报纸拿在手里走到雕像前。这将是终止会见的信号。[38]

尽管微缩影像防不胜防，但显然也不是万无一失。由于微缩影像很难使用和查看，中情局没有将其大力推广给所有间谍。中情局曾试图给间谍们配备一个便于隐藏的微型读取器，开发了许多隐蔽的微缩影像读取器（包括赖夫的隐藏在毡尖笔里的读取器），其中最小的一个是改装过的斯坦霍普（Stanhope）透镜，也被称为"子弹"透镜。它和1美分硬币上林肯的头像差不多大，能够藏在眼球的一角，一盒香烟里或一瓶墨水里。间谍们可以将微缩影像粘贴在透镜的一端，将图像放大30倍，然后通过另一端查看它。

在20世纪50年代，中情局从一家新潮的商店里购买了100个这样的透镜，他们发现预装在镜头上的是性感的海报女郎。为了便于查看微缩影像、避免愚蠢的偷窥，中情局不得不取下性感图片。不出所料，这种透镜不受间谍欢迎，因为它太小了。不过，它确实取得了一些成功，比如成功查看了隐藏在一种在亚洲备受欢迎的小干鱼里的微缩影像。斯坦霍普镜头据称只有米粒大小，即使放在脚底，走路时也不会察觉。人们不禁要问，这样小的镜头能读取多大的图像？[39]

微缩影像的想象

微缩影像的确令人着迷：它是微小的，包含秘密信息，与阴谋有关。因此，流行文化在"冷战"期间盯上了微缩影像毫不奇怪。"汤普森案"被广泛报道后，两部"冷战"间谍惊悚片大获成功，观众从中获知了微缩影像的样子。由格里高利·派克和索菲亚·罗兰主演的浪漫惊悚片《谍海密码战》在1966年上映。电影讲述受雇于阿拉伯石油大亨贝什拉维的象形文字教授（派克饰演）破译秘密消息的故事。阿拉伯国家的政治命运取决于这个未破译的秘密消息。起初，教授为消息中牛头不对马嘴的象形文字绞尽脑汁。后来，一个雨天，在与雅思敏（索菲亚·罗兰饰演）驱车旅行时，他把象形文字消息放在湿的挡风玻璃上。信纸被弄湿，墨水在雨中溶解，象形"鹅"字的眼睛部位开始闪出光亮。教授很快找到了显微镜，读到了密谋暗杀总理的秘密消息。在追杀威胁下，教授和雅思敏试图把这则消息告诉总理。[40]

《谍海密码战》上映一年后，1967年，詹姆斯·邦德的间谍片《雷霆谷》上映。邦德的日本朋友"虎"告诉邦德，他的团队在幽灵党盗取的"宁波"号货轮的照片上发现了一个微缩影像，上面写着，照片的拍摄者因安全原因被杀了。[41]

光天化日下的间谍

东方阵营貌似凭着秘密通信比西方阵营抓捕了更多间谍。赖夫就是东德密不透风的反间谍网络成功抓捕的几十个间谍之一。逮捕赖夫时，邮件部门起到了主导作用，反间谍部门密切合作，行动技术部门提供了援助。当然，地毯式监控和不受限制的邮件拦截让东方阵营更容易找出秘密墨水信件，但拦截信件仅仅是第一步。如果消息不能显影，犯罪嫌疑人就无法被定罪。20世纪70年代，两个阵营在显影秘密信息方面都取得了成功。到了20世纪80年代末，秘密书写的使用频率急剧下降，间谍开始使用可编程的计算器（如卡西欧）或计算机进行通信。

美国中央情报局和西德的情报部门往往因为叛逃者提供的消息来抓捕间谍，而不是依靠邮件拦截，即使他们找到秘密书写的工具也只是用作证据。相比之下，东方阵营似乎一直成功地使用邮件拦截和解密秘密书写来抓捕间谍。在预处理嫌疑人的工作中，邮件拦截部门的审查力度发挥了重要作用。该技术部门也将大量资源投入到制作和检测秘密书写中，检查信件和可疑物件的数量充分说明了这些行动的高强度。

"冷战"期间，双方使用了类似的秘密通信技术。但由于民主监督，西方的邮件拦截行动受到限制。这并不意味着我们应该允许我们的情报机构进行非法活动，民主社会需要更多地依靠外交手段来实现自己的目标，在间谍战中落败可能是赢得更大的意识形态战争的代价。

囚　徒

"冷战"时期使用秘密书写的当然不只是间谍。但间谍是国际阴谋的棋子，他们加速了隐形墨水制作和检测的军备竞赛，使新的化学制品和方法不断涌现。有趣的是，一旦被捕，间谍就名扬四海、路人皆知。

囚徒和恋人寻求私密沟通的故事则比较鲜为人知。"冷战"期间，不少囚徒设计了巧妙的方法给外界传递秘密信息。其中引人注目的秘密通信故事来自美国海军飞行员詹姆斯·邦德·斯托克达尔（James Bond Stockdale，1923～2005）。

1965年9月9日，斯托克达尔的飞机在越南北部被击落。随后他跳伞空降到一个小村庄。在那里，他遭到殴打，作为战俘被送到"火炉"监狱，在那里度过了七年半的时间。美国战俘把这个臭名昭著的监狱称为"河内希尔顿"。斯托克达尔成为囚犯中的主要组织者，向狱友传授应对酷刑和秘密通信的方法。[42]

起初，斯托克达尔用代码信向他的妻子西比尔通报囚犯名单。他把狱友说成是他在美国海军学院时一起踢足球的哥们儿，事实上，这些囚犯从来没有和他踢过足球。西比尔将这些消息转给了美国海军情报局，海军随后聘请她帮助传递秘密信息。斯托克达尔每月可以接收一封信，在海军情报部门的要求下，西比尔每个月给他寄一张照片。惯例形成后，海军情报人员给西比尔准备了一张特别的照片——照片上，一张陌生人的头像代替了斯托克达尔的岳母。

1966年圣诞节前不久，北越方面在拍摄一部宣传电影时给了斯托克达尔几封信，其中一封就有这张假岳母的照片。斯托克达尔困惑地回到牢房里，打算扔掉照片，但转念一想："且慢——白白扔掉从美国寄来的东西，不做深究，这是愚蠢的。詹姆斯·邦德会将它浸泡在尿里，看看是否有消息显现出来。"接着，斯托克达尔用尿液填满饮用水壶，把相片浸泡进去。起初，什么都没有发生。半个小时后，他拿出照片，把它放在床板上干燥。渐渐地，他开始看到一个打印的段落出现在照片的背面。他读了一遍又一遍，希望在狱卒收走前把这段话背下来，然后把照片扔在粪便桶里。二十年后，他回忆道：

> 随照片寄去的信纸上有隐形墨粉，将来只要发现一封信里的日期写法奇怪，就表明信纸上有隐形墨粉，你可以用它写信。把你的信纸放在坚硬的表面上，把隐形墨粉纸放在上面，在上面再放一张纸。在每封用隐形墨粉信的开头写上"亲爱的"，结尾写上"爱你的丈夫"。小心，用隐形墨粉纸进行秘密书写可能会让你被控间谍罪。……浸泡所有你将收到的带有玫瑰图像的照片，挺住！[43]

虽然斯托克达尔知道自己可能被控间谍罪，但他还是继续将战俘营的情况、战俘的身份以及"每天十六小时戴镣铐"等虐囚方法写进秘密书信里。中情局听说了这些秘密信件后也介入进来，制定了新的秘密通信联络方式。[44]

普通囚犯也需要沟通，但很少能像海军军官斯托克达尔那样获得秘密通信的方法。相反，他们需要依靠自己的智慧和在监狱里找到的可用的有机材料，比如精液、尿液、唾液、柠檬汁、橘子汁和稀释过的血液。20世纪80年代，臭名昭著的监狱帮派"雅利安兄弟会"就制定了巧妙的秘密通信方法。除了使用弗朗西斯·培根的二进制外，他们还用尿液和青柠汁作为秘密墨水，在落基山无敌监狱策划了一场2600公里外的屠杀。1997年8月，"绿巨人"宾汉姆（T. D. Bingham）——一个有"海象小胡子的军阀"，用隐形墨水发出书信，让他的同伙在宾夕法尼亚联邦监狱里用小刀捅死黑人囚犯。兄弟会的囚犯后来杀了两个黑人。宾汉姆的秘密消息上写着："与华盛顿特区的黑人开战，T. D."。[45]

恋　人

恋人们用相对原始的隐形墨水来保留隐私并传递亲密想法。就像孩子们为防止家庭成员偷看而用隐形墨水写日记一样，并不需要复杂的墨水或技术。在历史长河中，成千上万的恋人秘密地传达浪漫的想法，这样的故事大多不为人知。

几个世纪以来，秘恋的人依据奥维德在公元2世纪给出的诗意的建议，用牛奶书写秘密消息。17世纪时，柠檬汁和明矾在想要保守秘密的恋人中间流行起来。忠诚的眷侣也能私下使用这些原始的墨水进行浪漫的通信。秘密书写让那些羞于当面表达心意的男男女女畅所欲言。

18世纪，氯化钴防火屏在浪漫的巴黎风靡一时，随之出现了特别为淑女准备的墨水（"给女士的墨水"）。氯化钴结晶闪着红色光泽，溶解在水中时，溶液变成粉红色。20世纪，这种浪漫的墨水通过邮购面世。新潮的杂志极力标榜这瓶保护爱情生活的浪漫墨水："用充满激情的红色隐形墨水写下隐形的爱的讯息，只有你和你的恋人可以让它显现或消失。保护你的爱情生活。"[46]

"冷战"时期，柏林墙分开了许多亲人、朋友和恋人。分隔两地的人们用代码沟通，恋人们则首选浪漫而私密的隐形墨水，墙让两颗心靠得更近。用一道墙隔开恋人并不是现代的发明。在皮拉摩斯与提斯柏的神话中，反对子女爱情的父母就是用一道墙隔开了两个家庭。正如神话中的一墙之隔分开了命运多舛的情侣一样，铁幕同样分开了无数情侣。

马诺·亚历山德拉（Mano Alexandra）是个住在布拉格的年轻女孩。她在这座神奇的城市中央——伏尔塔瓦河的坎帕岛（也称为布拉格的威尼斯）上坠入爱河。在布拉格迪士尼般的旧日魅影、鹅卵石点缀的蜿蜒小径和温馨的咖啡馆中，亚历山德拉的爱情故事上演了。但随后最坏的情况发生了，这对恋人因为政治被迫分离。1968年，苏联入侵捷克斯洛伐克，亚历山德拉逃离祖国，也离开她的恋人。分离是痛苦的。他们想看到对方，投入对方怀抱。但他们无法看到彼此，只能每天给对方写信，维持爱意。他们知道政府会读到这些信件，因此不能透露最深切的愿望。亚历山德拉多么渴望拥有给恋人的"隐形墨水"[47]。

亚历山德拉发现了其他恋人从18世纪开始就使用过的法国的钴隐显墨水。当她尝试使用这种墨水时，发现隐形的文字像变魔术一样显现为蓝色。她陶醉于此，想起了她的祖母讲过的第一次世界大战中发生在布拉格的故事。在那个故事里，不幸的情侣用隐形墨水传达最深的爱和欲望，同时对送信的女方的姑姑保密。[48]

在"冷战"期间，其他分离的恋人也用创造性的方式传递秘密消息。当一位美国艺术家和她的南斯拉夫恋人分开后，他们用黑色墨水写秘密信息，再在上面画上水彩画。恋人收到画后，只要洗掉水彩就能读到墨水写的信息。[49]虽然他们还不知道，这就是一种隐写术——这也是下一章的主题。

第十三章

隐藏在限制级图片里

Hiding in Porn Sites

2001年2月,《今日美国》记者杰克·凯利（Jack Kelley）的一篇报道震惊世界：恐怖分子可能把袭击美国的计划藏在一些色情网站上的限制级图片里。这一想法足以让执法者行动起来。然而，数字图像里的信息和传播图像行为本身都十分隐蔽，不像邮件和电话一样容易监控。2001年一整年的时间，探员们都没能找到限制级图片里的邪恶信息，此后10年的努力也毫无结果。密歇根大学的顶尖安全专家尼尔·普罗沃（Niels Provos）和彼得·霍尼曼（Peter Honeyman）在分析了拍卖网站易趣（eBay）上的200万张图片后"一个隐藏信息也没发现"[1]。那些图片里什么也没有——或许这只是他们的观点。

十年后，德国联邦刑事警察局的计算机取证专家取得了重大发现。2011年5月，柏林警察局审讯了马克苏德·洛丁（Maqsood Lodin）——这个长期被德国警察重点监视的澳大利亚人去了一趟巴基斯坦，警察怀疑他加入了活动在巴基斯坦、阿富汗边境的"圣战"武装。在搜查中，警察们发现他的内衣里藏着一些数字储存设备。截获这些设备后，计算机取证专家花了几个星期破译密码，随后惊讶地发现里面储存了一个名为"踢屁股"的色情视频以及一个名叫"性感的塔尼亚"的文件。在这些色情内容里藏着141个文本文件，内容是基地组织以往的行动和未来的计划，文件的题目有"未来的工作""吸取的教训""行动报告"等。其中最恐怖的计划还数在客运船只上劫持人质，给他们穿上橘色囚服，在录像机前将他们处决。[2]

恐怖分子在很显眼的地方隐藏了信息，将未加密的文档嵌入色情视频中，专业人士将这种做法称为"图片隐写术"。"隐写术"一词是15世纪的一位修道院院长约翰内斯·特里西米斯（Johannes Trithemius）的发明。尽管古希腊人没有用过这一源于希腊语的词，但他们已经用蜡衣木板或剃光了的头顶来隐藏秘密。几千年后，数字时代让这一古代艺术重生，并使其演化成为更加复杂的科学。

隐写术最常见的数字形式是在音频、图片或视频文件中藏匿信息。最简单但最不可靠的方法是将一个JPEG格式的图像文件用文字编辑程序打开，然后在内容的末尾加上你要隐藏的信息。然而，这么做之后产生的文件大小要比原图大很多，所以也容易被发现。正因如此，计算机专家开发了复杂的软件工具来掩饰这些媒介文件，从而使那些被动过手脚的图片或音频对常人来说毫无异样。

每张数字图片都是由几千个微乎其微的像素组成的，裸眼根本无法辨识出一些像素是否被隐秘的信息取代了。电脑将每个像素都识别为一长串二进制数字——0和1。显然，其中有些数字并不重要，它们被称为"最不重要的数位"或者"最多余的数据"，肉眼几乎分辨不出来。

在音频文件中，发送秘密信息的人可以使用那些人耳无法识别的音节；在一张图片中，他可以改写最不显著的像素。隐写者就是在这些细小的音节和像素里隐藏信息的。他们只需购买或者开发一款软件，其中包含的算法能将数据嵌入图片或音频文件中就可以了。[3] 接受信息的人们通过一串密码来破解那些秘密信息，一如德国警察从那些色情文件中破解信息。

专业的隐写者可以把一张无辜的图片或一份音频转化成一长串按特定顺序排列的 0 和 1。例如，A 的二进制码是 1000011。隐写者开发出隐藏信息的嵌入法，他们通常用最后一位数——因为那是最无关紧要的一位数——来嵌入信息。[4]

隐写者／破解者

互联网的普及使网络空间的犯罪行为急剧增加，从而倒逼出了一个新的侦探种类：计算机取证调查员。2001 年开始，专攻数字隐写术的计算机取证专家的数目急剧增加。他们组织专业协会和会议，原本无人问津的领域一下子成了一门显学。这些调查员的工作通常是保密的，出于国家安全原因，他们往往不愿意透露他们如何以及在何处探测到隐写信息的。

尼尔·F. 约翰逊（Neil F. Johnson）是一名隐写术咨询师、讲师，还在华盛顿开了自己的公司。他认为"透露我在搜寻什么、我是否在搜寻以及我是否已获取结果是一件愚蠢的事情"，因为这会"无意间露出底牌"。他已经停止发表研究成果，以防止罪犯或恐怖分子见招拆招。他也更愿意匿名，在他的个人网站上没有任何联系方式，所有他的个人照片也都做了面部模糊处理。[5]

有一些隐写信息的破解者则更加开放，例如切特·霍斯默（Chet Hosmer），他名下位于纽约的维特斯通科技公司是美国空军的合作商。2001年，他发现在拍卖网站和色情网站上的数以百万计的照片里，只有"0.6%藏有秘密信息"。[6]尽管尼尔·普罗沃在易趣网上一无所获，他仍坚信科技成果应该公开分享。即便"9·11"以后政治氛围有所变化，他还是对信息的自由流动深信不疑，并发表了自己的研究成果。普罗沃编写的程序用统计分析法来探测他下载的图片中是否存在隐藏信息。[7]

不管隐写信息的破解者对分享敏感技术的态度如何，一场隐写者和破解者之间的新型"军备竞赛"已经上演。21世纪的头十年中只出现了几百种隐写软件，但到了2012年，就已经有一千多种隐写软件可供购买或免费下载了。

数字化的囚徒难题

另一种看待现代隐写术的方法是将所谓的"囚徒难题"数字化。约翰·杰拉德奇迹般逃离伦敦塔就是得益于用原始的隐形墨水与外界交流。本书中的所有人物里，囚徒是最难交流秘密的一类人。他们的书信会被审查，如果里面写着可疑的数字，狱警大概不会帮忙投递。杰拉德却得到了狱警的信任，他请狱警转交的是用纸包裹的玫瑰念珠，而用隐形墨水写的信息就在那些纸上。他用这些信息与外界沟通他的越狱计划。一定程度上，这种囚徒困境每个人都可能遇到，在我们想要传递秘密信息时总有敌人威胁截获这些信息。

在现代世界的网络空间里，囚徒难题可以用隐写术来解决。1984年，桑迪亚国家实验室的加密员古斯塔维斯·西蒙斯（Gustavus Simmons）试图用加密学中的"潜信道"来解决囚徒困境。20世纪

90年代数字隐写术出现后，人们用图像代替了西蒙斯使用的密码。在西蒙斯的假想中，两名共犯被关在远离彼此的不同牢房里，但是他们迫切需要与彼此沟通越狱计划，而唯一的沟通渠道就是狱警，但一旦狱警发现他们在暗中计划什么，就会把他们关进禁闭牢房。一个解决办法就是把信息藏进看似无辜的照片里，请狱警交给对方。

这种囚徒难题及其解决方法可以帮助我们理解其他的类似情形：两个人需要秘密沟通，但同时面临被截获的风险。想要用隐写术克服困难，以下三个要素不可或缺：伪装物（比如图片），隐写内容（秘密信息），破解隐写内容的窍门（一串密码或者一个可以看到隐写内容的地点）。[8] 这种破解隐写内容的窍门类似于以前间谍界常用的"死穴"的数字形式。"冷战"时期，间谍们曾用一些"死穴"来匿名存取秘密信息，这种尽量无关个人的交流形式常常发生在偏远的墓地、天桥桥洞或下水管道里。在数字时代，这种"死穴"可以是网络世界的任何地方，比如易趣的拍卖平台或者色情网站。

与囚徒难题不同，恐怖分子和间谍在易趣或者色情网站上的交流不需要第三方传递信息。这正是数字"死穴"的迷人之处：信息的发送者只需要将一张藏有秘密信息的图片放在网上拍卖，而接受者只需要像千千万万的顾客一样下载图片，之后就可以破解信息了。

俄罗斯间谍

多年以来，十个分散在美国纽约、波士顿、新泽西的俄罗斯间谍正是用上述方式传递信息，直到他们在2010年被逮捕。间谍们用数字"死穴"代替了实体。这些"不法分子"（冒用他人身份的间谍）就像这个世界上的普通人一样用互联网彼此沟通。与众不同之处在于，他们的上级为他们配备了精密的隐写设备，而这些设备并不能在市面上买到。位于莫斯科的总部指导他们把图片放在普通的网站上传递信息，而他们的主要任务是"在美国决策圈发展人脉，并将情报传回莫斯科"。[9]

这十个人的领队化名"理查德·墨菲"（Richard Murphy），他与"妻子"辛西娅以及两个孩子住在新泽西州东北部郊区蒙特克莱尔。他们的生活方式非常郊区化，邻居们甚至觉得他们可能事先接受过"郊区生活基础课程"之类的培训。他们吃着烤肉汉堡，喝着百威啤酒，用烤成自由女神状的布朗尼蛋糕当甜品，还不时在自家后院露天烧烤。他们常常用数字"死穴"发送情报。当邻居们不注意的时候，墨菲和辛西娅就打开笔记本电脑，访问一些公共网站，下载看似无辜的图片。[10] 2009 年 4 月的一天，墨菲夫妇用莫斯科总部提供的破解软件打开一张图片，里面的秘密文字信息即刻显现：

> 总部准备与墨菲短暂会面，并由经验丰富的情报站代表（一位俄罗斯政府官员）交给你 30 万美元。其中一半你留用，另一半再转交给你即将在今年 9 月到明年 10 月间遇到的年轻同事。

信息中提到的会面地点是位于郊区的白原北火车站，这个车站"静谧，周末几乎荒无人烟，且没有监控摄像头"。[11]

他们没有想到，尽管那座车站没有普通的监控摄像头，但 2009 年夏天，美国联邦调查局已经设立了独立的监控体系。就像莫斯科总部要求的那样，那位俄罗斯政府官员把钱放在一个巴诺书店的购物袋里，上楼梯时在与墨菲擦肩而过的瞬间将其放进墨菲的书包里。

这样的巨款转移，联邦调查局已经监视到好几次。联邦调查局对这十名间谍监视已久，包括监听电话，监视电子邮件，在他们的家中安装窃听设备，并在他们前往的公共场所和酒店设置摄像头。2005

年 7 月，联邦调查员搜查了墨菲的寓所，收获颇丰：他们发现并翻拍了一张写着 27 位密码的纸。他们回到办公室后，在电脑上按下"Alt""Ctrl"和"E"键，随后输入这串密码，很快找到了墨菲电脑里储存的隐写软件。[12]

联邦调查局同时拷贝并分析了墨菲电脑里的硬盘，他们发现了墨菲曾经访问过的网站链接。调查员访问了其中的一些网站并下载了一些图片。当他们用俄罗斯的隐写软件分析那些图片时，找到了一百多个文本文件，包括在那个没有监控摄像头的郊区火车站会面的信息。[13]

尽管莫斯科已经采用了最前沿的间谍技术，一些俄罗斯间谍还在用传统的方法工作。当胡安·拉扎罗（Juan Lazaro）和维奇·佩莱斯（Vicky Pelaez）这两个居住在纽约州扬克斯市的俄罗斯间谍准备来一场南美之行时，美国联邦调查局监听到了以下对话：

拉扎罗：你什么时候走？我会写一些隐形信件，你把它们夹在书里。

佩莱斯：哦，好的。

拉扎罗：我会给你一些空白纸，信息就在纸上，里面有我做过的所有事。[14]

拉扎罗准备用隐形墨水写信，并让佩莱斯转交给他们在南美洲的同事。即便有先进的科技，隐形墨水看起来也要长存下去。

安娜·查普曼（Anna Chapman）是最著名的俄罗斯间谍之一。她用另一种方式在纽约市 47 街和第八大道交界处的星巴克咖啡店向她的俄罗斯同事传递了信息。这个红发性感女郎后来成了媒体红人、男人眼中的万人迷。人们将这个极具诱惑力的蛇蝎美人称为"床底的红色恶魔"。但她确实是个训练有素并精通技术的间谍,她在用才智工作。她与同事以使用笔记本电脑连接无线网络的方式接头。[15]

联邦调查局这样描述她在星巴克开展的行动:"查普曼带着包坐在咖啡店靠窗的位置,十分钟后,我观察到一个小面包车经过窗外。"联邦调查局探员随后监视到,查普曼和坐在面包车里的同事就是用这种简单的商用技术完成了一次信息的无线传输。[16]

DNA 微缩影像

21世纪,隐写术不再局限于恐怖分子和间谍当中,也不再限于互联网,而是变成了一个价值百万美元的产业。防御商业间谍行为的公司、反恐的政府机构以及试图破解网络防火墙的间谍和黑客统统参与其中。

1999年,西奈山医学院的一个研究团队发明了将秘密信息写入脱氧核糖核酸(DNA)的方法。这个团队的领头人卡特·班克罗夫特(Carter Bancroft)教授是一个分子内分泌学和生物物理学专家。他想把 DNA 看成"一种有机的计算机",这让他"思考如何使 DNA 突破一个活着的细胞的界限"。[17]

受"二战"时期间谍用微缩影像藏匿信息的启发,卡特·班克罗夫特团队决定让这种"间谍杰作"更进一步:他们不仅像德国间谍一样对信息做一次隐藏,还将隐藏过的信息再次隐藏,并将其称为"双重隐写"。首先,他们将一个用 DNA 编码的秘密信息伪装在一个无比复杂的人类基因组中,再将其微缩成一个小圆点,贴在一张信纸里的一个句号上,由此制作了一个 DNA 微缩影像。[18]

DNA 是由 A、C、G、T 四种核苷酸组成的,它们可以用几百万种方式排列组合。研究者用三个核苷酸名称加密字母、数字和标点符号,比如字母 A 由核苷酸 C、G、A 表示。然后,他们用 69 个核苷酸组成的 DNA 重新表述了"二战"时期的情报信息:"6 月 6 日,进攻诺曼底。"在每串信息的前后,他们还加上了 20 个核苷酸长度的"糖衣"以加强解读难度。随后,他们用导管将这串 DNA 信息放在一张滤纸里,再把它剪下来贴在一张信纸的句号上,并随这封信寄出了这串秘密信息。

很难想象普通的间谍会运用这种技术,但是从事秘密工作的分子生物学家也许觉得这种方法能防止竞争者窃取研究成果。此外,他们认为这种新方法有助于保障企业安全,尤其是可以为利益攸关的信息打上"DNA 水印"[19]。

即便这种生物双重隐写术还不能在间谍界大红大紫,它也已经启发了科学界。美国国防高级研究项目署(DARPA)就曾求助科学界发明一种化学手段取代电子手段传递信息(我们只能想象这个古怪的机构希望如此传递信息的缘由)。知名生物学家克雷格·文特尔(Craig Venter)随后把他的名字和一些话写在了一个合成细菌的 DNA 上。一个崭新的生物加密、生物隐写领域在 2009 年初露头角,随之诞生了许多生物隐写方法。[20]

另一组化学家在 DARPA 的资助下用细菌细胞隐藏信息,并将之称为印刷微生物串隐写术(SPAM)。这种技术看起来比 DNA 微缩影像简单许多,因为 SPAM 技术处理的信息可以在发光二极管或者苹果手机的照射下在细胞中以不同的颜色显现出来。这种秘密信息可以邮寄,用抗生素解锁,然后轻而易举地破解。发送者可以用一种大肠杆菌来给这串信息标上时间,或者用它自动删除信息,就像那些可以自我摧毁的关于"不可能完成的任务"的记录。[21]

尽管细菌是简单的机体,信息接收者只需一部苹果手机就可以破解其中的信息,间谍们仍然需要一个小型实验室来发送信息。前沿科学家玛努尔·帕拉西奥斯（Manuel Palacios）认为，像DNA微缩影像一样，印刷微生物串隐写术可以用于为转基因打上"生物条形码"，防止假冒。不过DARPA更在意的是，科学家声称，这种技术可以用于"生物识别"或者"在渠道被泄露的情况下继续交流"。[22]

  21世纪初期，古代的隐写术在高科技的世界里重生了，并且用途不再局限于战争。隐写术的使用者相当广泛，从将信息藏在色情网站里的恐怖分子，到试图重组分子生物和化学领域知识的科学家，当然还有间谍们，他们会永远存在。

  从隐写术的历史演变中，我们清晰地看到："小妹妹"隐写术和"大哥哥"加密术终于可以在精密程度和复杂程度上平起平坐了。数字图像和生物编码信息取代了木板覆蜡和微缩影像。即便那些信息不是藏在色情网站里，它们也始终隐藏在众目睽睽之下。

尾 声

Epilogue

2011年4月,美国中央情报局大张旗鼓地发布了一份新闻稿:中情局公开了第一次世界大战时的隐形墨水配方,并在国家档案馆的线上电子阅览室里公布了六个文档,全世界的人都可以看到这长达16页的内容(其中多有重复)。这当然是一个重要的时刻。1998年以来,华盛顿特区的马克·S. 扎伊德(Mark S. Zaid)律师多次依据《信息自由法案》起诉政府,要求落实政府信息公开。这是"詹姆斯·麦迪逊项目"(James Madison Project)的一部分。此次公布的秘密墨水配方是国家档案馆保存的最古老的机密信息之一。

中情局曾以国家安全为由封锁这些文件,并坚称美国特工仍在使用这些隐形墨水,公布配方可能泄露中情局现代化的隐形墨水书写以及检测技术,并让人抓到"把柄"。2002年,联邦法院支持了中情局的看法。但九年后,中情局局长莱昂·帕内塔(Leon Panetta)认为这些文件已经不再敏感,"最新的技术进步让我们可以公布这些内容"[1]。

然而,当我检阅这些秘密文件时,不仅失望,而且震惊。首先,文件中大多数内容有的已经发表过,有的可以在其他档案馆查到。其次,这些文件不属于中情局,而属于海军情报办公室,但不知何故已经归中情局管辖。这倒也说得过去,中情局1947年才成立,其前身战略服务办公室成立于1942年。最后,由于与纳粹相关的档案被强制公开过,中情局也曾被迫解密了"二战"期间战略服务办公室的机密档案,这比无足轻重的"一战"秘密档案可是敏感多了。事实上,本书的许多章节使用了这些不为人知却内容丰富的"二战"解密档案。而且,军事情报部门还掌握着许多更重要的"一战"期间的隐形墨水档案,有些近期公开了,有些干脆消失了。

当我把本书的手稿发给出版社时,我发现国家安全局(National Security Agency,简称"国安局")公布了一批"一战"期间的隐形墨水档案。好像是在呼应它的绰号——"不存在的机构",国安局在解密档案时并没有通知媒体。和中情局相比,国安局这次解密大方许多,其中包括895种隐形墨水样品、实验及其显影剂的效果,比中情局的档案更加全面彻底。显然,"一战"的隐形墨水档案被分发给了不同的政府机构,在一系列机构改革后,又被不同的新机构继承下来。[2]

不得不说,2011年中情局公布的版本是自取其辱。其中一份文件记录了德国1918年6月14日的隐形墨水配方,文件显示,法国情报部门将这些信息交给了美国海军情报办公室,后者做了一些翻译。这份一页纸的文件包括用氨基比林和阿司匹林制作的隐形墨水的配方,还有两个步骤的显影方法。

正如我们所看到的,"二战"期间,纳粹间谍因传奇的间谍技术一次次见于报端。他们用牙签蘸上氨基比林,将美国军力的秘密信息传递给德国情报部门。这些故事如今广为人知,没有秘密可言,你可以在书里或者《纽约时报》之类的报纸上读到。

从这些故事中,我们可以看到:在隐形墨水的世界里,不变的总比变化的多。否则,德国人怎么敢在两次世界大战中使用同一种墨水。

国安局解密的文档中包括了一种秘密书写方法:将硝酸苏打水和淀粉水混合,沾在手帕、领口或衬衫上;这些布料被浸渍和熨烫后看起来就像上浆后笔挺的服装。间谍只需把它们浸在水中,挤出之前浸渍的隐形墨水,即可使用。不只是使用牙签的纳粹登上了头条新闻。第一次世界大战期间,玛塔·哈里式的女间谍玛丽亚·德·维多利卡就用丝巾作为武器,用隐形墨水浸渍丝巾,再将其浸泡在水中挤出隐形墨水。这种墨水可以用碘化钾显影。碘化钾有时被认为是普适的显影剂。中情局用隐形墨水给衬衫上浆的方法也并不新奇。

另一份文件则记录了一个"不成功"的实验——如何不留痕迹地打开密封的信封。最后,一份商务部的文件记录了其他几种隐形墨水样品,其中包括本书中提及的氯化钴等物质。

最后这份文件也许是最尴尬的。它几乎是旧金山的笔迹鉴定专家西奥多·凯特卡(Theodore Kytka)的论文《隐形摄影和书写、隐显墨水及其他》的翻版。虽然这篇论文被加密,但1930年《美国警察学期刊》还是全文刊发了这篇文章。在中情局解密文档之前很久,我就使用过这篇文章的内容。[3]

奇怪的是,1976年,中情局调低了那些秘密文档的密级。两年后，中情局局长斯坦菲尔德·特纳（Stanfield Turner）决定，不允许在2020年之前自动解密这些文档。笨拙的中情局官僚真的要等到2020年才解密这些文档吗？或许是因为参议院情报委员会在1975年、1976年揭露中情局人脑控制实验引发轩然大波，使得中情局更注重自我保护？这些秘密文档中的内容本身并不重要，令人警惕的是中情局独断而荒谬的信息公开政策。

事实上，国安局公布的895种隐形墨水实验比中情局公布的内容更详细。如果国安局以国家安全为由封锁这些档案，可能还勉强说得过去。但我还是要强调，即便中情局提前公布那些秘密文档，也不会对国家安全造成任何威胁，更不可能让人管窥现代技术。首先，秘密文档中的那些墨水已经在其他出版物中公开过；其次，各国情报机构已经开发出了更为复杂的系统和方法。

不过，将这些技术和知识保密的做法确实说明，情报机构认为隐形墨水仍然是一种敏感而重要的工具。20世纪，隐形墨水的应用范围比许多人想象的广泛。就像我在本书前言中暗示的那样，隐形墨水其实并不严肃——就是有趣的游戏和魔术技巧。但情报机构显然不这么想，他们认为这是一种有价值的沟通方法：没有秘密通信就没有间谍行动。就这点而论，他们是正确的。

让我们回过头来，纵览古今，反思历史。在战争时期，间谍和战俘不断地推动隐形墨水技术的使用和开发；和平时期，囚徒和恋人则需要用隐形墨水隐藏信息、逃避检查，科学家和艺术家则为隐形墨水的魔法着迷。

除了现实功用之外，秘密通信方法往往深深植根于社会文化母体。每当秘密书写技术取得重大进展，总伴随着一些重大社会事件（哪怕不是灾难性的），比如古希腊人和波斯人之间的冲突、英国内战，特别是两次世界大战和"冷战"。让·埃罗在一个相对和平的时期发明了钴隐显墨水，但那也是个科技日新月异的时代。19世纪，化学的发展和普及让孩子和他们的家长填满了位于地下室的实验室以及他们的想象力。

在本书即将付梓之际，爱德华·J. 斯诺登（Edward J. Snowden）揭露了国安局截获跨国电子邮件的爆炸性秘密。"冷战"期间，中情局最出风头，国安局藏在暗处，被戏称为"不存在的机构"。"斯诺登事件"后，国安局取代了中情局，成为滥用职权、冒充技术威权和拦截邮件的主要嫌疑对象。或许我们可以给国安局起个新外号——"再无秘密可言"。不同于1970年中情局的遭遇，如今参议院情报委员会没有弗兰克·丘奇式的参议员严厉拷问国安局的负责人，国会也没能拦住非法的全方位邮件拦截和审查。

英美在两次世界大战期间对本国公民的高强度邮件审查放到和平时期是无法自圆其说的。"冷战"奠定了我们目前的国家安全状态的基础，官僚主义的情报机构成立、壮大并大量增大。"9·11"和反恐战争模糊了战争时期与和平时期的边界。值得注意的是，国安局在经济衰退期间得到了大量政府补助，大肆招募人员，无节制地进行建设。如今，将近500万美国人有权调阅秘密信息，而国安局也正在整个美国建设大楼用来存储数据。国安局还建立了五倍于国会山规模的犹他州数据中心，这是史无前例的。[4] 这些工程本身就说明国安局打算长期搜集美国公民和外国嫌疑人的信息。

美国的领袖们应该从秘密通信的历史兴衰中吸取教训。在不到一百年的时间里，美国的风气已经从"绅士不看彼此的邮件"变成"我们有能力轻按鼠标看到每个人的邮件"。它对我们的国家安全和民主机制意味着什么？尤其是现在美国已不再有丘奇式的人物审查渎职枉法的邮件拦截行为。在金钱和自由的维度中，安全的代价是什么？

秘密永远存在——私人秘密、政治秘密、军事秘密——也永远有人致力于窥探这些秘密。对于 21 世纪之初的美国,这些答案也许已经用隐形墨水写在墙上,静待揭晓。

附 录

玩转厨房化学实验

作者：杰森·莱（Jason Lye）
克里斯蒂·马克拉奇斯

Appendix: Fun Kitchen Chemistry Experiments

注意：下列实验中包含危险物质，或者在使用不当的情况下会发生危险。在校订和编辑的过程中，我们尽力标明了潜在危险物质的正确使用方法，并给出了适当的安全警告。读者决定进行以下实验时风险自负。作者和出版商不保证进行下列实验的个人安全，也不为因附录内容直接或间接导致的后果承担连带责任。如果您考虑尝试下列实验，请确保您知道适当的安全注意事项，并了解风险。

——耶鲁大学法律顾问的免责声明

吸引年轻人走上化学研究道路的往往是那些色泽艳丽的化学变化。当我们打量凯美克拉夫特公司1952年生产的一个化学工具玩具箱时，不禁感叹益智玩具的今不如昔。我们怀疑，也许是益智玩具的安全性没有跟上时代的步伐，导致我们的社会无法一批接一批地出现满腔热忱的化学家。

秉持这一想法，我们罗列了一些安全而有历史意义的隐形墨水实验，只要用家常的材料就可以完成。这十分有趣。如果您想要尝试，请先确保与专业的化学工作者合作或者先接受一些安全培训。大部分实验就像在厨房里用柠檬做饭一样完全无害——不过，如果您不慎将柠檬汁喷到眼睛里，那还是很痛苦的。

做　粥

我最喜欢的一个隐形墨水的故事在这本书中未能提及。故事的主人公叫托马斯·罗宾斯（Thomas Robins）。1935年，他被关押在英国旺兹沃思监狱，在此期间，他研究出了用麦片粥进行隐形书写的方法。他用麦片粥浸泡抹布，再挤出抹布中的液体，然后用普通的笔尖蘸取液体进行书写。罗宾斯没有尝试用这种方法越狱，相反，他把这种方法呈给了内政部长，以期提前获释。罗宾斯认为，如果这种方法在监狱里尽人皆知，将让英国黑社会大获裨益。

在英国，"做粥"（Doin' Porridge）是服刑的委婉说法。20世纪30年代，谁会想到深受内政部长大人喜爱的稠稠的早餐燕麦粥会成为隐形墨水的来源呢？由于当时囚犯每天的早餐都是不加牛奶的燕麦粥，他们很容易获取这种秘密书写的原料。而这些的读者只需一点点碘液就可以让秘密信息显影成美丽的蓝色。当军情五处和警视厅的专家查验这种墨水时，他们指出如果用水稀释这种墨水，它的书写痕迹将难以用紫外线灯检测出来。对他们来说，这是一个全新的方法。只要不在纸上形成硬块，狱警很难发现这种书写痕迹。不过，只要在粥里加入牛奶，检测起来就容易很多。因此，军情五处和警视厅建议在监狱早餐燕麦粥里加入牛奶，以防其被用为隐形墨水。罗宾斯也没有获得提前释放。[1]

粥里的淀粉和碘反应会形成蓝黑色的化合物。淀粉和碘互为敏感的指示剂，淀粉分子看起来像长长的螺旋弹簧，而淀粉和碘化学反应后的深蓝色化合物就是碘分子进入淀粉分子螺旋空间后的结果。

用以下配方，我们就可以在厨房里制作淀粉墨水：

在小锅里煮两杯水。将两茶勺淀粉和三分之一酒杯的冷水混合并搅匀成浆。水沸腾后，将淀粉浆倒入，搅拌并继续煮两分钟。淀粉浆在随后的冷却过程中会越发浓稠。你可以用画笔或者棉签蘸取淀粉浆写下秘密信息。如果你希望字迹更加清晰则可以削尖棉签的顶端进行书写。

笔迹干燥后可以用稀释的碘液显影。作为防护，一定要戴手套、戴防护眼镜。你可以拿刷子把碘液刷在纸上，或者用眼药水瓶把碘液滴到纸上。纸张一开始会吸收碘液，但是在没有淀粉的位置，碘液会在几小时内蒸发，使得蓝色的淀粉字迹清晰可见。

酒鬼荧光

你有没有注意到，在酒吧的荧光灯照耀下，加了汤力水的杜松子酒会呈现蓝绿色？这是因为汤力水中含有奎宁。人眼无法辨别奎宁的颜色，但在吸收紫外线光后，奎宁会显现出可见的蓝光。我们将之称为荧光现象。

你可以用汤力水作为隐形墨水在牛皮纸袋、文件袋或者其他不是白色的纸张上书写。在白纸上用汤力水通常无法奏效，因为大多数白纸是用荧光剂增白的，因此奎宁的痕迹会淹没在荧光增白剂当中。你可以在五金店、药店或者杂货店买到荧光灯泡，然后在暗房读取用汤力水写的秘密信息。

为纳粹服务的间谍汉森被人称为"牙齿间谍"，他曾将胶状的奎宁放在一个极其微小的袋子里，藏匿在牙齿里。

果汁墨水：加热即显影

许多常见的水果和蔬菜汁可以直接当成隐形墨水使用。你可以用棉签、火柴或者牙签直接蘸取。事实上，正如我在第二章提到的，从伦敦塔监狱逃出的约翰·杰拉德就曾用橙汁作为隐形墨水。尽管"一战"期间德国间谍因为用柠檬汁而暴露，但如果没有人怀疑你用柠檬汁书写，也不会有人加热你用过的纸张。

在厨房中常见的可以用作隐形墨水的液体包括柠檬汁、橙汁、醋和牛奶，洋葱汁也可以。只要加热，隐形书写就会现出原形。你可以小心地把纸架在烤面包机、烧烤灶或者蜡烛的正上方。一定要小心，不要过度加热，更不要点燃纸张！在加热纸张的过程中，隐形墨水的部分痕迹会变成黑色。

化学墨水：用清水显影

你可能会觉得惊讶，家用的明矾也曾被许多恋人和间谍用来写秘密书信。毫无疑问，玛丽女王和她的同谋者都盼望有一种伊丽莎白一世女王不知道的隐形墨水。

我们将四分之一茶匙的家用明矾与三分之一酒杯的自来水混合就可以制成隐形墨水。你可以用这种隐形墨水在普通的纸上书写。墨水干燥后，把纸张浸泡在水里，笔迹会暂时显影。吸收水分后，纸张的其他部分会变暗，秘密字迹会变白。随着时间的流逝，明矾也会被稀释，秘密消息随即消失不见。这是一个名副其实的可以自生自灭的秘密通信方式。

旧式黑墨水：硫酸铁和鞣酸混合而成的隐形墨水

你知道吗，人体内的铁含量足以铸就一根7.6厘米长的铁钉。铁是大部分物种的必需营养素，也是隐形墨水的来源之一。尽管硫酸铁毒性极低，它也会腐蚀皮肤或者在器物上留下印记。几个世纪以来，人们将硫酸铁和从橡树瘿结中提取的鞣酸混合制成黑墨水。尽管橡树瘿结是鞣酸的最佳来源，但也有几种常见的食品可以提供鞣酸，比如红茶和红酒。

如今，我们在哪里可以买到硫酸铁？有时候，你可以在网上找到这种纯晶体，它可以用来给草坪施肥，让草长成郁郁葱葱的深绿色。或者可以用硫酸铁片剂，大多数药房都出售这种膳食补充剂。不过，你需要对这些片剂进行提纯。

首先，我们戴好手套和防护眼镜，用湿纸巾磨去片剂表面上的涂层。接下来，我们将三四片清洁过的药片溶解在盛着四分之三杯水的酒杯中。搅拌后静置二十分钟，让不溶于水的物质沉淀在杯底。你可以用棉签直接蘸取最上层的硫酸铁。或者，你可以将最上层的清亮的淡绿色液体倒在另一个酒杯中备用。

这种淡绿色硫酸铁的隐形墨水有许多对应的显影方式，可以还原出不同颜色的字迹。

使用红茶可以让这种铁墨水显示出黑色字迹。用两袋茶包泡一杯浓茶，沏茶几分钟后，直接用茶汤进行显影。铁元素和鞣酸混合会留下黑色物质。与之相似的，你可以从酿酒厂购买鞣酸溶液，硫酸铁墨水写下的内容显影后呈现深深的黑色。由于红酒中也有鞣酸，也可以被用来当显影剂。

在这里，硫酸铁和鞣酸是可以互换的。正如本书提到的，古希腊人、德拉·波尔塔以及美国革命期间的英美间谍都曾使用过这两种物质作为隐形墨水和显影剂。你可以用硫酸铁作为隐形墨水，再用橡树瘿结来显影；反之亦可。

粉红墨水

从前，酚酞一直是泻药的主要成分。如今，你仍可以从生物柴油供应公司买到酚酞溶液。它通常作为酒精原料出售，所以需要远离明火和其他火源。酚酞在强碱的作用下呈现鲜艳的洋红色。"二战"期间，纳粹曾用这种物质浸渍手绢携带隐形墨水。你可以用它的溶液在纸上书写。

干燥后，秘密书写的痕迹可以在氨蒸气的熏蒸下显影。你也可以用洗涤碱（碳酸钠）或稀释过的氨水涂抹纸张显影。如果你有哮喘或其他呼吸问题，一定要用洗涤碱，因为氨水可能会加重你的呼吸问题。

如果你能忍受氨水的气味，你可以将少量氨水清洗剂放在1夸脱（约1.136升）大小的瓶子的底部形成"氨瓶"，将信纸固定在瓶子里液体的上方，盖上瓶盖。随着氨气熏蒸纸张，字迹会显现出粉红色。或者，你可以将氨水和清水按1∶4的比例稀释，将溶液倒进水槽内的托盘里制成显影液。

化学墨水：氯化钴，加热显影

多年前，益智玩具化学工具箱里包含许多化学材料，如今我们只能从化学品商店里买到它们。这些漂亮的化学品之一就是氯化钴。这种物质在结晶状态下呈美丽的宝石红色，脱水后则呈亮蓝色。让·埃罗和维多利亚时代的人们迷上了这种物质，并用它制作景色图像变化的壁炉围栏。

偶尔，你可以在跳蚤市场或者古董商店找到20世纪60年代的化学工具箱，里面还有放了五十多年的氯化钴。在实验中，我们分别用了化学工具箱里的氯化钴和化学品商店里买的氯化钴，两次实验都取得成功。尽管氯化钴十分美丽，但它含有可能致癌的剧毒物质，同时会污染环境。所以，我们在实验室要非常小心，依照实验室安全守则戴上手套和防护眼镜。除非你能在工业界或大学的实验室里在有人指导的情况下进行实验操作，否则我们不建议你效仿以下操作。

制作钴墨水可以像在自来水里溶化几块美丽的红宝石晶体一样简单。（当然，在戴着眼镜和手套的前提下。）我们在四分之一酒杯的水中溶化少许红色晶体（大概八分之一茶匙），得到粉红色的溶液。如果你家的自来水碱性比较强，我们建议你使用蒸馏水或去离子水来代替自来水。

尽管我们知道实验有危险，但还是获得了一些乐趣。首先，我们用笔画了一棵树和一些风景。然后，我们用去掉棉头的棉签画上树叶，并写下一条秘密信息。

干燥后，粉色变得很浅，肉眼已经无法辨别。（你还是可以用紫外线灯照射到字迹。）你可以用吹风机或其他干热源加热纸张的正面或背面，钴墨水就会显出蓝色，风景变化，字迹显现。停止加热后，蓝色的字迹和图像又会变成粉色，因为氯化钴会和空气中的水分结合再次结晶。

神奇护符

你还可以用无害的热敏墨水做一个类似的派对游戏。实验者不必担心爆炸或其他健康威胁。

做一个每侧约12厘米长的三角形的铁盒子。将一块铜板放在盒子底部,在铜板上可以用不同的金属装饰上彼此连接的象形文字。给盒子做一个带把手的盖子,并在盖子的里层再放一块铜板。

用特殊字符或者画像装饰护符的外观,使它看起来更加神秘。再准备一些纸条,用普通墨水在上面写问题,再在问题下方用隐形墨水写上答案。如果你希望答案在显影时色彩斑斓,你可以用不同的隐形墨水写下答案。

加热三角铁盒之后,你可以请朋友抽一张纸条,把它放在护符里,盖上盖子。此时,盒子里的热量加热纸张,几分钟后,答案就会显影。

你可以用到几种常见的热敏液体,如醋、橘子汁或洋葱汁——总之都是厨房里和菜谱里常见的食材。[2]

煮鸡蛋里的秘密消息

对了,有没有人成功地用过这个办法?你可能还记得,德拉·波尔塔曾建议用煮熟的鸡蛋把秘密消息偷偷带出宗教裁判所。显然,他用醋和明矾将秘密消息写在蛋壳上。据称,剥掉蛋壳后,可以在煮熟的鸡蛋表面读出秘密信息。(我们试过把信息写在尚未煮熟的鸡蛋的蛋壳上,然后再煮,没有成功读取信息。)

我们已经煮了八锅鸡蛋了,厨房里充满水蒸气,脚下到处都是蛋壳。我们试过各种办法,但没有一次成功。即便这个故事不是天方夜谭，有一些关键细节也在多年流传中丧失了。令人惊讶的是，这个故事还被多次引用，几乎一字不差地重复着这个错误的方法——作者们显然没有亲自尝试过。如果你幸运地取得了成功，一定要告诉我们你是怎么做到的。

用药品传递信息

我们知道在两次世界大战中，间谍用普通的药品制作隐形墨水。如今，尽管一些20世纪初和20世纪40年代的药品已经不再可用（比如氨基比林），但至少阿司匹林仍然是家中常备药。

现代的阿司匹林粉末可以用来制作隐形墨水。将一板阿司匹林片剂溶解在一酒杯热水里，制成饱和溶液。在溶液冷却时，你会发现绒毛状的结晶析出。

用这种透明液体书写秘密信息并干燥，之后可以用新鲜的硫酸铁溶液显影。用化妆棉蘸上硫酸铁溶液在纸上轻拍，几分钟后，字迹将开始显现，呈暗紫色或褐色。随着纸张风干，颜色会不断变深。

安全事项

尽管上述实验都是用日常材料完成的，我们还是需要遵循严格的安全指示。我们需要提醒您，我们不对您的安全负责，如果您进行上述实验，需要自行承担风险。请确保您在实验时采取了正确和必要的安全防范措施，例如：

1．个人防护设备：必须佩戴手套和防护眼镜，这些可以在五金商店买到。

2．如果您是孕妇或者自认为可能已经怀孕，切勿使用化学物质。

3．未成年人需要在成人的监督下做实验。

4．成人最好也不要单独做实验。找人一起做实验不仅更有趣，也更安全！

5．如果可以的话，做实验时在附近放一盆清水，以防出现需要洗脸的紧急情况。留着长发的最好扎马尾辫，这样在紧急情况下更容易洗脸。如果迷了眼睛，尽快到水龙头上冲洗。如果不适感持续，请朋友带您去急诊室或直接拨打911。

6．在接触化学品时切勿吃东西、喝水或抽烟。在洗手前，不要用手接触悄您的脸，或者任何未受防护的身体部位。

7．有些实验需要加热纸张。小心不要意外点燃纸张，将灭火器放在一旁，以防万一。

8．一旦您用厨具接触过化学品，就不要再用它处理食物。您可以从旧货店买便宜的二手酒杯、勺子和盘子。

关于杰森

杰森·莱（Jason Lye）：博士，经营创新型咨询公司"莱克沃克斯"（Lyco Works, lycoworks.com）。杰森是一位色彩化学专家，他在南卡罗来纳州立大学获得了染色颜料化学的博士学位。他曾在英国化学工业公司、雅阁公司和金佰利公司工作，积累了丰富的行业经验，曾任纽威尔集团（Newell Rubbermaid）对外商用技术开发部的主任。

致　谢

Acknowledgments

2007~2008年我正式休假了。我成为哈佛大学科学史系的访问学者和波士顿图书馆的会员。在此期间，我开始撰写本书。我想感谢哈佛大学的安妮·哈灵顿（Anne Harrington）主任和埃弗雷特·门德尔松（Everett Mendelsohn）对我的欢迎和支持。感谢马克·科恩波拉（Mark Kornbluh）协助安排我的休假。

在为本书做调研的过程中，我拜访了美国和欧洲的众多档案馆和图书馆，对档案员和图书管理员的协助深表感激，尤其是哈佛大学霍顿图书馆的管理员们。我隶属的大学也为这项研究提供了资助。不论是我亲自查阅资料，还是通过电子渠道调阅资料，英国国家档案馆和惠康研究院的工作人员都给了我许多协助。位于德国柏林的联邦档案馆及其位于弗莱堡的军事档案分馆以及史塔西档案馆都对我的调研予以协助。在美国，马里兰州大学学院的国家档案馆及其位于亚特兰大、纽约和加州圣布鲁诺的分支机构都是历史资料的富矿。我还要感谢联邦调查局信息公开部给我提供的相关资料。佐治亚理工学院的工作人员也慷慨地帮助我查找、寄送了许多与隐形墨水及其社会政治背景相关的书籍。我与扎克·迈泽尔（Zach Meisel）、艾拉·史密斯（Ella Smith）及泰勒·普利查德（Taylor Prichard）这三位学生助研和书稿审读者开展了愉快的合作。我还要倾情感谢亨廷顿图书馆的工作人员，他们为我寄来许多照片。早期英文图书在线（EEBO）、18世纪图书在线（ECCO）和谷歌图书，在这些电子资源帮助下加快了我的研究进度。我还要感谢化学遗产基金会资助我在那里做研究和座谈。

感谢我的经理人梅丽莎·钦奇洛（Melissa Chinchilo）对这项研究的热情支持。感谢瓦迪姆·斯塔克洛（Vadim Staklo）将本书委托耶鲁大学出版社进行出版。耶鲁大学的劳拉·黛弗里斯（Laura Davulis）接受本书的编辑工作后阅读了全部草稿，并在我修改手稿的过程中提出了许多建设性意见。

2012年末，我完成了本书的大部分内容。我要特别感谢亚特兰大的作家组织"疯狂的缪斯"（Frantic Muse）在我写作本书的冲刺阶段给我的许多支持。安德鲁·萨特尔（Andrew Sutter）和克里夫·博斯托克（Cliff Bostock）发起了这个组织，帕姆·佩里（Pam Perry）阅读了我提交的大部分内容，并给出了有深度的评价。我还要特别感谢安德·萨特为我引荐了色彩化学家杰森·莱，后者审读了几章的内容，并对本书附录有所贡献。他是一个令人愉快的合作伙伴，我们在他家厨房里做了一些隐形墨水实验。

我要感谢那些帮我审读部分或全部手稿的朋友和同事。丽莉·马克拉奇斯（Lily Macrakis）博士在亚特兰大停留期间阅读了本书的全部手稿，从普通读者的角度给了我建议和鼓励。令我高兴的是，我的良师益友、研究德国纳粹的顶尖专家迈克尔·卡特尔（Michael Kater）审阅了有关德国的章节和引言。我很感谢他多年以来对我的鼎力支持和提供的宝贵意见。我在佐治亚理工学院的同事乔纳森·施尼尔（Jonathan Schneer）也阅读了一些章节并提供了眼光独到的意见。我也很感谢罗恩·贝尔（Ron Bayor）和史蒂夫·乌瑟曼（Steve Usselma）对我的研究工作给予的支持。几位专家审读了本书的古代和近代部分的早期手稿。我尤其要感谢格伦·鲍尔索克（Glen Bowersock）和凯瑟琳·帕克（Katherine Park）。耶鲁大学出版社的匿名审稿员也为本书提供了宝贵的反馈意见。最后，我想把本书献给《密码破译者》一书的作者、全球密码学领域的权威戴维·卡恩。在我酝酿这个可望而不可即的主题时，他不仅给我鼓励，还将我引上正道，为我介绍了诸多初始资源。如果不是因为他的支持和信赖，我可能永远都不能写就本书。

注 释

序

1. The results are discussed in Kristie Macrakis, Elizabeth K. Bell, Dale L. Perry, and Ryan D. Sweeder, "Invisible Ink Revealed: Concept, Context, and Chemical Principles of 'Cold War' Writing," *Journal of Chemical Education* 89 (2012), 529–532; Kristie Macrakis, *Seduced by Secrets: Inside the Stasi's Spy-Tech World* (New York: Cambridge University Press, 2008), 205–210. See also a recent book on technical steganography by Klaus Schmeh, *Versteckte Botschaften* (Munich: Heise, 2009).

第一章 爱情与战争的艺术

1. Ovid, *The Art of Love, and Other Poems,* trans. J. H. Mozley, Loeb Classical Library (New York: Putnam, 1929), 162–163; Ovid *The Art of Love,* trans. James Michie (New York: Random House, 2002), 156–157.

2. Ibid., Mozley for translation.

3. Mozley, Introduction to *The Art of Love, and Other Poems,* x–xi.

4. Decimus Magus Ausonius, *Works,* trans. Hugh G. Evelyn White (New York: Putnam, 1921), 111.

5. Pliny, *Natural History,* trans. W. H. S. Jones (Cambridge: Harvard University Press, 1966), vol. 7, book 26, pp. 310–311.

6. Robert B. Strassler, ed., *The Landmark Herodotus: The Histories* (New York: Pantheon, 2007), p. 381; Polyaenus, *Strategems of War,* 2 vols., trans. P. Krentz and E. Wheeler (Chicago: Ares, 1994), 1: 49.

7. John Wilkins, *Mercury; or, the Secret and Swift Messenger* (London: I. Norton, 1641), 31.

8. Strassler, *The Landmark Herodotus,* 62–70.

9. Ibid., 68–71.

10. Ibid., 594–595.

11. See artists' representation of the battle of Salamis in Philip de Souza, ed., *The Ancient World at War: A Global History* (New York: Thames and Hudson, 2008), 103.

12. Adrienne Mayor, *The Poison King: The Life and Legend of Mithradates* (Princeton: Princeton University Press, 2010), 13.

13. Ibid., 196.

14. Ibid., 197.

15. Polyaenus, *Strategems of War*, 2 vols., trans P. Krentz and E. Wheeler (Chicago: Ares,1994), 2: 1011–1015; Aeneas Tacticus, "On the Defense of Fortified Positions," *Aeneas Tacticus, Asclepiodotus, Onasander*, trans. Illinois Greek Club (Cambridge: Harvard University Press, 1923), 1–199; Aineius the Tactician, *How to Survive under Siege*, trans. David Whitehead (New York: Oxford University Press, 1990).

16. Mayor, *The Poison King*, 206–207. Thanks to Adrienne Mayor for calling my attention to the Sulla episode.

17. Aeneas Tacticus, "On the Defense of Fortified Positions"; 157–159.

18. Ibid.

19. Ibid.

20. M. Thévenot, J. Boivin, and P. de La Hire, eds., *Veterum mathematicorum opera* (Paris: Ex Typographia Regia, 1693), 102, my translation. See also H. Diels and E. Schramm, *Exzerpte aus Philons Mechanik b. VII und VIII. Abhandlungen der Preussischen Akademie der Wissenschaften* (Berlin: Verlag der Akademie der Wissenschaften, 1920).

21. David Carvalho. *Forty Centuries of Ink; or, a Chronological Narrative Concerning Ink and Its Backgrounds* (New York: Bank's Law Publishing, 1904), 34.

22. William Shakespeare, *Twelfth Night*, act III, scene 2, numerous editions.

23. David Kahn, *The Codebreakers: The Comprehensive History of Secret Communication from Ancient Times to the Internet*, rev. and updated (New York: Scribner, 1996), 73.

24. Joseph Needham et al., *Science and Civilisation in China*, vol. 5, part 1, by Tsien Tsuen-Hsuin (Cambridge: Cambridge University Press, 1985), 247. See also ibid., vol. 5, part 4, p. 315.

25. Ibrahim A. al-Kadi, "Origins of Cryptology: The Arab Contributions," *Cryptologia* 16, no. 2 (1992), 97–126; for quotation, see Kahn, *The Codebreakers*, 93.

26. Al-Kadi, "Origins of Cryptology." For newer work, see Kathryn A. Schwartz, "Charting Arabic Cryptology's Evolution," *Cryptologia* 33 (2009), 97–304.

27. Siegfried Türkel, "Eine orientalische sympathetische Tinte im Mittelalter," *Archiv für Kriminologie* 79 (1926), 166.

28. C. E. Bosworth. "The Section on Codes and Their Decipherment in Qalqashandi's Subh Al-A'sha," *Journal of Semitic Studies* 8, no. 1 (1963), 17–33; for translation of invisible ink, see 22–23.

29. H. J. Webber. "History and Development of the Citrus Industry," in *The Citrus Industry*, 2nd ed., ed. W. Reuther, L. D. Batchelor, and H. J. Webber (Berkeley: University of California Press, 1967), 1–39; Pierre Laszlo, *Citrus: A History* (Chicago: University of Chicago Press, 2007).

30. See William Eamon, *Science and the Secrets of Nature: Books of Secrets in Medieval and Early Modern Culture* (Princeton: Princeton University Press, 1994).

31. John B. Friedman, "Safe Magic and Invisible Writing in the Secretorum Philosophorum," in *Conjuring Spirits: Texts and Traditions of Medieval Ritual Magic*, ed. Claire Fanger (University Park: Pennsylvania State University Press, 1998), 76–86.

第二章 阴谋与探究

1. Louise George Clubb, *Giambattista Della Porta: Dramatist* (Princeton: Princeton University Press, 1965), xi.

2. Giambattista della Porta, *Magia naturalis* (Naples, 1558, expanded 1589); John Baptista Porta, *Natural Magick* (London: John Wright, 1658, 2nd ed. with added book on invisible writing).

3. David Kahn, *The Codebreakers: The Comprehensive History of Secret Communication from Ancient Times to the Internet*, rev. and updated (New York: Scribner, 1996), 143.

4. Ioan. Baptista Porta, *De furtivis literarum notis* (Naples: Scotus, 1563); Giambattista della Porta, *On Secret Notations for Letters Commonly Called Ciphers*, trans. Keith Preston, 1916, unpublished, but available at Huntington Library, 41, 45.

5. William Eamon, *Science and the Secrets of Nature: Books of Secrets in Medieval and Early Modern Culture* (Princeton: Princeton University Press, 1994), 200.

6. Clubb, *Giambattista Della Porta*, 13.

7. Ibid.

8. Ibid., 54; Eamon, *Science and the Secrets of Nature*, 202.

9. Della Porta, *Natural Magic*, book 16, chapter 4.

10. Girolamo Cardano, *De rerum varietate, libri XVII* (Avignon: M.

Vincentius, 1558); for a German translation see Girolamo Cardano, *Offenbarung der Natur und natürlicher Dingen auch mancherley subtiler Würckungen,* trans. Heinricus Pantaleon (Basel: Sebastian Henricpetri, 1559).

11. Porta, *De furtivis literarum notis.*
12. "Message on an Egg Is Tempting to a Child," *New York Times,* May 29, 1965.
13. Kahn, *The Codebreakers,* 109.
14. "Venice: March 1531," March 4, Sanuto Diaries, Calendar of State Papers Relating to English Affairs in the Archives of Venice, vol. 4, 1527–1533, pp. 277–278, British History Online, www.british-history.ac.uk. See also Aloys Meister, *Die Anfänge der modernen Diplomatischen Geheimschrift* (Paderborn, Germany: Ferdinand Schöninger, 1902), 22; David S. Katz, *The Jews in the History of England, 1485–1850* (Oxford: Oxford University Press, 1994), 25.
15. Verini's book is available at the Newberry Library: Giovanni Battista Verini, *Secreti et modi bellissimi nuovamente investigati per Giovambatista Verini Fiorentino: e professore de modo scribendi* (Florence, c. 1530–1535). Stanley Morison, "Some New Light on Verini," *Newberry Library Bulletin* 3, no. 2 (1953), 41–45.
16. Alan Haynes, *Walsingham: Elizabethan Spymaster and Statesman* (Stroud, Gloucestershire: Sutton, 2004), 3–6.
17. See Robert Hutchinson, *Elizabeth's Spymaster* (New York: St. Martin's, 2006); Stephen Budiansky, *Her Majesty's Spymaster: Elizabeth I, Sir Francis Walsingham, and the Birth of Modern Espionage* (New York: Viking, 2005); Fletcher Pratt, *Secret and Urgent: the Story of Codes and Ciphers* (New York: Bobbs-Merrill, 1939), 77.
18. Budiansky, *Her Majesty's Spymaster.*
19. "Walsingham, Sir Francis," *The International Cyclopaedia: A Library of Universal Knowledge* (New York: Dodd, Mead, 1885), 15: 217.
20. John Guy, *Queen of Scots: The True Life of Mary Stuart* (New York: Houghton Mifflin, 2004), 21, 368, 465.
21. Budiansky, *Her Majesty's Spymaster,* 106–108.
22. Mary, Queen of Scots, to Bishop of Glasgow, November 6, 1577, United Kingdom, State Papers, SP 53/10, f. 95, p. 245.
23. Mary, Queen of Scots, to Monsieur de Mauvissière, January 5, State Papers, SP 53/13.
24. Budiansky, *Her Majesty's Spymaster,* 117–118.
25. Ibid., 119–120.
26. Ibid., 119–120, 134.
27. Haynes, *Walsingham,* 148–150.

28. Quoted in Terry Crowder, *The Enemy Within: A History of Spies, Spymasters, and Espionage* (New York: Osprey, 2008), p. 64.

29. Mary, Queen of Scots, to Monsieur de L'Aubespine [Châteauneuf], January 30, State Papers, SP 53/17, p. 205.

30. See Simon Singh, *The Code Book: The Science of Secrecy from Ancient Egypt to Quantum Cryptography* (New York: Random House, 1999), 1–45.

31. Ibid., 3.

32. Philip Ball, *Bright Earth: Art and the Invention of Color* (New York: Farrar, Straus and Giroux, 2001), 58–59; Charles Singer and Derek Spence, *The Earliest Chemical Industry: An Essay in the Historical Relations of Economics and Technology Illustrated from the Alum Trade* (London: Folio Society, 1948).

33. Hutchinson, *Elizabeth's Spymaster*, 279.

34. Thomas Rogers to Secretary Walsingham, August 11, 1585, State Papers, SP 15/29, f. 52; August 25, 1585, SP 15/29 f. 59; September 30, 1585, SP 15/29, f. 65.

35. Cotton MSS., Caligula C ix, f. 566, quoted in Richard Deacon, *A History of the British Secret Service* (London: Granada, 1969), 48.

36. Berden to Phelippes, undated, State Papers, 195, no. 75.

37. Alan Haynes, *The Elizabethan Secret Services* (Gloucestershire: Sutton, 2000), 49.

38. Arthur Gregorye to Walsingham, February 1586, State Papers, Harley 286 f. 78, p. 132.

39. John Gerard, *The Autobiography of a Hunted Priest*, trans. Philip Caraman (New York: Pellegrini, 1959).

40. John Morris, *Father John Gerard, of the Society of Jesus*, 3rd ed. (London: Burns and Oates, 1881), 166.

41. Ibid., 241.

42. Gerard, *Autobiography*, 116–117.

43. Ibid., 119.

第三章　坦白秘密

1. G.B., *Rarities; or, The Incomparable Curiosities in Secret Writing, Both Aswel* [as well as] *by Waters As Cyphers, Explained and Made Familiar to the Meanest Capacity: By Which Ministers of State May Manage the Intrigues of Court and Grand Concerns of Princes, the Ladies Communicate Their Amours, and Every Ordinary Person (onely Capable of Legible Writ-*

ing) May Order His Private Affairs with All Imaginable Safety and Secrecy (London: Printed by J.G. for Nath. Brook, 1665), 18.

2. Barbara Shapiro, *John Wilkins, 1614–1672: An Intellectual Biography* (Berkeley: University of California Press, 1969), 1–11. For biographical information see also Hans Aarsleff, "John Wilkins," *Dictionary of Scientific Biography* (New York: Scribner, 1975), 14: 361–381.

3. Aarsleff, "John Wilkins"; Lisa Jardine, *On a Grander Scale: The Outstanding Life and Tumultuous Times of Sir Christopher Wren* (New York: Harper Collins, 2004), 128–129.

4. Andrew Clark, ed., *"Brief Lives," chiefly of Contemporaries, set down by John Aubrey, between the Years 1669 & 1696* (Oxford: Clarendon, 1898), 2: 300–301; Robert Chambers, "Dr. John Wilkins," *Chambers's Cyclopaedia of English Literature* (London: W. and R. Chambers, 1876), 339.

5. John Wilkins, "To the Reader," *Mercury; or, The Secret and Swift Messenger. Shewing, How a Man may with Privacy and Speed communicate his Thoughts to a Friend at any Distance,* 3rd ed. (1641; London: John Nicholson, 1707).

6. Ibid., 1641 ed., 30–31; 1707 ed., 16. For more on the tattooed, shaved head example see Kristie Macrakis, "Ancient Imprints: Fear and the Origins of Secret Writing," *Endeavour* 33, no. 1 (2009), 24–28. For the classic study on the quarrel between the ancients and moderns see R. F. Jones, *Ancients and Moderns: A Study of the Rise of the Scientific Movement in Seventeenth Century England* (1936; Berkeley: University of California Press, 1965).

7. John Wilkins, *Mercury* (1641), 179–180; (1707), 89–90.

8. Dorothy Stimson, "Dr. Wilkins and the Royal Society," *Journal of Modern History* 3, no. 4(1931), 539–563; Margery Purver, *The Royal Society: Concept and Creation* (Cambridge: MIT Press, 1967).

9. James Gerald Crowther, *Founders of British Science* (London: Cresset, 1960), 145; Robert Theodore Gunther, *Early Science in Oxford* (Oxford: Clarendon, 1923), 78: 392.

10. Clark, *"Brief Lives,"* 2: 147; Thomas Birch, *The History of the Royal Society of London for Improving of Natural Knowledge, From its First Rise* (London: Printed for A. Millar in the Strand, 1756), 2: 24.

11. Birch, *History of the Royal Society,* 2: 345, 3: 179. For priority dispute see Adrian Johns, *The Nature of the Book: Print and Knowledge in the Making* (Chicago: University of Chicago Press, 1998), 522–523.

12. Birch, *History of the Royal Society,* 3: 138.

13. Marie Boas Hall, *Henry Oldenburg: Shaping the Royal Society* (Oxford: Oxford University Press, 2002).

14. Douglas McKie, "The Arrest and Imprisonment of Henry Olden-

burg," *Notes and Records of the Royal Society of London* 6, no. 1 (1948), 28–47.

15. Ibid.

16. Malcolm Oster, "Virtue, Providence, and Political Neutralism: Boyle and Interregnum Politics," in *Robert Boyle Reconsidered,* ed. Michael Hunter (Cambridge: Cambridge University Press, 1994), 19–36.

17. Clark, *Brief Lives,* 121.

18. See Charles Webster, "New Light on the Invisible College: The Social Relations of English Science in the Mid-Seventeenth Century," *Transactions of the Royal Historical Society* 24 (1974), 19–42; Clark, *Brief Lives,* 166. For biographical information: L. T. More, *The Life and Works of the Honourable Robert Boyle* (London: Oxford University Press, 1944).

19. Lawrence Principe, "Robert Boyle's Alchemical Secrecy: Codes, Ciphers, and Concealments," *Ambix* 39, no. 2 (1992), 63–74.

20. Robert Boyle, *Certain Physiological Essays and other Tracts Written at Distant Times* (London: H. Herringman, 1669), 35.

21. Ibid.

22. See Early English Books Online, keyword search "invisible ink" and "sympathetic ink," http://eebo.chadwyck.com. See also *Oxford English Dictionary,* as well as its online entry on invisible ink, http://dictionary.oed.com. Robert Boyle, *New Experiments and Observations Touching Cold; or, An Experimental History of Cold* · · · (London: John Crook, 1665), 844–845 ("A Postscript"). In addition to these references to invisible ink in his published writing, Boyle's papers refer to invisible ink. See Robert Boyle Papers, The Royal Society, 25: 367–385. "For the good of mankind" quotation: Eustace Budgell, *Memoirs of the Lives and Characters of the Illustrious Family of the Boyles* (London: Olive Payne, 1737), 144–145.

23. Robert Boyle, *The Philosophical Works of the Honourable Robert Boyle,* ed. Peter Shaw (London: Longman, 1725), 3: 468.

24. Boyle, *New Experiments and Observations,* 844–845.

25. Nicolas Lemery, *Cours de Chymie* (Paris: D'Houry, 1757); English translation: *Course of Chemistry* (London: Kettilby, 1686); Owen Hannaway. "Nicolas Lemery," *Dictionary of Scientific Biography* (New York: Scribner, 1973), 8: 172–175.

26. Lemery, *Cours de Chymie,* 330–333; *Course of Chemistry,* 260–263.

27. Pierre Borel, *Historiarum, et observationum medico-physicarum, centura prima: in qua, non solum, multa utilia, sed & rara, stupenda ac inaudita continentur* (Castries: Apud Arnaldum Colomerium, Regium Typographum, 1653); English translation in John Beckman, *A History of Inventions and Discoveries,* 2nd ed., trans. William Johnstone (London: Walker, 1814), 1:

175–176; Eduard Farber, "Pierre Borel," *Dictionary of Scientific Biography*, 2: 305–306; "Peter Borel," *Chalmers Biography* (London: J. Nichols and Son, 1812), 6: 106.

28. A. Rupert Hall and Marie Boas Hall, eds., *The Correspondence of Henry Oldenburg*, vol. 1, *1641–1662* (London: Taylor and Francis, 1965), 136–139.

29. Henry Baker, *Employment for the Microscope. In Two Parts: Likewise a Description of the Microscope Used in These Experiments* (London: Printed for R. Dodsley, 1753), 135. One example from 1890: "Invisible Inks," *English Mechanics and the World of Science* 51, p. 363.

30. John Davys, *An Essay on the Art of Decyphering. In which is inserted a Discourse of Dr. Wallis* (London: L. Gilliver and J. Clarke, 1773), 13; Christopher J. Scriba, ed., "The Autobiography of John Wallis, F.R.S.," *Notes and Records of the Royal Society of London* 25, no. 1 (1970), 37–38; David Eugene Smith, "John Wallis as Cryptographer," *Bulletin of the American Mathematical Society*, 1917, pp. 83–84.

31. Smith, "John Wallis as Cryptographer." Wallis's letters reprinted p.83. Davys, *Essay on the Art of Decyphering*, p. 30.

32. Wallis manuscript BL Add. MSS 32499, fo. 377, quoted in Alan Marshall, *Intelligence and Espionage in the Reign of Charles II, 1660–1685* (Cambridge: Cambridge University Press, 1994), 93; Smith, "John Wallis as Cryptographer."

33. Smith, "John Wallis as Cryptographer," letter of August 15, 1691, p. 91.

34. David Kahn, *The Codebreakers: The Comprehensive History of Secret Communication from Ancient Times to the Internet*, rev. and updated (New York: Scribner, 1996), 167. See also Peter Pesic, "Secrets, Symbols, and Systems: Parallels between Cryptanalysis and Algebra, 1580–1700," *Isis* 88 (1977), 674–692.

35. Davys, *Essay on the Art of Decyphering*, 10.

36. J. A. Reeds, "Solved: The Ciphers in Book III of Trithemius's *Steganographia*," *Cryptologia* 22 (October 1998), 291–319.

37. Ibid., 293.

38. Johannes Trithemius, *Polygraphiae*, book 6, *Argentoratum* (Zetzner, 1613), 50; John Falconer, *Cryptomenysis Patefacta; Or, the Art of Secret Information Disclosed Without a Key* (London: Daniel Browne, 1685), discussion of Trithemius, passim.

39. Paula Findlen, ed., *Athanasius Kircher: The Last Man Who Knew Everything* (New York: Routledge, 2004); Nick Wilding, "'If You Have a Secret, Either Keep It, or Reveal It': Cryptography and Universal Language," in *The Great Art of Knowing: The Baroque Encyclopedia of Athanasius*

Kircher, ed. Daniel Stolzenberg (Stanford: Stanford University Libraries, 2001), 99–103.

40. Wilding, "'If You Have a Secret,'" 102; Findlen, *Athanasius Kircher*, 292–293.

41. Haun Saussy, "Magnetic Language: Athanasius Kircher and Magnetic Language," in Findlen, *Athanasius Kircher*, 263–282.

42. Johannes B. Friderici, *Cryptographia Oder Geheime Schrifft-Münd Und Würckliche Correspondentz, Welche Lehrmässig Voratellet Eine Hoch-Schätzbare Kunst Verborgene Schrifften Zu Machen Und Auffzulösen, in Sich Begreiffend Viel Frembde Und Verwunderungs-Würdige Arten, Wie Man Durch Versetzung Der Buchstaben, Item Durch Allerhand Characteres, Ziffern, Noten, Punkte Seine Meinung Gewissen Personen, Gantz Verborgener Weise, Kan Zu Verstehen Geben* (Hamburg, 1685).

43. Adam Fitz-Adam, *The World, for the Year One Thousand Seven Hundred and Fifty Three* (London: R. and J. Dodsley, 1753), no. 24, p. 145. Most dictionaries up until 1910 used this definition. See, for example, *Webster's Practical Dictionary* (Chicago: Reilly and Britton, 1910), 413: "the art of writing in ciphers, or characters not intelligible except to the persons who correspond with each other." For the early modern period see Early Books Online, Eighteenth Century Online, and the *Oxford English Dictionary*. For the period since 1800 see www.ngramviewer.com: keyword "steganography" yields much activity between 1800 and 1825 and after the year 1900.

44. State Papers, Britain, Smith to Warwick, November 10, 1562.

45. National Archives, Britain, SP 105/58 Stepney to Paget, Vienna, March 22, 1693.

46. N. Bailey, *An Universal Etymological English Dictionary: Comprehending the Derivations of the Generality of Words in the English Tongue ... and Also a Brief and Clear Explication of All Difficult Words ... Together with a Large Collection and Explication of Words and Phrases Us'd in Our Ancient Statutes, Charters, Writs ... and the Etymology and Interpretation of the Proper Names of Men, Women, and Remarkable Places in Great Britain ... to Which Is Added, a Collection of Our Most Common Proverbs* (London: Printed for J. Darby ... [et al.], 1728), entry for "Sympathetic Inks."

第四章　看不见的风景

1. This description is based on a visit to Schneeberg in 2010 by the author; Schneeberg Chronik at the Museum.

2. Paul Strathern, *Mendeleyev's Dream: The Quest for the Elements* (New York: St. Martin's, 2000), 94; Ekkehard Schwab, "Cobalt," *Chemical and Engineering News,* 2003, http://pubs.acs.org/cen/80th/cobalt.html.

3. Peter Hammer, "Das Sächsische Blaufarbenwesen und der Handel mit Kobaltfarben—nach Unterlagen der Bücherei der Bergakademie Freiberg," in *VII International Symposium "Cultural Heritage in Geosciences, Mining, and Metallurgy: Libraries—Archives—Museums": "Museums and Their Collections,"* Leiden (The Netherlands), 19–23 May 2003, ed. C. F. Winkler Prins and S. K. Donovan, *Scripta Geologica Special Issue* 4 (August 2004), 108–117.

4. H. C. Erik Midelfort, *Madness in Sixteenth-Century Germany* (Stanford: Stanford University Press, 2000), 52; Arthur Edward Waite, *Hermetic and Alchemical Writings of Paracelsus* (Whitefish, Mont.: Kessinger, 2005), 254.

5. See DJW, *Schlüssel zu dem Cabinet der geheimen Schatz-Kammer der Natur* (Leipzig: Verlegts J. Heinrichs Witwe, 1706), 285–288. For one-paragraph descriptions of Dorothea Juliana Wallich or Walchin and her books, see "Dorothea Juliana Wallichia," in Schacher's *Diss. Hist. Crit. De feminis ex arte medica claris* (Leipzig: Lipsia Langenheim, 1738), 51; Johann Heinrich Zedler, *Zedlers Universal-Lexicon* (1747), bd. 52, p. 1107; Johann Christian Friedrich Harless, "Walch, or Walchin (D. J.)," *Die Verdienste der Frauen um Naturwissenschaft: Gesundheits and Heilkunke* (1830), 176; John Ferguson, *Bibliotheca Chemica: A Catalogue of the Alchemical, Chemical, and Pharmaceutical Books in the Collection of the Late James Young of Kelly and Durris* (Glasgow: J. Maclehose and Sons, 1906), 525–526; Hermann Kopp, *Die Alchemie in älterer und neuerer Zeit: Ein Beitrag zuu Culturgeschichte* (Heidelberg: Carl Winter's Universitätsbuchhandlung, 1886), 364.

6. Kopp, *Alchemie,* 364.

7. Johann Beckmann, *Physikalisch-ökonomische Bibliothek* (Göttingen: Vandenhoek und Ruprecht Verlag, 1799), 20: 559–560; G. E. Stahl, *G. E. Stahls zufällige Gedanken und nützliche Bedencken über den Streit von dem so genannten Sulphure* (Halle: In Verlegung des Waysenhauses, 1718), 249–252.

8. No correspondence or portraits of Hellot survive. The description is taken from Arthur Birembaut and Guy Thuillier, "Une source Inédite: Les cahiers du Chimiste Jean Hellot (1685–1766)," *Annales. Économies, Sociétes, Civilisations* 21, no. 2 (1966), 357–364, here p. 359.

9. Jean-Paul Grandjean de Fouchy, "Éloges de M. Hellot," *Histoire de L'Academie Royale des Sciences,* 1766, 312–336; Todériciu Doru, "Chimie Appliquée et Technologue Chimique en France au Milieu du XVIIIe Siècle: Oevre et Vie de Jean Hellot, Thèse de Troisième Cycle, École Practique des Hautes Études, Université de Paris-Sorbonne, 1975; Marie Boas Hall,

"Jean Hellot," in *Dictionary of Scientific Biography*, ed. Charles Gillispie et al. (New York: Scribner, 1972), 6: 236–237; Jaime Wisniak, "Jean Hellot: A Pioneer of Chemical Technology," *Revista CENIC Ciencias Químicas* 40, no. 2 (2009), 111–121.

The economic crisis was caused the disastrous application of John Law's theories. Law is said to be the father of finance because he introduced paper bills. Nevertheless, the note-issuing bank he created failed and caused a crisis in France and Europe.

10. Hall, "Jean Hellot." For a cogent description of *adjoint* and *pensionnaires* titles at the Academy, see Roger Hahn, *The Anatomy of a Scientific Institution: The Paris Academy of Sciences, 1666–1803* (Berkeley: University of California Press, 1971), 78–79.

11. Wisniak, "Jean Hellot."

12. Grandjean de Fouchy, "Éloge de M. Hellot"; Marie Boas Hall, "Jean Hellot."

13. Jean Hellot, "Sur une nouvelle Encre Sympatique," part 1, *Mémoires de L'Académie Royale des Sciences*, 1837, 101–120.

14. For some samples of references to "Hellot's sympathetic ink" see James Cutbush, *The Philosophy of Experimental Chemistry* (Philadelphia: Isaac Peirce, 1813), 323; *The Penny Cyclopaedia of the Society for the Diffusion of Useful Knowledge* (London: Charles Knight, 1838), 12: 478. Even Germans started using the eponymous "Hellot's sympathetische Tinte": see Ernst Ludwig Schubarth, *Lehrbuch der theoretischen Chemie: zunächst für Aerzte und Pharmaceuten* (Berlin: Rücker, 1822), 304.

15. Hellot, "Sur une nouvelle Encre Sympatique," 101–102.

16. Johann Albrecht Gesner and Johann C. Erhard, *Selecta physico-oeconomica, oder Sammlung von allerhand zur Naturfoschung und Haushaltungskunst gehörigen Begebenheiten* (Stuttgart, 1752).

17. Jean Hellot, "Seconde Partie du Mémoire aur L'Encre Sympathique, ou Teinture Extraite des Mines de Bismuth, d'Azure and d'Arsenic," *Mémoires de L'Académie Royale des Sciences* (1837), 244–245.

18. John Talbot Dillon, *Travels through Spain, with a View to Illustrate the Natural History and Physical Geography of that Kingdom* (London, 1780), 219.

19. Mrs. Lincoln Phelps, *Chemistry, Collegiate Institutions, Schools, Families, and Private Students* (New York: Sheldon, Blakeman, 1857), 209.

20. Hans H. Neuberger and F. Briscoe Stephens, *Weather and Man* (New York: Prentice Hall, 1948), 129; Raymond B. Wailes. "Feats of Magic for the Home Chemist," *Popular Science Monthly*, September 1934, 61.

21. Pierre-Joseph Macquer, *Dictionnaire de chymie* (Paris: Lacombe,

1766); Pierre-Joseph Macquer, *A Dictionary of Chemistry* (London: T. Cadell, and P. Emsly, 1771); Edward Hussey Delaval, *An Experimental Inquiry into the Causes of the Changes of Colours in Opake and Coloured Bodies* (London: J. Nourse, 1777), 85. "Chemistry for chemistry's sake": see Jonathan Simon, *Chemistry, Pharmacy, and Revolution in France, 1777–1809* (Aldershot: Ashgate, 2005), from table of contents subchapter head.

22. Erasmus Darwin, *The Botanic Garden, a Poem. In Two Parts. Part I. The Economy of Vegetation. Part II. The Loves of the Plants,* 4th ed. (London: J. Johnson, 1799), 56–57.

23. Ibid., Preface.

24. Ibid., 30, on "zaffre, as sold by the druggists."

25. Richard Holmes, *The Age of Wonder: How the Romantic Generation Discovered the Beauty and Terror of Science* (New York: Vintage, 2010).

第五章　革命的墨水

1. United States House of Representatives, *Report from the Committee to whom was referred on the fourth instant, the petition of James Jay, of the state of New-York* (Washington, D.C.: A. and G. Way, 1807). See also James Jay to an unnamed general, January 9, 1808, Special Collections, University Archives, Stony Brook, N.Y.

2. M. H. T., "James Jay," in *Dictionary of American Biography* (New York: Scribner, 1928–1956), 10: 4–5; Thomas Jones, *History of New York during the Revolutionary War* (New York: New-York Historical Society, 1879), 2: 223; James Jay to Thomas Jefferson, April 14, 1806, Thomas Jefferson Papers, series 1, General Correspondence, 1651–1827, Library of Congress.

3. Jay to Jefferson, April 14, 1806; Victor Hugo Paltsits. "The Use of Invisible Ink for Secret Writing during the American Revolution," *Bulletin of the New York Public Library* 39 (1935), 361–364; quotation on 362.

4. Joel Richard Paul, *Unlikely Allies: How a Merchant, a Playwright, and a Spy Saved the American Revolution* (New York: Riverhead, 2009), 8–9; William Jay, *The Life of John Jay: With Selections from his Correspondence and Miscellaneous Papers* (New York: J. and J. Harper, 1833), 1: 64.

5. Paul, *Unlikely Allies,* 7–17.

6. Silas Deane to Robert Morris, September 17, 1776, Silas Deane and Charles Isham, *The Deane Papers . . . 1774–[1790]* (New York: Printed for the [New-York Historical] Society, 1887), 247.

7. John Jay to Robert Morris, September 23, 1776, first reprinted in William Jay, *The Life of John Jay,* 65; John Jay to Robert Morris, September

15, 1776, in the Papers of John Jay, New York Public Library; John Jay to Robert Morris October 6, 1776, first reprinted in William Jay, *The Life of John Jay*, 66.

8. Robert Morris to John Jay, February 4, 1777, first reprinted in William Jay, *The Life of John Jay*, 66.

9. Morton Pennypacker, *The Two Spies: Nathan Hale and Robert Townsend* (Boston: Houghton Mifflin, 1930); Morton Pennypacker, *George Washington's Spies on Long Island and in New York* (Long Island Historical Society, 1939).

10. Alexander Rose, *Washington's Spies: The Story of America's First Spy Ring* (New York: Bantam, 2006), 72.

11. Cory Ford, *A Peculiar Service* (Boston: Little, Brown, 1965), 162.

12. George Washington to Benjamin Tallmadge, December 17, 1778, George Washington Papers, Library of Congress.

13. John Jay to George Washington, November 19, 1778, Library of Congress; James Jay to Jefferson, April 14, 1806.

14. George Washington to Elias Boudinot, May 3, 1779, Washington Papers, Library of Congress.

15. Ford, *A Peculiar Service*, 163–164.

16. Rose, *Washington's Spies*, 131–132.

17. Thomas B. Allen, *George Washington, Spymaster* (Washington, D.C.: National Geographic, 2004), 55–57.

18. George Washington to Benjamin Tallmadge, July 25, 1779, Westchester Archives, original and transcript available at http://westchesterarchives.com/ht/muni/tarrytn/tallmadge.htm.

19. Ibid.

20. George Washington to Benjamin Tallmadge, September 24, 1779, Stony Brook University Libraries, Special Collection and Archives, Manuscript Collection 402.

21. George Washington to Benjamin Tallmadge, February 5, 1780, Benjamin Tallmadge Papers, Princeton University, Department of Rare Books and Special Collections at Firestone Library.

22. George Washington to James Jay, April 9, 1780, George Washington Papers, Library of Congress.

23. James Jay to George Washington, April 13, 1780; Washington to Jay, May 12 1780, George Washington Papers, Library of Congress.

24. L. Bendikson, "The Restoration of Obliterated Passages and of Secret Writing in Diplomatic Missives," *Franco-American Review*, 1937, 240–256; Kenneth W. Rendell Rare Books Catalogue for 1972.

25. Bendikson, "Restoration of Obliterated Passages."

26. Frank Thone, "The 'Black Chamber' of 1776," *Science News Letter,* July 3, 1937, 6–7, 14.

27. Sanborn Brown and Elbridge W. Stein, "Benjamin Thompson and the First Secret-Ink Letter of the American Revolution," *Journal of Criminal Law and Criminology* 40 (January–February 1950), 627–636.

28. Ibid.

29. John André letters in Spy Letters of the American Revolution, Clements Library, University of Michigan, www.clements.umich.edu/exhibits/online/spies/gallery.html. See also Allen, *George Washington, Spymaster.*

30. Letter quoted in Howard H. Peckham, "British Secret Writing in the Revolution," *Michigan Alumnus Quarterly Review* 44 (December 4, 1937), 126–131, quotation on 127. This letter, dated May 31, 1779, is also available in the Clinton Papers at the University of Michigan Rare Books Library, 59: 27. See also John A. Nagy, *Invisible Ink: Spycraft of the American Revolution* (Yardley, Pa.: Westholme, 2010), 32–33. Notwithstanding the title of Nagy's book, he has only one chapter on invisible ink.

31. Thomas J. Schaeper, *Edward Bancroft: Scientist, Author, Spy* (New Haven: Yale University Press, 2011), 2–3, 47–48.

32. United States Congress, House Committee to whom was referred the petition of James Jay, *Report from the Committee to whom was referred on the fourth instant, the petition of James Jay, of the state of New York* (Washington: A. and G. Way, 1807); James Jay to Jefferson, April 14, 1806, note 3.

33. United States Congress, House Committee to whom was referred the petition of James Jay, *Report from the Committee to who was referred on the fourth instant, the petition of James Jay, of the state of New-York,* "Saturday, November 21. Sir James Jay." *Abridgement of the Debates of Congress, from 1789 to 1856.* November 1807, p. 620.

34. *Report of the Committee on the Petition of James Jay,* July 6, 1813 (Washington, [D.C.]: Roger C. Weightman, 1813; "Memorial of Sir James Jay," *Annals of Congress,* November 1807, 951–953; *House Journal,* March 2, 1808; *House Journal,* April 20, 1808.

第六章 魔 术

1. Chemcraft Magic, *Chemcraft Magic: Give a Magic Show* (Hagerstown, Md.: Porter Chemical Company, 1952), 2, 19–20.

2. For the use of the term "secular stage magic" see Simon During, *Modern Enchantments: The Cultural Power of Secular Magic* (Cambridge: Harvard University Press, 2002).

3. Richard D. Altick, *The Shows of London* (Cambridge: Harvard University Press, 1978), 17–19; Peter Bowler and Iwan Rhys Morus, *Making Modern Science* (Chicago: University of Chicago Press, 2005), 369; Roy Porter, *Enlightenment: Britain and the Creation of the Modern World* (London: Allen Lane, 2000); Tom Standage, *A History of the World in Six Glasses* (New York: Random House, 2005), 168.

4. Lorraine Daston and Katherine Park, *Wonders and the Order of Nature, 1150–1750* (New York: Zone, 1998).

5. Bowler and Morus, *Making Modern Science*, 376.

6. Louis-Sébastien Mercier and Jeremy D. Popkin, *Panorama of Paris: Selections from Le Tableau de Paris* (University Park: Pennsylvania State University Press, 1999), 30; Michael R. Lynn, *Popular Science and Public Opinion in Eighteenth-Century France* (Manchester: Manchester University Press, 2006), 1.

7. Robert Darnton, *Mesmerism and the End of the Enlightenment in France* (Cambridge: Harvard University Press, 1968), 23.

8. Milbourne Christopher and Maurine Christopher, *The Illustrated History of Magic* (New York: Carroll and Graf, 2006), 82–96.

9. Henri Decremps, *Philosophical Amusements; or, Easy Instructive Recreations for Young People* (London: J. Johnson, 1790), 63–71.

10. See, for example, David Brewster, *Letters on Natural Magic* (London: Murray, 1832); Decremps, *Philosophical Amusements;* William Hooper, *Rational Recreations in which the principles of numbers and natural philosophy are clearly and copiously elucidated . . .*, 4th ed., corrected (London, 1794).

11. Edmé-Gilles Guyot, *Nouvelles Récreations physique et mathématique . . .* (Paris: Gueffer, 1769); Jacques Ozanam, *Récréations mathématiques et physiques, qui contiennent plusieurs problémes utiles et agréables, d'arithmétique, de géométrie, de fusique, d'optique, de gnominique, de cosmographie, de mécanique, de pyrotechnie, et de physique; avec Un Traité nouveau des horloges elementaires* (Paris: Chez Jean Jombert, 1696), translated as Jacques Ozanam, *Recreations Mathematical and Physical: Laying Down and Solving Many Profitable and Delightful Problems of Arithmetick, Geometry, Opticks, Gnomonicks, Cosmography, Mechanicks, Physicks, and Pyrotechny* (London: Bonwick, Freeman, Goodwin, Waltho, Wotton, Manship, Nicholson, Parker, Tooke, and Smith, 1708); During, *Modern Enchantments,* 83, 87.

12. William Hooper, M.D., *Rational Recreations in which the Principles of Numbers and Natural Philosophy are Clearly and Copiously Elucidated by a Series of Easy, Entertaining, Interesting Experiments . . .* (London: L. David, 1774), iv. Hooper mentions Guyot in passing three times.

13. Johann Christian Wiegleb, *Die natürliche Magie: aus allerhand belustigenden und nützlichen Kunststücken bestehend; mit Kupfern* (Berlin: Nicolai, 1779); Johann Samuel Halle, *Magie, oder, Die Zauberkräfte der Natur: so auf den Nutzen und die Belustigung angewandt worden* (Berlin: Bey Joachim Pauli, 1783); Christlieb Benedict Funk, *Natürliche Magie, oder, Erklärung verschiedner Wahrsager-und natürlicher Zauberkünste* (Berlin: Bey Friedrich Nicolai, 1783).

14. Reprint of Wiegleb's and Rosenthal's volumes: Johann Christian Wiegleb, Gottfried Erich Rosenthal, and Johann Heinrich Moritz von Poppe, *Wieglebs und Rosenthals gesammelte Schriften über natürliche Magie: 73 Exempel d. Schwarzen Kunst* (Michelsneukirchen: Carussell-Verlag, 1982). Wiegleb's autobiographical notes are in [Friedrich Christian] Stoeller, "Nekrolog Johann Christian Wiegleb," *Allgemeines Journal der Chemie* 4 (1800), 684–720, quotation on 689. On the apothecary-chemists in eighteenth-century Germany see Ursula Klein, "Apothecary-Chemists in Eighteenth-Century Germany," in *New Narratives in Eighteenth-Century Chemistry*, ed. Lawrence M. Principe (Dordrecht: Springer, 2007), 97–138.

15. Karl Hufbauer, *The Formation of the German Chemical Community, 1720–1795* (Berkeley: University of California Press, 1982), p. 26. The journal was F. Nicolai's *Allgemeine deutsche Bibliothek*.

16. Johann Christian Wiegleb, *A General System of Chemistry, Theoretical and Practical. Taken Chiefly from the German of M. Wiegleb*, trans. C. R. Hopson, M.D. (London, 1789), quotation from introduction, 1.

17. Wiegleb, *Die natürliche Magie,* 1–6.

18. Göttling Instruction Manual at the Smithsonian Institution, Washington, D.C.; W. A. Smeaton, "The Portable Chemical Laboratories of Guyton de Morveau, Cronstedt, and Göttling," *Ambix* 13 (1966), 84–91. See also Brian Gee, "Amusement Chests and Portable Laboratories: Practical Alternatives to the Regular Laboratory," in *The Development of the Laboratory*, ed. Frank A. J. L. James (New York: American Institute of Physics, 1989), 37–59.

19. Rosie Cook, "Chemistry at Play," *Chemical Heritage Foundation Magazine*, 2010, available online at http://www.chemheritage.org/discover/media/magazine/articles/28-1-chemistry-at-play.aspx.

20. Ibid. for the chemical cabinets.

21. Johann Nikolaus Martius, *Unterricht in der natürlichen Magie, oder zu allerhand belustigenden und nützlichen Kunststücken*, totally rev. Johann Christian Wiegleb (Berlin: Friedrich Nicolai, 1779), 1–2. See also Achim M. Klosa, *Johann Christian Wiegleb (1732–1800). Eine Ergobiographie der Aufklärung* (Stuttgart: Wissenschaftliche Verlagsgesellschaft, 2009), 176. On

the publisher's wish to impregnate pages with sympathetic ink: Wiegleb to Nicolai, November 30, 1785, Deutsches Museum, 3755.

22. Jean-Jacques Rousseau, *Confessions* (Hertfordshire: Wordsworth Editions Limited, 1996), 211; Ozanam, *Récréations Mathématiques;* 436; Ozanam, *Recreations Mathematical,* 455.

23. E. Stanyon, *Fire and Chemical Magic for Drawing Room and Stage Performances. Containing full Explanations of all the Latest and most Startling Chemical Color Change Tricks* (London: E. Stanyon, 1909), 2. First cited in Salim al-Gailini, "Magic, Science, and Masculinity: Marketing Toy Chemistry Sets," *Studies in History and Philosophy of Science* 40 (2009), 375.

24. Al-Gailini, "Magic, Science, and Masculinity," 375.

25. John D. Lippy Jr. and Edward L. Palder, *Modern Chemical Magic* (Harrisburg, Pa.: Stackpole, 1959), ix.

26. Ibid., vii.

27. Chemcraft Magic, *Chemcraft Magic,* 19–20.

28. Cook, "Chemistry at Play."

29. Ronald Clark, *The Man Who Broke Purple* (Boston: Little, Brown), 1977, 11–12.

30. Thomas Ollive Mabbott, ed., *Collected Works of Edgar Allan Poe* (Cambridge: Harvard University Press, Belknap, 1969–1978), 3: 799; Simon Singh, *The Code Book: The Science of Secrecy from Ancient Egypt to Quantum Cryptography* (New York: Random House, 1999), 82–83.

31. Edgar Allan Poe, "The Gold-Bug," *18 Best Stories by Edgar Allan Poe,* ed. Vincent Price and Chandler Brossard (New York: Dell, 1965), 144–181, quotation on 169.

32. Ibid., 169–170.

33. Ibid., 154.

第七章　秘密墨水之战

1. Sir Basil Thomson, *The Story of Scotland Yard* (1936; Whitefish, Mont.: Kessinger, 2005), 230. According to MI5 records and Thomas Boghardt, *Spies of the Kaiser* (London: Palgrave Macmillan, 2004), Karl Friedrich Müller was a Baltic German. I refer to him as Carl Muller because that was the name the British used in their files.

2. TNA, Kew, WO 141/2/2, Report by W. Culver Jones Surgeon-Colonel, Honourable Artillery Company; Sidney Theodore Felstead, *German Spies at Bay* (New York: Brentano's, 1920), 51.

3. Tammy M. Proctor, *Female Intelligence: Women and Espionage in the*

First World War (New York: New York University Press, 2003). Figure of three thousand female censors is from C. Ainsworth Mitchell, "Mabel Beatrice Elliott Obituary," *Analyst* 69, no. 815 (1944), 33–34; Felstead, *German Spies at Bay,* 71.

4. TNA, Kew, *Report on Postal Censorship during the Great War, 1914–1919,* only in archives; Felstead, *German Spies at Bay,* 71; David Kahn, *The Codebreakers* (New York: Scribner, 1996), 513.

5. Nicholas Hiley, "Counter-Espionage and Security in Great Britain during the First World War," *English Historical Review* 101(1986), 635–670, statistics on 640.

6. TNA, Kew, WO 141/2/2, Examination of Carl Muller, 15–18, Evidence by Arthur Francois Brys, 14. See also Leonard Sellers, *Shot in the Tower* (London: Leo Cooper, 1997), chapter on Muller, 43–63.

7. TNA, Kew, WO 141/2/2, Examination of Carl Muller, 20–28.

8. TNA, Kew, WO 141/2/2, Copies of translation of letters marked A.

9. Wim Klinkert, "A Spy's Paradise? German Espionage in the Netherlands, 1914–1918," *Journal of Intelligence History* 12 (2013), 12–35.

10. TNA, Kew, WO 141/2/2, Christine Emily Hahn, March 19, 1915, 42–43.

11. TNA, Kew, WO 141/2/2, Evidence by Carl Muller, 111.

12. TNA, Kew, WO 141/2/2.

13. Obituary, Charles Ainsworth Mitchell (1867–1948), *Analyst* 73, no. 863 (1948), 55–57.

14. TNA, Kew, WO 141/2/2, Statement of Evidence taken March 1915 from Charles Ainsworth Mitchell at the Tower of London, 36–37, and evidence, second day, 2–4.

15. See Sellers, *Shot in the Tower,* 59.

16. Ibid., 60–61. See also TNA, Kew, WO 141/2/2.

17. Basil Thomson, *Queer People* (London: Hodder and Stoughton, 1922), 133.

18. Sellers, *Shot in the Tower,* 63.

19. Felstead, *German Spies at Bay,* 25–32; Thomas Boghardt, *Spies of the Kaiser,* 101.

20. Boghardt, *Spies of the Kaiser,* 101; Felstead, *German Spies at Bay,* 25.

21. Boghardt, *Spies of the Kaiser,* 101.

22. Felstead, *German Spies at Bay,* 33–36.

23. TNA, KV 4/112, "Kupferle, Anthony," "Game Book," vol. 1, 1919–1915. See also Christopher Andrew, *The Defence of the Realm: The Authorized History of MI5* (London: Allen Lane, 2009), 67.

24. TNA, KV 4/112, "Kupferle, Anthony," "Game Book," vol. 1, 1919–1915. See also Andrew, *Defence of the Realm*, 67.

25. Mitchell, "Mabel Beatrice Elliott Obituary." See also TNA, KV 1/74, "The Testing Department: Short Report on work done during the War," 124–125.

26. Slate message reproduced in *The Times* (London), May 21, 1915, and Felstead, *German Spies at Bay*, 38–39.

27. See the article in *The Times*, May 21, 1915.

28. Felstead, *German Spies at Bay*, 152.

29. TNA, Kew, DPP1/42, p. 10 of secret-writing transcripts.

30. TNA, Kew, DPP 1/42, p. 7 of cross-examination of Miss Graham.

31. TNA, Kew DPP1/42, pp. 13, 24 of cross-examination of John Price Millington.

32. TNA, Kew, DPP 1/42.

33. TNA, Kew, *Report on Postal Censorship during the Great War, 1914–1919*, 405–407.

34. Felstead, *German Spies at Bay*, 76.

35. TNA, Kew, DEFE 1/115 for quotation; "Stanley Winter Collins," *Journal of the Royal Institute of Chemistry* 78 (1954), p. 174.

36. Herbert Yardley, *The American Black Chamber* (Indianapolis: Bobbs-Merrill, 1931). Rpt ed. Annapolis: Naval Institute Press.

37. TNA, Kew, KV 1/74, S. W. Collins to the D.C.C., Report on visit to the U.S.A. as a Special Instructor to the Military Intelligence Branch, May 25 to August 7, 1918.

38. Bruce Norman, *Secret Warfare: The Battle of Codes and Ciphers* (Washington, D.C.: Acropolis, 1973), 93.

39. G. Bruylants, "Récherches expérimentales sur certaines altérations accidentelles ou frauduleuses du papier et de certaines écritures," *Bulletin de l'Académie royale de médecine de Belgique*, 1890, 552–558.

40. J. Thorwald, *Crime and Science* (New York: Harcourt, Brace and World, 1967), 283; W. Jerry Chisum and Brent E. Turvey, *Crime Reconstruction* (Amsterdam: Elsevier/Academic Press, 2011), 33.

41. Edmond Locard, *Manuel de technique policière* (Paris: Payot, 1923), 211.

42. J. Rubner, "Ultraviolette Strahlen und unsichtbare Geheimschrift," *Archiv für Kriminologie* 79, no. 4(1926), 254–257; F. W. Martin and Konrad Beöthy, "Secret Communications Made Visible," *Lancet*, May 12, 1934, 1006.

43. Kirke Papers 82/28/I, Diary, War Museum, London, June 22, October 11, 1915; Harold Hartley and D. Gabor, "Thomas Ralph Merton, 1888–1969," *Biographical Memoirs of the Fellows of the Royal Society* 16 (Novem-

ber 1970), 421–440, quotation on 425. See also Christopher M. Andrew, *Her Majesty's Secret Service* (New York: Viking, 1986), 149; Keith Jeffery, *Secret History of MI6* (New York: Penguin, 2010).

44. TNA, KV 1/73, Prisoner of War letters, quotation on 30.

45. Ibid., 69.

第八章　美国加入秘密墨水战争

1. U.S. National Archives (NARA), Southeast, Georgia, Passport photo of Bacon and Bertillon file in Atlanta Penitentiary.

2. Sidney Theodore Felstead, *German Scientists at Bay* (New York: Brentano's, 1920); Herbert O. Yardley, *The American Black Chamber* (Indianapolis: Bobbs-Merrill, 1931), rpt. ed. Annapolis: Naval Institute Press; Bacon, quotation: Christopher Andrew, *The Defence of the Realm: The Authorized History of MI5* (London: Allen Lane, 2009), 72–75.

3. Jules Witcover, *Sabotage at Black Tom: Imperial Germany's Secret War in America, 1914–1917* (Chapel Hill, N.C.: Algonquin Books of Chapel Hill, 1989), 99.

4. Felstead, *German Spies at Bay*, 244.

5. Ibid.

6. NARA, RG 65, M-1085, Roll 293, File 2423. A copy of Bacon's narrative is in Maria de Victorica's FBI file. See also Andrew, *Defence of the Realm*, 74.

7. Ibid., 237–238.

8. TNA, Kew, KV 1/74, "The Testing Department M. I. 9. C. Short Report on work done during the War," 137–138, Merton Statement; Harold Hartley and D. Gabor, "Thomas Ralph Merton, 1888–1969," *Biographical Memoirs of the Fellows of the Royal Society* 16 (November 1970), 421–440.

9. NARA, Southeast, Georgia, Federal Penitentiary Files, "George Faux Bacon."

10. Michael Newton, "Gaston Edmond Bayle (1879–1929)," in *The Encyclopedia of Crime Scene Investigation* (New York: Facts on File, 2008), 21–22; "France: Gaston Bayle," *Time*, September 30, 1929.

11. Charles Lucieto, "Invisible Artifice Revealed," *Los Angeles Times*, November 27, 1927; Charles Lucieto, *On Special Missions* (New York: A. L. Burt, 1927).

12. Jacques Boyer, "Reading between the Lines," *Scientific American*, January 1922, 32.

13. Ibid.

14. "France: Gaston Bayle."

15. Felstead, *German Scientists at Bay*, 252–253.
16. TNA, Kew, WO 141/3/4.
17. "Spies Plead Guilty and Keep Secrets," *New York Times*, March 22, 1917.
18. Ibid.
19. NARA, NSA, SRH-030.
20. Ibid. Harvard University Archives, HUD 314.25, HUD 314.50, HUG 300. NARA, RG 457, Box 1124, "Outgrowth of Secret Inks Subsection, MI-8," Lt. Col. A. J. McGrail. See also David Kahn, *The Reader of Gentlemen's Mail: Herbert O. Yardley and the Birth of American Codebreaking* (New Haven: Yale University Press, 2004), 32–33.
21. Harvard University Archives, HUD 314.25, HUD 314.50, HUG 300.
22. David Kahn, *The Codebreakers: The Comprehensive History of Secret Communication from Ancient Times to the Internet*, rev. and updated (New York: Scribner, 1996), 374.
23. H. O. Nolan. *The Production and Detection of Messages Concealed in Writing and Images* (Geneva, Riverbank Laboratories, 1918); Kristie Macrakis, *Seduced by Secrets* (New York: Cambridge University Press, 2008), 213.
24. Leo Baeck Institute, New York City, "Maria von Kretschmann Autobiography," April 1919, 48–52.
25. Ibid. Description based on photographs.
26. Ibid., 58.
27. Ibid., 67.
28. Ibid. Search of articles by Mascha Eckmann and MvK (her signature) on Google Books and in newspaper archives.
29. "Maria von Kretschmann Autobiography."
30. Ibid., Reinhard R. Doerries, "Die Tätigkeit deutscher Agenten in den USA während des Ersten Weltkrieges und ihr Einfluß auf die diplomatischen Beziehungen zwischen Washington und Berlin," in *Diplomaten und Agenten: Nachrichtendienste in der Geschichte der deutsch-amerikanischen Beziehungen*, ed. Reinhard R. Doerries (Heidelberg: Universitätsverlag C. Winter, 2001), 11–52, esp. 42–43.
31. NARA, RG 65, M-1085, Roll 293, File 2423; FBI file, Chronology.
32. Ibid., the translated letters are in the FBI file; Yardley, *The American Black Chamber*, 93.
33. Yardley, *The American Black Chamber*, 93; "Sight Unseen: Secrets Inks in International Intrigue," *Popular Mechanics*, July 1932, 74–79, esp. 76.
34. NARA, RG 65, M-1085, Roll 293, File 2423; Yardley, *The American Black Chamber*, 108–109.

35. Leo Baeck Institute, New York, Assistant United States Attorney to The Attorney General, April 11, 1918. Curiously, I found this letter in Maria de Victorica's sister's archive with her autobiography, not in the FBI file. The de Victorica FBI file also mentions this confession as key to arresting de Victorica and Wessels.

36. Ibid., FBI file, Wunnenberg confession.

37. FBI File, Wunnenberg confession. See also Yardley, *The American Black Chamber*, 90–119.

38. FBI File; Jentzer note in FBI file.

39. FBI file; Yardley, *The American Black Chamber*, 117.

40. FBI file, from chronology.

41. Christoph J. Scriba, "Nachruf: Hans Schimank," *Berichte zur Wissenschaftsgeschichte* 4 (1981), 149–153.

42. Letters in FBI file and some partially quoted in Yardley, *The American Black Chamber*, chapter 5.

43. FBI file; "O'Leary Identifies Mme. Victorica at Trial," *New York Times,* July 4, 1918.

44. John Clark Knox, *A Judge Comes of Age* (New York: Scribner, 1941), 115.

45. See, for example, M. H. Mahoney, "Maria Kretschmann de Victorica," in *Women in Espionage: A Biographical Dictionary* (Santa Barbara, Calif.: ABC-CLIO, 1993), 69–71; A. A. Hoehling, *Women Who Spied* (New York: Dodd, Mead, 1967), 75–98.

46. *Current History* (New York: New York Times, 1916–1940), 5: 976.

47. Theodore Kytka, "Invisible Photography and Writing, Sympathetic Ink," Classified version of Kytka's 1930 published article, which does not include the toenail engraving, NARA, available online: http://www.archives.gov/press/press-releases/2011/nr11-148.html.

48. See Doerries, "Die Tätigkeit deutscher Agenten in den USA."

49. Quoted in Christopher Andrew, *For the President's Eyes Only: Secret Intelligence and the American Presidency from Washington to Bush* (London: HarperCollins, 1995), 31–46.

第九章　看得见的纳粹

1. This chapter is based on Kurt Frederick Ludwig's four thousand–page FBI file, British Censorship and MI5 files, Ludwig's Alcatraz prison files, trial testimony, newspaper accounts, and the secondary sources cited in the notes. The account in this paragraph is based on Kurt Ludwig's letters in

the UK National Archives, KV 2/2630–32, FBI files, and Court documents. See also Edward C. Aswell, "The Case of the Ten Nazi Spies," *Harper's*, June 1942, 1; Ladislas Farago, *The Game of the Foxes: The Untold Story of German Espionage in the United States and Great Britain during World War II* (New York: Bantam, 1971), 451; "Girl, 18, Accuses Nazi Spy Suspects," *New York Times*, February 4, 1942; "Girl Spy Unshaken as She Ends Story," *New York Times*, February 7, 1942.

2. Aswell, "Ten Nazi Spies."

3. H. Montgomery Hyde, *Room 3603: The Incredible True Story of Secret Intelligence Operations during World War II* (1962; New York: Lyons, 2001).

4. Ibid., 81.

5. TNA, Kew, DEFE/1/104; William Stevenson, *A Man Called Intrepid* (1976; New York: Lyons, 2000), 172; Hyde, *Room 3603*, 79–80.

6. "Old Bermuda," *Life*, August 18, 1941, 61. *Life* dubbed the women "censorettes." See also *Fodor's 90 Bermuda* (New York: Fodor's, 1990), 45.

7. Interview with Nadya Letteny, June 16, 1970, in Bruce Norman, *Secret Warfare: The Battle of Codes and Ciphers* (Washington, D.C.: Acropolis, 1973), 93.

8. TNA, Kew, DEFE/1/104, DEFE 3/2, World War I secret-ink file.

9. TNA, Kew, DEFE 1/104, "Joe K. German Agent. 25 July 1941: Secret," C. E. Dent, July 29, 1941, "Translation from German" [intercepted letter].

10. Ibid.

11. Stevenson, *A Man Called Intrepid*, 174–175; Hyde, *Room 3603*, 81–83.

12. F. H. Hinsley and S. A. G. Simkins, *British Intelligence in the Second World War*, vol. 4, *Security and Counterintelligence* (New York: Cambridge University Press, 1990), 158.

13. Ludwig's FBI file, SAC Memo, September 12, 1941; numerous laboratory reports in the FBI file; Hyde, *Room 3603*, 84; Michael Sayers and Albert E. Kahn, *Sabotage! The Secret War against America* (New York: Harper and Brothers, 1942), 32.

14. Montgomery Hyde Papers, United Kingdom, Trial Testimony Minutes, Lucy Boehmler; "Man Fleeing U.S. Held as Army Spy," *New York Times*, August 27, 1941.

15. United States Penitentiary, Alcatraz Island, California, Ludwig's Prison File, Special Progress Report April 4, 1952; Conditional Release, monthly reports; Final report.

16. *A Report on the Office of Censorship* (Washington, D.C.: United States Printing Office, 1945), 46–47; Theodore F. Koop, *Weapon of Silence* (Chicago: University of Chicago Press, 1946), 3–15.

17. Thomas Schoonover, *Hitler's Man in Havana: Heinz Lüning and Nazi Espionage in Latin America* (Lexington: University of Kentucky Press, 2008), 16.

18. FBI Headquarters Archive, Heinz Lüning File, 65-44610-164, section 5.

19. Schoonover, *Hitler's Man in Havana,* 56–57.

20. Koop, *Weapon of Silence,* 13–14.

21. National Archives, 457, Interrogation Report of Haehnle. See also Abwehr files, National Archives, T-242. Cf. Farago, *The Game of the Foxes,* 396–397.

22. FBI files on Duquesne Spy Ring; "The World of William Sebold," *Time,* September 22, 1941. See also Alan Hynd, *Passport to Treason: The Inside Story of Spies in America* (New York: Robert M. McBride, 1943).

23. Art Ronnie, *Counterfeit Hero: Fritz Duquesne, Adventurer, and Spy* (Annapolis: Naval Institute Press, 1995), 218.

24. Ibid., 220.

25. FBI files on Duquesne Spy Ring.

26. See David Kahn, *Hitler's Spies: German Military Intelligence in World War II* (1978; New York: Da Capo, 2000), 302.

27. Sayers and Kahn, *Sabotage!* 25–26; Ronnie, *Counterfeit Hero,* 222.

28. FBI files on Duquesne Spy Ring.

29. J. Edgar Hoover, "The Enemy's Masterpiece of Espionage," *Reader's Digest,* April 1946, 1.

30. Ibid.

31. Ronnie, *Counterfeit Hero,* 224–30; Sayers and Kahn, *Sabotage!* 26–27.

32. FBI Story and film *House on 92nd Street;* Ronnie, *Counterfeit Hero,* 235–237.

33. Ronnie, *Counterfeit Hero,* 235–237.

34. "Spies!" *Time,* July 7, 1941.

35. Ibid.

36. Nikolaus Ritter, *Deckname Dr. Rantzau: Die Aufzeichnungen des Nikolaus Ritter, Offizier im Geheimen Nachrichtendienst* (Hamburg: Hoffman and Campe), 1972, 291.

37. Michael Dobbs, *Saboteurs: The Nazi Raid on America* (New York: Knopf, 2004), 9, 53; Eugene Rachlis, *They Came to Kill: The Story of Eight Nazi Saboteurs in America* (New York: Random House, 1961), 21.

38. Rachlis, *They Came to Kill;* Dobbs, *Saboteurs,* 16–17; *Stenographic Transcript of Proceedings before the Military Commission to Try Persons Charged with Offenses against the Law of War and the Articles of War,* Washington, D.C., July 8–31, 1942, 6: 746–64, available at www.soc.umn.edu/~samaha/nazi_saboteurs/nazi06.html.

39. George J. Dasch, *Eight Spies against America* (New York: Robert M. McBride, 1959), 89.

40. *Stenographic Transcript,* line 758; See David Alan Johnson, *Betrayal: The True Story of J. Edgar Hoover and the Nazi Saboteurs Captured during World War II* (New York: Hippocrene, 2007), 127, for picture of handkerchief.

41. *Stenographic Transcript.*

42. Dobbs, *Saboteurs,* 254–257.

第十章　微缩影像的奥秘

1. U.S. National Archives (NARA), RG 65-36994, Dusan M. Popov FBI file.

2. Dusko Popov, *Spy/Counterspy: The Autobiography of Dusko Popov* (Greenwich, Conn: Fawcett, 1975); NARA, RG 65-36994-26, Popov FBI file.

3. US, NARA, RG 65-36994-26, Lanman Report, 9/17/1941.

4. Cf. Ben Macintyre, *Double Cross: The True Story of the D-Day Spies* (London: Bloomsbury, 2012), 39–40, 90–101.

5. "Central Park West Attracts Tenants," *New York Times,* September 17, 1941; Popov, *Spy/Counterspy,* 40.

6. Popov, *Spy/Counterspy,* 40.

7. NARA, RG 65-36994, Connelley to Hoover, August 21, 1941.

8. FDR Library, Hyde Park, Hoover to Edwin M. Watson, September 3, 1941.

9. John F. Bratzel and Leslie B. Rout Jr., "Pearl Harbor, Microdots, and J. Edgar Hoover," *American Historical Review* 87 (December 1982), 1342–1351; John F. Bratzel, "Once More: Pearl Harbor, Microdots, and J. Edgar Hoover," *American Historical Review* 88 (October 1983), 953–960; Thomas F. Troy, "The British Assault on J. Edgar Hoover: The Tricycle Case," *Intelligence and Counterintelligence* 3, no. 2 (1989), 169–209; B. Bruce-Briggs, "Another Ride on Tricycle," *Intelligence and National Security* 7, no. 2 (1992), 77–100. Questionnaire available in John Masterman, *The Double-Cross System: The Incredible True Story of How Nazi Spies Were Turned into Double Agents* (1972; rpt. New York: Lyons, 2000), 196–198.

10. Popov, *Spy/Counterspy;* Curt J. Gentry. *J. Edgar Hoover: The Man and the Secrets* (New York: Norton, 1991), 270.

11. Gentry, *J. Edgar Hoover,* 270.

12. TNA, Kew, Popov file.

13. NARA, FBI, RG 65-36994; Russell Miller, *Codename Tricycle: The True Story of the Second World War's Most Extraordinary Double Agent* (London: Pimlico, 2005), 111–113.

14. NARA, FBI, RG 65-6994, Memorandum for Mr. Ladd, December 16, 1941.

15. Ibid.

16. Masterman, *The Double-Cross System*, 79.

17. Joshua Levine, *Operation Fortitude: The Story of the Spy Operation that Saved D-Day* (London: Collins, 2011), 146.

18. U.K. National Archives, WO 208/5175, "Guide to Search for Means of Secret Graphic Communication or Sabotage," June 1944.

19. Nigel West, ed., *The Guy Liddell Diaries*, vol. 1, *1939–1942: MI5's Director of Counter-Espionage in World War I* (New York: Routledge, 2005), 166; TNA, KV4/187.

20. TNA, KV4/187.

21. Frederic Luther, "The Earliest Experiments in Microphotography," *Isis* 41, nos. 3–4(1950), 277–281; Boris Jardine, "A Collection of John Benjamin Dancer Microphotographs," Explore Whipple Collections, Whipple Museum of the History of Science, University of Cambridge, 2006, available at http://www.hps.cam.ac.uk/whipple/explore/microscopes/microphotographs.

22. John Phin, *The Seven Follies of Science; to Which Is Added a Small Budget of Interesting Paradoxes, Illusions, Marvels, and Popular Fallacies. A Popular Account of the Most Famous Scientific Impossibilities and the Attempts Which Have Been Made to Solve Them. With Numerous Illustrations* (New York: Van Nostrand, 1912), 147.

23. Michael Buckland, *Emanuel Goldberg and His Knowledge Machine* (Westport, Conn.: Libraries Unlimited, 2006), bible quotation on 111, espionage services on 116. See also Michael K. Buckland, "Histories, Heritage, and the Past: The Case of Emanuel Goldberg," in *History and Heritage of Scientific and Technological Information Systems: Proceedings of the 2002 Conference*, ed. W. Boyd Rayward and Mary Ellen Bowden (Medford, N.J.: Published for the American Society of Information Science and Technology and the Chemical Heritage Foundation by Information Today, 2004), 39–45; William White, *The Microdot: History and Application* (Williamstown, N.J.: Phillips Application, 1992), 25–26; William White, "The Microdot: Then and Now," *Intelligence and Counterintelligence*, 3, no. 2 (1989), 249–269.

24. Walter Zapp interview in *The Minox Is My Life*, DVD; autobiographical Notes for Frederic Luther.

25. There was an SD official named Paul Zapp in Dresden in 1943–1944 who was responsible for the murder of thousands of Jews during his time in

the Einsatzkommando, but he had no photographic or technical knowledge; Berlin Document Center.

26. NARA, FBI, RG 65-1433, "Johannes Rudolf Christian Zuehlsdorff," Report on De-Briefing. I would like to thank Michael Buckland for sending me a copy of the FBI report. See also Buckland, *Emanuel Goldberg and His Knowledge Machine*. Buckland verified the identity of the new Zapp by contacting staff at the Dresden Technical College department for scientific photography.

27. A Professor Zapp is also listed as head of Amt VI's school of microphotography in a British report given to the United States: "Situation Report no. 11. Amt VI of the RSHA, Gruppe VI F," Counter Intelligence War Room, 30. See NARA, RG 319, IRR case files, RSHA VI; F. Lawrence Malkin, *Krueger's Men: The Secret Nazi Counterfeit Plot and the Prisoners of Block 19* (New York: Little, Brown, 2006); Jacques Delarue, *The Gestapo: A History of Horror* (New York: Skyhorse, 2008); Florian Altenhöner, *Der Mann, der den 2. Weltkrieg begann: Alfred Naujocks: Fälscher, Mörder, Terrorist* (Münster: Prospero Verlag, 2010), 144.

28. J. Edgar Hoover, "The Enemy's Masterpiece of Espionage," *Reader's Digest*, March 1946, 1–6.

29. White, *The Microdot*, 44.

30. FBI, *History of the S.I.S. Division*, 5 vols., May 22, 1947, information on RCA Building facility, 1: 2, declassified and available at www.vault.fbi.gov/special-intelligence-service; Leslie B. Rout Jr. and John B. Bratzel, *The Shadow War: German Espionage and United States Counterespionage in Latin America during World War II* (Frederick, Md.: University Publications of America, 1986), 9–11, 40. See also White, *The Microdot*, 46.

31. William Stevenson, *A Man Called Intrepid* (1976; New York: Lyons, 2000), 372.

32. Rout and Bratzel, *The Shadow War*, 348; David Kahn, *Hitler's Spies* (1978; Cambridge, Mass.: Da Capo, 2000), 322.

33. Kahn, *Hitler's Spies*, 323.

34. FBI, *History of the S.I.S. Division*, 2: 230.

35. On Karl Franz Joachim Rüge see NARA, RG 59, 862.20212/5-2945, 16–19, RG 319; FBI, *German Espionage in Latin America*, 34–35; RG 165, *Mexican Microdot Case #2*; FBI, *History of S.I.S. Division*, 3: 478–80 (here he is called Arnold Karl Franz Joachim Ruge); Rout and Bratzel, *The Shadow War*, 62–65.

36. Rout and Bratzel, *The Shadow War*, 63.

37. NARA, RG 165, FBI, *Mexican Microdot Case*, #2, 41–42.

38. Rout and Bratzel, *The Shadow War*, 75–76.

39. NARA, RG 165, FBI, *Mexican Microdot Case* #1, 59.

40. Stevenson, *A Man Called Intrepid*, 373. Stevenson refers to Rüge as Y2983, whereas the FBI files refer to 2863.

41. Ibid., NARA RG 319, FBI, German Espionage in Latin America, 36–37; FBI, *History of SIS Division*, 3: 476–481; María Emilia Paz Salinas, *Strategy, Security, and Spies: Mexico and the U.S. as Allies in World War II* (University Park: Pennsylvania State University Press, 1997).

42. FBI, *History of SIS Division*, 3: 480; NARA RG 59, 862.20212/8-1846; Rout and Bratzel, *The Shadow War,* 91.

第十一章　隐身的间谍捕手

1. TNA, KV 2/2632, "German Espionage in the U.S.A. between February 1940 and September 1941," Fol. 116a, p. 13 of report; DEFE 1/103, C. E. Dent, Bermuda, to Watkins-Mence, Fol. 93 d.

2. A. Neuberger, "Charles Enrique Dent," *Biographical Memoirs of Fellows of the Royal Society* 24 (November 1978), 14–31; F. H. Hinsley, *British Intelligence in the Second World War: Its Influence on Strategy and Operations* (New York: Cambridge University Press, 1979), 158.

3. Neuberger, "Charles Enrique Dent."

4. William Stevenson, *A Man Called Intrepid* (1976; New York: Lyons, 2000), 197–198.

5. Ibid.

6. *Life*, May 19, 1941; Milton Bracker, "Bermuda Censors Fill Two Hotels," *New York Times*, May 27, 1941.

7. C. H. "Dick" Ellis, introduction to William Stevenson, *A Man Called Intrepid*, New York: Ballantine Books, 1976, p. xxii. Quotation only in this edition.

8. Christopher M. Andrew, *Her Majesty's Secret Service: The Making of the British Intelligence Community* (New York: Vikings, 1986), 448; Anthony Cave Brown, *"C": The Secret Life of Sir Stewart Menzies* (New York: Macmillan, 1987), 263; H. Montgomery Hyde, *The Quiet Canadian* (London: Hamish Hamilton, 1962), 28. "Eventually to bring the United States into the war" is missing from the American edition of the book, H. Montgomery Hyde, *Room 3603: The Incredible True Story of Secret Intelligence Operations during World War II* (1962; New York: Lyons, 2001), 28. See Thomas E. Mahl, *Desperate Deception: British Covert Operations in the United States, 1939–44* (Washington, D.C.: Potomac, 2000), note 6, for explanation of the change by David Ogilvy. This is why Stephenson was against publication in the United States.

9. Hyde, *Room 3603*, 26.

10. Stevenson, *A Man Called Intrepid*, 172.

11. Hyde, *Room 3603*, 56.

12. G. Wilkinson, "Prof. H. V. A. Briscoe," *Nature* 192 (November 18, 1961), 604; *The Times* (London), September 25, 1961.

13. TNA, Kew, KV 2/1936, Nickolay Hansen file. U.S. National Archives (NARA) OSS files on secret ink contain a note in one of the secret newsletters on quinine ink secreted in a tooth.

14. TNA, Kew, KV 2/1936, Nickolay Hansen file, Professor Briscoe to Mr. Stamp, B.1.B., Minute Sheet, December 2, 1943.

15. *A Report on the Office of Censorship* (Washington, D.C.: United States Printing Office, 1945), 3–4; Mary Knight, "The Secret War of Censors vs. Spies," *Washington Post*, February 3, 1946.

16. *Report on the Office of Censorship;* Knight, "Secret War."

17. "Spy Stories," *Time*, December 28, 1942; NARA, RG 226, 184 A, History of the Technical Operations Division.

18. David Kahn, *The Codebreakers: The Comprehensive History of Secret Communication from Ancient Times to the Internet*, rev. and updated (New York: Scribner, 1967), 515; *A Report on the Office of Censorship*, 43.

19. NARA, RG 226, 184A, 25.

20. Ibid.

21. Harold R. Shaw Report for David Kahn, April 27, 1964, 3, 6, David Kahn Collection, National Security Agency.

22. NARA, RG 226, 184 A, History of the Technical Operations Division, 1–3, 51.

23. Ibid.

24. *A Report on the Office of Censorship*, 10, 43; Theodore F. Koop, *Weapon of Silence* (Chicago: University of Chicago Press, 1946), 77; Kahn, *The Codebreakers*, 517–518.

25. NARA, RG 226, folder 1, The History of the Technical Operations Division, Exhibit "c." organizational chart. The women listed were Miss Jean Brengle, Mrs. Irene Link, Mrs. Julia F. J. Woods, and Mrs. Ethel T. Pierce.

26. Harold R. Shaw Report, April 27, 1964, David Kahn Collection.

27. NARA, RG 226, 184A, Conferences, Summaries of Miami Conference, 1943; Summary of Charles de Graz Lecture.

28. NARA, RG 226, 184A, Conferences.

29. Ibid.

30. Ibid.

31. NARA, RG 226, History of the Technical Operations Division, 17.

32. Irvin Stewart, *Organizing Scientific Research for War: The Adminis-*

trative History of the Office of Scientific Research and Development (Boston: Little, Brown, 1948), esp. chapter 2, "National Defense Research Committee," 7–34, and chapter 4, "NDRC of OSRD—The Committee," 52–78; William Albert Noyes and Ralph Connor, *Chemistry: A History of the Chemistry Components of the National Defense Research Committee, 1940–1946* (Boston: Little, Brown, 1948); Vannevar Bush, *Pieces of the Action* (New York: Morrow, 1970).

33. NARA, RG 226, 184A, 3, The History of the Technical Operations Division, Volume VIII, Laboratory Research and Recommendations, 2–3; Letter Byron Price to Vannevar Bush, January 27, 1944; Bush to Price, March 15, 1944.

34. NARA, RG 226, 184A, 3, The History of the Technical Operations Division, Volume VIII, Laboratory Research and Recommendations, 2–3; Letter Byron Price to Vannevar Bush, January 27, 1944; Bush to Price, March 15, 1944.

35. Linus Pauling Papers, Oregon State University Special Collections, video clip and transcript available at http://osulibrary.oregonstate.edu/specialcollections/coll/pauling/war/audio/hager2.006.3-writing.html.

36. Pauling Papers, Report #4, Outline of Method 1., February 20, 1945, George W. Wright, Frank Lanni, William Eberhardt, Linus Pauling, Official Investigator.

37. Sanborn Brown's work is documented in the minutes to the monthly OSRD meetings, 1944–1945, NARA RG 226/Entry 184 A/Box 3, Minutes of meetings June 1944–September 1945. See also "The Use of X-Ray for the Detection of Microdots" in the same file. When David Kahn interviewed him in 1963, Sanborn did not provide details about his wartime work on microdots; Kahn Interview with Sanborn Brown, 1963, David Kahn Papers, National Security Agency Library.

38. NARA, RG 226/Entry 184 A/Box 1, Report on history of TOD; RG 226/184A/Box 2, Digest of the Miami Conference, S. W. Collins on "Future Research: What Science Can and Cannot Do," 56–57.

39. NARA, RG 226/Entry 184 A/Box 3, Laboratory Research file, 8–9 of report on visits to various institutions, MIT, May 1, 1943; RG 226/27, "Massachusetts Institute of Technology OEMsr-1403 Report. Pats, Infra-Red SW, and Radioactive SW," December 31, 1945.

40. NARA, RG 226/211/29, "The Use of Compounds of Europium in SW," John W. Irvine Jr., Sanborn C. Brown, Robley D. Evans, May 24, 1945.

41. TNA, Kew, DEFE 1/103, French Report on German Apparatus, original and translation.

42. TNA, Kew, DEFE1/ 103, Note by Professor Briscoe on the French

Report Concerning the Apparatus Abandoned by the Germans in Paris, February 27, 1945.

43. Colonel Shaw report, April 27, 1964, David Kahn Papers; NARA, RG 226/184A/3, OSRD Minutes for Fifteenth Meeting of the Defense Committee, Harvard University, August 3, 1945; RG 226/27, "Massachusetts Institute of Technology OEMsr-1403 Report, Pats, Infra-Red SW, and Radioactive SW," December 31, 1945.

44. Richard Breitman et al., *U.S. Intelligence and the Nazis* (Cambridge: Cambridge University Press, 2005), 93.

45. Ibid., Ladislas Farago. *Burn after Reading: The Espionage History of World War II* (Annapolis: Naval Institute Press, 2003), 11.

46. David Kahn, *Hitler's Spies: German Military Intelligence in World War II* (1978; New York: Da Capo, 2000), 279.

47. David Kahn Papers, National Security Agency Library, Interview Albert Müller with David Kahn, April 1970.

48. Ibid.

49. NARA RG 457, Box 202, Folder VO-63, Dr. Hans Otto Haehnle Interrogation Report, British Origin, May 12–15, 1946, Bad Salzufen, 10. Also available in NARA RG 226, Box 353.

50. Ibid.

51. Ibid.

52. TNA, Kew, WO 204/12461, Extract from CI News Sheet no. 11.

53. Ibid., G. E. Kirk to Captain H. Grotrian, April 17, 1944.

第十二章 "冷战"险境

1. BStU (Stasi Archive Files), GH 21/84, vol. 1, fol. 130, Wolfgang Reif file, including interrogation minutes, the Military Court Papers, minutes, and transcripts of the proceedings. There is also a film of some of the proceedings; JHS, no. 313/89, Wolfgang Jatzlau, "Examination of the Historical Development of Department M in the 70s," March 3, 1989, fol. 17–18; weather report from www.tutiempo.net/en/Climate/BERLIN_DAHLEM/12-1981/103810.htm.

2. Stasi file, vol. 1, fol. 5, 128.

3. Ibid.; Stasi file, fol. 322, Jatzlau; Helmut Wagner, *Schöne Grüße aus Pullach: Operationen des BND gegen die DDR* (Berlin: Das Neue Berlin, 2001), 127–128.

4. Stasi files, vol. 1, fol. 5, 128, fol. 322; Wagner, *Schöne Grüße aus Pullach*.

5. Stasi file, vol. 8, fol. 219.

6. Kristie Macrakis, *Seduced by Secrets: Inside the Stasi's Spy-Tech World* (New York: Cambridge University Press, 2008), 185, based on BStU, GVS, MfS 008-Nr. 1002/68, 9. Richtlinie 2/68 des Ministers für Staatssicherheit.

7. Robert Wallace and H. Keith Melton with Henry R. Schlesinger, *Spycraft: The Secret History of the CIA's Spytechs from Communism to Al-Qaeda* (New York: Dutton, 2008), 392–393.

8. BStU, MfS, OTS files for aspirin secret ink. For the alleged East German foreign intelligence molar concealment see the spy exhibit at Times Square and accompanying catalogue, *Spy: The Secret World of Espionage* (n.p., n.d.), 27.

9. Wallace and Melton with Schlesinger, *Spycraft*, 58–60.

10. Ibid., 20–21; Macrakis, *Seduced by Secrets*, 145.

11. Wallace and Melton with Schlesinger, *Spycraft*, 60.

12. William L. Cassidy, "Sympathetic Inks: A Study of Secret Writing," *Interservice Journal* 1, no. 1 (n.d.), 45–49.

13. Benjamin B. Fischer, "The Central Intelligence Agency's Office of Technical Service, 1951–2001," brochure, 20.

14. Kristie Macrakis, Elizabeth K. Bell, Dale L. Perry, and Ryan D. Sweeder, "Invisible Ink Revealed: Concept, Context, and Chemical Principles of 'Cold War' Writing," *Journal of Chemical Education* 89 (2012), 529–532; Kristie Macrakis, *Seduced by Secrets*, 205–210.

15. A. K. Gupta, A. Lal, et al., "Electrostatic Detection of Secret Writing," *Forensic Science International* 41 (1989), 17–23; E'lyn Bryan, "Questioned Document Examination," *Evidence Technology Magazine* 8, no. 3 (2010), 20–24.

16. BStU, MfS, JHS, MF. GVS 112/84; Renate Murk, "Increasing the Quality of an Operational-technical Investigative Method to Detect Secret Writing Traces and Secret Writing on Operationally Relevant Letters," thesis, MfS Law School, October 4, 1983.

17. Richard Tomlinson, *The Big Breach: From Top Secret to Maximum Security* (Edinburgh: Cutting Edge, 2001), 68.

18. Ibid.

19. BStU, HA IX, no. 961, bd. 2, fol. 46.

20. David Kahn, *The Codebreakers: The Comprehensive History of Secret Communication from Ancient Times to the Internet*, rev. and updated (New York: Scribner, 1996), 515, 524.

21. BStU, OTS, 2038, fol. 57. JHS, no. 313/389; fol. 45, Jatzlau, "Examination of the Historical Development."

22. Wallace and Melton with Schlesinger, *Spycraft*, 64.

23. *Final Report of the Select Committee to Study Governmental Opera-

tions with Respect to Intelligence Activities, United States Senate: Together with Additional, Supplemental, and Separate Views (Washington, D.C.: Government Printing Office, 1976), Domestic CIA and FBI Mail Opening Programs, book 3, April 23, 1976, 1.

24. Memorandum from A. H. Belmont to D. E. Moore, March 10 1961, reprinted in *Hearings before the Select Committee to Study Governmental Operations with Respect to Intelligence Activities, United States Senate, Ninety-Fourth Congress, First Session* (Washington, D.C.: Government Printing Office, 1976), vol. 4, Mail Opening, exhibit 22, 244 (commonly known as the Church Committee Report).

25. Ibid., Memorandum from Chief, CI/Project to DC/CI, August 30, 1971, exhibit 5, 199.

26. "Special Report Interagency Committee on Intelligence (ad hoc)," Chairman, J. Edgar Hoover, June 1970, 31; Exhibit 11, p. 218 of *Hearings before the Select Committee to Study Governmental Operations with Respect to Intelligence Activities*.

27. Wolfgang Jatzlau, "Examination of the Historical Development," fol. 17–18.

28. *Final Report*, 53.

29. "Thompson Denies Spy Charges and Says He's '100% American,'" *New York Times*, January 9, 1965.

30. Robert Glenn Thompson with Harold H. Martin, "I Spied for the Russians," *Saturday Evening Post*, part 1, May 22, 1965, 23–29, esp. 26; part 2, June 5, 1965, 38–49.

31. Ibid., 1: 26.

32. Ibid., 2: 39–40.

33. Ibid.

34. Ibid., 2: 40.

35. Ibid.

36. Nigel West, *Historical Dictionary of Cold War Intelligence* (Lanham, Md.: Scarecrow, 2007), 340–342.

37. Ibid.

38. BStU, MfS, HA IX, no. 961, bd. 2, fols. 47–51.

39. Wallace and Melton with Schlesinger, *Spycraft*, 430–431.

40. *Arabesque*, Universal Studios, 1966.

41. *You Only Live Twice*, United Artists, 1967.

42. Jim Stockdale and Sybil Stockdale, *In Love and War*, rev. and updated (Annapolis: Naval Institute Press, 1990), 194–197; Lorraine Adams, "Perot's Interim Partner Spent 7½ Years as POW," *Seattle Times*, March 31, 1992, www.community.seattletimes.nwsource.com/archive.

43. Stockdale and Stockdale, *In Love and War*, 194–195.

44. Wallace and Melton with Schlesinger, *Spycraft*, 300–303.

45. FBI File on Aryan Brotherhood, available in the FBI Vault; Christopher Goffard, "Invisible Ink Got Gang's Deadly Note Past Guards," *Los Angeles Times*, June 27, 2006, http://articles.latimes.com/2006/jun/27/local/me-code27.

46. Samuel Rubin, *The Secret Science of Covert Inks* (Port Townsend, Wash.: Loompanics, 1987), 27.

47. Mano Alexandra, *Secret Love Letters and the Legend of the Lovers from Prague* (San Francisco: Chronicle, 2006).

48. Ibid.

49. Jean Radakovich to the author, May 2012; see www.radakovich.org/documentary.html.

第十三章　隐藏在限制级图片里

1. Jack Kelley, "Terror Groups Hide Behind Web Encryption," *USA Today*, February 5, 2001; Niels Provos and Peter Honeyman, "Detecting Steganographic Content on the Internet," *CITI Technical Report 01-11*, August 31, 2001, quotation from abstract; Niels Provos and Peter Honeyman, "Hide and Seek: An Introduction to Steganography," *IEEE Security and Privacy*, May–June 2003, 32–44.

2. Yassin Musharbash, "In ihren eigenen Worten," *Die Zeit*, March 15, 2012, www.diezeit.de/2012/12/Al-Kaida-Deutschland/kompettansicht; Nic Robertson, Paul Cruickshank, and Tim Lister, "Documents Reveal Al-Qaeda's Plans for Seizing Cruise Ships, Carnage in Europe," CNN, May 1, 2012.

3. Eric Cole, *Hiding in Plain Sight: Steganography and the Art of Covert Communication* (Indianapolis: Wiley, 2003), 5.

4. Gina Kolata, "Veiled Messages of Terror May Lurk in Cyberspace," *New York Times*, October 30, 2001.

5. Neil F. Johnson information page, John and Johnson Technology Consultants, LLC, www.jjtc.com/neil; Kolata, "Veiled Messages."

6. Kolata, "Veiled Messages."

7. Ibid.

8. Gregory Kipper, *Investigator's Guide to Steganography* (Boca Raton, Fla.: Auerbach, 2004), 6–7; G. S. Simmons, "The Prisoner's Problem and the Subliminal Channel," *CRYPTO 83, Advances in Cryptology*, August 22–24, 1984, 51–67.

9. Federal Bureau of Investigation (FBI), "Sealed Complaint. United

States of America vs. Christopher Metsos, Richard Murphy, Cynthia Murphy, Donald Howard Heathfield, Tracey Lee Ann Foley, Michael Zottoli, Patricia Mills, Juan Lazaro," June 25, 2010, 5. A second FBI affidavit against Anna Chapman and Mikhail Semenko is dated June 27, 2010.

10. Toby Harnden, "Richard and Cynthia Murphy: 'Suburbia's Spies Next Door,'" *Telegraph,* July 4, 2010; David Montgomery, "Arrest of Alleged Spies Draws Attention to Long Obscure Field of Steganography," *Washington Post,* June 30, 2010.

11. FBI, "Sealed Complaint," 23–24.

12. Ibid., 9–10.

13. Ibid.

14. Ibid., 15.

15. Ibid. For quotation see "Spy Swap Russian: I'll Go Home But Only if It's Safe," *London Evening Standard,* August 18, 2010.

16. FBI, "Sealed Complaint."

17. Henry Fountain, "Hiding Secret Messages within Human Code," *New York Times,* June 22, 1999.

18. Catherine Taylor Clelland, Viviana Risca, and Carter Bancroft, "Hiding Messages in DNA Microdots," *Nature* 399 (June 10, 1999), 533–534.

19. Ibid.

20. D. G. Gibson et al., "Creation of a Bacterial Cell Controlled by a Chemically Synthesized Genome," *Science* 329 (2010), 52–56.

21. Manuel A. Palacios et al., "InfoBiology by Printed Array of Microorganism Colonies for Timed and On-demand Release of Messages," *Proceedings of the National Academy of Sciences* 108, no. 40 (2011), 16510–14; Ed Yong, "Bacteria Encode Secret Messages," *Nature,* September 26, 2011, http://www.nature.com/news/2011/110926/full/news.2011.557.html.

22. Palacios et al., "InfoBiology by Printed Array."

尾 声

1. "CIA De-Classifies Oldest Documents in U.S. Historical Collection," April 19, 2011, http://www.cia.gov/news-information/press-releases-statements/press-release-2011/cia-declassifies-oldest-documents-in-u.s.-government-collection.html. There was a blizzard of news articles after the CIA's press release. See, for example, Peter Finn, "CIA Recipe for Invisible Ink among Newly Released WWI-Era Documents," *Washington Post,* April 19, 2011. http://articles.washingtonpost.com/2011-04-19/world/35230951_1_secret-ink-invisible-ink-documents; "U.S. District Court Rules That World War I German Invisible Ink Formulas Must Still

Remain Hidden from the Public," James Madison Project, February 4, 2002, www.jamesmadisonproject.org/press.php?press_id=19. The released file contains sixteen pages if one does not delete the duplicate pages. Even though the National Archives was the de jure defendant, the CIA was the de facto defendant.

2. NARA, RG457, 190/22/5/1.

3. Ibid.

4. James Bamford, "Inside the Matrix," *Wired,* April 2012, 78–84, 122–124.

附　录　玩转厨房化学实验

1. TNA Ho 144/20116.

2. Adapted from Johann Nikolaus Martius, *Unterricht in der natürlichen Magie, oder zu allerhand belustigenden und nützlichen Kunststücken,* totally rev. Johann Christian Wiegleb (Berlin: Friedrich Nicolai, 1779), 195–198.

主要来源

档 案

Federal Bureau of Investigation: Kurt Ludwig File, Fritz Duquesne Spy Ring.
Federal Commissioner for the Records of the State Security Service of the former German Democratic Republic (BStU).
France: Caen Archives, National Archives, Academy of Sciences Archive
German Federal Archives, Berlin.
German Federal Military Archives, Freiburg.
Harvard University Archives, Theodore W. Richards, Arthur B. Lamb.
National Cryptological Museum, David Kahn Papers.
Oregon State University Special Collections, Linus Pauling Archive.
United Kingdom: Montgomery Hyde Papers.
United Kingdom: The National Archives (TNA), Kew, Richmond, Surrey (formerly PRO); Primary Record Groups included KV (MI5), DEFE (Ministry of Defense), WO (War Office).
United States: U.S. National Archives and Records Administration (NARA), RG 65 (FBI), Maria de Victorica, Dusan M. Popov; RG 319. U.S. Censorship Records.
United States National Archives, Atlanta branch, San Bruno, California, branch, New York State branch.

数 据

British History Online (www.british-history.ac.ak)
Early English Books Online (EEBO)
Eighteenth Century Collections Online (ECCO)
Google Books
Google NGram Viewer (www.books.google.com/ngram)

Royal Society Archive
State Papers Online, 1509–1603

印刷品与珍本

Boston Athenaeum Library.
Chemical Heritage Foundation, Rare Books Library.
Houghton Library, Harvard University.
Huntington Library.
Newberry Library, Chicago.
The University of Chicago Rare Books Room.
Wellcome Institute History of Medicine Library.

图片来源

图 1: 感谢 Joy Schroeder, East Lansing, Michigan.

图 2, 图 6, 图 7: 感谢 Bridgeman Art Library, New York.

图 3, 图 13, 图 14, 图 15: 感谢 Huntington Library, San Marino, California.

图 4: 感谢 Harry Elkins Widener Memorial Library, Harvard College, Cambridge.

图 5: 感谢 National Portrait Gallery, London.

图 8: 感谢 U. K. State Papers Online.

图 9: 感谢 Schneeberg-Museum, Puchberg am Schneeberg, Germany.

图 10, 图 17: 感谢 Kristi Eide.

图 11: 感谢 Art Properties, Columbia University in the City of New York.

图 12: 感谢 Fraunces Tavern Museum, New York.

图 16: 感谢 William L. Clements Library, University of Michigan, Ann Arbor.

图 18: From Sidney Theodore Felstead, *German Spies at Bay* (New York: Bretano's, 1920).

图 19, 图 21, 图 30: Reproduced by permission of the Royal Society of Chemistry, London.

图 20, 图 22, 图 23, 图 24, 图 25, 图 31: 感谢 the National Archives, Kew, U. K.

图 26: National Archives and Records Administration, Washington, D. C.

图 27: National Archives and Records Administration, Atlanta.

图 28: National Archives and Records Administration, San Bruno, California.

新知文库

01 《证据：历史上最具争议的法医学案例》[美] 科林·埃文斯 著　毕小青 译
02 《香料传奇：一部由诱惑衍生的历史》[澳] 杰克·特纳 著　周子平 译
03 《查理曼大帝的桌布：一部开胃的宴会史》[英] 尼科拉·弗莱彻 著　李响 译
04 《改变西方世界的26个字母》[英] 约翰·曼 著　江正文 译
05 《破解古埃及：一场激烈的智力竞争》[英] 莱斯利·亚京斯 著　黄中宪 译
06 《狗智慧：它们在想什么》[加] 斯坦利·科伦 著　江天帆、马云霏 译
07 《狗故事：人类历史上狗的爪印》[加] 斯坦利·科伦 著　江天帆 译
08 《血液的故事》[美] 比尔·海斯 著　郎可华 译
09 《君主制的历史》[美] 布伦达·拉尔夫·刘易斯 著　荣予、方力维 译
10 《人类基因的历史地图》[美] 史蒂夫·奥尔森 著　霍达文 译
11 《隐疾：名人与人格障碍》[德] 博尔温·班德洛 著　麦湛雄 译
12 《逼近的瘟疫》[美] 劳里·加勒特 著　杨岐鸣、杨宁 译
13 《颜色的故事》[英] 维多利亚·芬利 著　姚芸竹 译
14 《我不是杀人犯》[法] 弗雷德里克·肖索依 著　孟晖 译
15 《说谎：揭穿商业、政治与婚姻中的骗局》[美] 保罗·埃克曼 著　邓伯宸 译　徐国强 校
16 《蛛丝马迹：犯罪现场专家讲述的故事》[美] 康妮·弗莱彻 著　毕小青 译
17 《战争的果实：军事冲突如何加速科技创新》[美] 迈克尔·怀特 著　卢欣渝 译
18 《口述：最早发现北美洲的中国移民》[加] 保罗·夏亚松 著　暴永宁 译
19 《私密的神话：梦之解析》[英] 安东尼·史蒂文斯 著　薛绚 译
20 《生物武器：从国家赞助的研制计划到当代生物恐怖活动》[美] 珍妮·吉耶曼 著　周子平 译
21 《疯狂实验史》[瑞士] 雷托·U. 施奈德 著　许阳 译
22 《智商测试：一段闪光的历史，一个失色的点子》[美] 斯蒂芬·默多克 著　卢欣渝 译
23 《第三帝国的艺术博物馆：希特勒与"林茨特别任务"》[德] 哈恩斯—克里斯蒂安·罗尔 著　孙书柱、刘英兰 译
24 《茶：嗜好、开拓与帝国》[英] 罗伊·莫克塞姆 著　毕小青 译
25 《路西法效应：好人是如何变成恶魔的》[美] 菲利普·津巴多 著　孙佩妏、陈雅馨 译
26 《阿司匹林传奇》[英] 迪尔米德·杰弗里斯 著　暴永宁 译
27 《美味欺诈：食品造假与打假的历史》[英] 比·威尔逊 著　周继岚 译
28 《英国人的言行潜规则》[英] 凯特·福克斯 著　姚芸竹 译
29 《战争的文化》[美] 马丁·范克勒韦尔德 著　李阳 译
30 《大背叛：科学中的欺诈》[美] 霍勒斯·弗里兰·贾德森 著　张铁梅、徐国强 译

31　《多重宇宙：一个世界太少了？》[德]托比阿斯·胡阿特、马克斯·劳讷 著　车云 译
32　《现代医学的偶然发现》[美]默顿·迈耶斯 著　周子平 译
33　《咖啡机中的间谍：个人隐私的终结》[英]奥哈拉、沙德博尔特 著　毕小青 译
34　《洞穴奇案》[美]彼得·萨伯 著　陈福勇、张世泰 译
35　《权力的餐桌：从古希腊宴会到爱丽舍宫》[法]让—马克·阿尔贝 著　刘可有、刘惠杰 译
36　《致命元素：毒药的历史》[英]约翰·埃姆斯利 著　毕小青 译
37　《神祇、陵墓与学者：考古学传奇》[德]C. W. 策拉姆 著　张芸、孟薇 译
38　《谋杀手段：用刑侦科学破解致命罪案》[德]马克·贝内克 著　李响 译
39　《为什么不杀光？种族大屠杀的反思》[法]丹尼尔·希罗、克拉克·麦考利 著　薛绚 译
40　《伊索尔德的魔汤：春药的文化史》[德]克劳迪娅·米勒—埃贝林、克里斯蒂安·拉奇 著
　　王泰智、沈惠珠 译
41　《错引耶稣：〈圣经〉传抄、更改的内幕》[美]巴特·埃尔曼 著　黄恩邻 译
42　《百变小红帽：一则童话中的性、道德及演变》[美]凯瑟琳·奥兰丝汀 著　杨淑智 译
43　《穆斯林发现欧洲：天下大国的视野转换》[美]伯纳德·刘易斯 著　李中文 译
44　《烟火撩人：香烟的历史》[法]迪迪埃·努里松 著　陈睿、李欣 译
45　《菜单中的秘密：爱丽舍宫的飨宴》[日]西川惠 著　尤可欣 译
46　《气候创造历史》[瑞士]许靖华 著　甘锡安 译
47　《特权：哈佛与统治阶层的教育》[美]罗斯·格雷戈里·多塞特 著　珍栎 译
48　《死亡晚餐派对：真实医学探案故事集》[美]乔纳森·埃德罗 著　江孟蓉 译
49　《重返人类演化现场》[美]奇普·沃尔特 著　蔡承志 译
50　《破窗效应：失序世界的关键影响力》[美]乔治·凯林、凯瑟琳·科尔斯 著　陈智文 译
51　《违童之愿：冷战时期美国儿童医学实验秘史》[美]艾伦·M. 霍恩布鲁姆、朱迪斯·L. 纽曼、
　　格雷戈里·J. 多贝尔 著　丁立松 译
52　《活着有多久：关于死亡的科学和哲学》[加]理查德·贝利沃、丹尼斯·金格拉斯 著
　　白紫阳 译
53　《疯狂实验史Ⅱ》[瑞士]雷托·U. 施奈德 著　郭鑫、姚敏多 译
54　《猿形毕露：从猩猩看人类的权力、暴力、爱与性》[美]弗朗斯·德瓦尔 著　陈信宏 译
55　《正常的另一面：美貌、信任与养育的生物学》[美]乔丹·斯莫勒 著　郑嬿 译
56　《奇妙的尘埃》[美]汉娜·霍姆斯 著　陈芝仪 译
57　《卡路里与束身衣：跨越两千年的节食史》[英]路易丝·福克斯克罗夫特 著　王以勤 译
58　《哈希的故事：世界上最具暴利的毒品业内幕》[英]温斯利·克拉克森 著　珍栎 译
59　《黑色盛宴：嗜血动物的奇异生活》[美]比尔·舒特 著　帕特里曼·J. 温 绘图　赵越 译
60　《城市的故事》[美]约翰·里德 著　郝笑丛 译

61　《树荫的温柔：亘古人类激情之源》［法］阿兰·科尔班 著　苜蓿 译
62　《水果猎人：关于自然、冒险、商业与痴迷的故事》［加］亚当·李斯·格尔纳 著　于是 译
63　《囚徒、情人与间谍》［美］克里斯蒂·马克拉奇斯 著　张哲、师小涵 译

新知文库近期预告（顺序容或微调）

- 《欲望之石：权力、谎言与爱情交织的钻石梦》［美］汤姆·佐尔纳 著　麦慧芬 译
- 《拉丁文帝国》［法］弗朗索瓦·瓦克 著　陈绮文 译
- 《致命药瘾：让人沉迷的食品和药物》［美］辛西娅·库恩等 著　林慧珍、关莹 译
- 《欧洲王室另类史》［美］迈克尔·法夸尔 著　康怡 译
- 《女人的起源》［英］伊莲·摩根 著　刘筠 译
- 《无人读过的书：哥白尼〈天体运行论〉追寻记》［美］欧文·金格里奇 著　土今、徐国强 译
- 《大气：万物的起源》［美］加布里埃勒·沃克 著　蔡承志 译
- 《碳时代：文明与毁灭》［美］埃里克·罗斯顿 著　吴妍仪 译
- 《通往世界的尽头：跨西伯利亚大铁路的故事》［英］克里斯蒂安·沃尔玛 著　李阳 译
- 《纸影寻踪：旷世发明的传奇之旅》［英］亚历山大·门罗 著　史先涛 译
- 《黑丝路：从里海到伦敦的石油溯源之旅》［英］詹姆斯·马里奥特、米卡·米尼奥—帕卢埃洛 著　黄煜文 译
- 《人类时代：被我们塑造和改变的世界》［美］迪亚妮·阿克曼 著　伍秋玉、澄影、王丹 译
- 《一念之差：关于风险的故事和数字》［英］迈克尔·布拉斯兰德、戴维·施皮格哈尔特 著　威治 译
- 《生命的关键决定：从医生决定到患者赋权》［美］彼得·于贝尔 著　张琼懿 译
- 《笑的科学：解开笑与幽默感背后的大脑谜团》［美］斯科特·威姆斯 著　刘书维 译
- 《小心坏科学：医药广告没有告诉你的事》［英］本·戈尔达克 著　刘建周 译
- 《南极洲：一片神秘大陆的真实写照》［美］加布里埃勒·沃克 著　蒋功艳 译
- 《上穷碧落：热气球的故事》［英］理查德·霍姆斯 著　暴永宁 译
- 《牛顿与伪币制造者：科学巨人不为人知的侦探工作》［美］托马斯·利文森 著　周子平 译
- 《共病时代：动物疾病与人类健康的惊人联系》［美］芭芭拉·纳特森—霍洛威茨、凯瑟琳·鲍尔斯 著　陈筱婉 译　吴声海 审订